S A G G I

ORIZ.

Armando Piccinni

con la collaborazione
di Flavia Piccinni

Drogati di cibo

Quando mangiare crea dipendenza

GIUNTI

A mia moglie Vincenza
compagna della mia vita

Illustrazioni:
© A.A. Ghermana-O.A. Cetverikova/Archivio Giunti: 40, 108

www.giunti.it

Via Bolognese 165 - 50139 Firenze - Italia
Via Dante 4 - 20121 Milano - Italia
Prima edizione: ottobre 2012

Ristampa	Anno
6 5 4 3 2 1 0	2016 2015 2014 2013 2012

PEFC
PEFC/18-31-356
Certificato PEFC
Questo prodotto è realizzato con materia prima da foreste gestite in maniera sostenibile e da fonti controllate
www.pefc.it

Stampato presso Giunti Industrie Grafiche S.p.A.
Stabilimento di Prato, azienda certificata PEFC™

Nota dell'Autore

Questo libro non ha l'obiettivo di dispensare consigli ai lettori sulle loro condizioni di salute. Non vuole dare indicazioni terapeutiche né costituire un elemento per formulare diagnosi.

La sua principale finalità è fornire uno strumento d'informazione e di approfondimento su alcuni temi riguardanti il comportamento alimentare umano, di illustrare e diffondere la conoscenza dei quadri clinici maggiori, sia nell'adulto sia nel bambino, che possono spesso manifestarsi anche in forme attenuate, incomplete, sottosoglia, con sintomi isolati o con manifestazioni atipiche. Il numero di quanti sono affetti da tali disturbi, meno riconosciuti e raramente diagnosticati, è molto più elevato di quello di coloro che soffrono di forme tipiche, spesso chiare e manifeste anche all'occhio di un profano. La consapevolezza di avere un problema è spesso assente tra queste persone, e la mancanza di coscienza è la condizione che consente loro di convivere tutta la vita con questi fenomeni, subendone le conseguenze senza mai riuscire a comprenderne la natura.

La descrizione di tali manifestazioni può contribuire a far insorgere in coloro che ne sono affetti il dubbio di vivere in prima persona un problema di natura alimentare, anche se in forma attenuata o incompleta. Riconoscere le patologie che inconsapevolmente ospitiamo è il primo passo per combatterle. Ed è principalmente a persone che soffrono di un disturbo alimentare sottosoglia o manifesto che questo libro è dedicato.

Introduzione

La storia di ognuno di noi è strettamente legata al cibo ed è costellata di gusti, di profumi, di preferenze, ma anche di piatti che non possiamo neppure sentir nominare e di rinunce alimentari.

Il modo in cui mangiamo è tra gli aspetti più personali e privati del nostro quotidiano, e si modella durante tutto l'arco della vita. Nella nostra memoria ci sono il pranzo della domenica a casa della nonna, le merende dell'infanzia, le prime cene dell'adolescenza con gli amici in pizzeria, il cibo consumato nelle pause pranzo dei giorni di lavoro e quello gustato nelle giornate di festa. Ogni alimento rimane scolpito nella nostra mente, lasciando una traccia indelebile, una coloritura da cui non verrà mai separato.

A regolare la nostra alimentazione c'è il *meccanismo di fame e sazietà*, che scandisce gli equilibri della nutrizione spingendoci a mangiare esclusivamente in risposta alla fame. Gli scompensi di questa bilancia, che sono alla base dell'obesità e dei disturbi alimentari, determinano un'alterazione del nostro rapporto con il cibo: smetteremo di nutrirci per adattare la forma del nostro corpo allo schema deformato che ci siamo creati in testa, oppure mangeremo tutte le volte che sentiremo la necessità di consolarci. In questo caso il cibo sarà – a seconda delle situazioni – fonte di conforto, di rifugio o di benessere.

Gli alimenti oggetto di queste particolari attenzioni sono di frequente ricchi di carboidrati e grassi, oppure manipolati e realizzati a tavolino dall'industria alimentare che, impegnata a far fronte a una richiesta di cibo sempre maggiore, ha sfruttato quest'opportunità per cimentarsi nella *costruzione* di prodotti sempre più appetibili e saporiti. L'obiettivo è quello di avere la meglio sulla concorrenza e conquistare così fette di mercato sempre più ampie. Per raggiungere lo scopo si cerca di colpire il gusto dei consumatori con impatti sensoriali sempre più forti, in modo da ottenerne la fidelizzazione.

Questa corsa al «gusto indimenticabile» genera il rischio del «cibo indimenticabile» che spesso viene prodotto dall'associazione di carboidrati, grassi e sali: una sorta di formula magica dei sapori di origine industriale capace di produrre alimenti che diverranno indispensabili come una droga e condurranno, al pari di altre sostanze d'abuso, a vere e proprie forme di dipendenza.

Teorizzare e accettare la dipendenza da cibo – benché l'argomento sia presente nella letteratura scientifica internazionale, e da anni catturi spesso anche l'attenzione dei media – è comunque difficile perché non si può prescindere da una domanda: com'è possibile parlare di dipendenza dal cibo? È logico che tutti per sopravvivere abbiamo bisogno di alimentarci, ma esistono delle profonde differenze fra questo tipo di naturale dipendenza e la dipendenza patologica.

Oggi più che mai diventa necessario conoscere i meccanismi neurobiologici alla base dei comportamenti alimentari, i rischi che alcuni alimenti possono rappresentare per la salute e la principale conseguenza di tutto questo: ammalarsi di obesità. Diviene allora fondamentale cercare di raggiungere un regime nutrizionale più razionale e consapevole, individuando i rischi di dipendenza alimentare e riconoscendo le logiche che l'industria, attraverso i media, mette in atto. Mangiare meglio può migliorare la qualità della nostra vita e consentirci, per diversi motivi, di vivere più a lungo. Ma non bisogna dimenticare che, prima di tutto, questa deve essere una nostra scelta.

Nel corso della mia pratica clinica, ho sempre considerato fondamentale conoscere, indipendentemente dai disturbi psichiatrici che avrei dovuto curare, le abitudini alimentari dei miei pazienti. Queste sono state uno strumento privilegiato che spesso mi ha consentito di formarmi un'idea sul funzionamento generale del paziente, una finestra sul mondo privato, più semplice rispetto ad altri canali di accesso, in cui guardare per comprendere di più e meglio.

In *Drogati di cibo* ho cercato di descrivere il rapporto che ognuno di noi ha con gli alimenti, e i motivi per cui si stabiliscono certe interazioni, spiegando perché scegliamo alcuni cibi e ne scartiamo altri spesso senza saper dare una giustificazione, ma trincerandoci dietro una dichiarazione di gusto: «Mi piace molto», «Non lo mangerei neppure sotto tortura».

Due capitoli sono stati dedicati a illustrare come funzionano gli organi periferici coinvolti nell'alimentazione; come facciamo ad apprezzare il gusto, l'aroma, la piacevolezza della vista degli alimenti con i sensi periferici e come, mediante gli apparati centrali, il nostro cervello regoli la ricerca o il disinteresse per il cibo.

Nel capitolo *Cibo e Stress* sono state descritte le modalità generali con cui si altera, imbrigliato nei meccanismi dello stress, il nostro rapporto con gli alimenti, che si trasformano in tutt'altro rispetto a ciò che primariamente sono, diventando un genere di conforto e di sostegno morale.

La seconda parte del volume è dedicata alla patologia del comportamento alimentare. Nei capitoli che ne fanno parte ho cercato di non dare al lettore la mera descrizione dei quadri patologici maggiori, poiché esistono in commercio già numerosi testi esaustivi sull'argomento.

Ho voluto invece descrivere i disturbi cercando di privilegiare i quadri di esordio, quelli sotto la soglia della diagnosi o con pochi sintomi rispetto alle forme cliniche complete, che possono rivelarsi come dei fondamentali campanelli d'allarme per i soggetti che ne sono affetti o i loro familiari.

Mi sono concentrato, inoltre, sulla descrizione di quadri clinici spesso poco conosciuti anche dai medici. Disturbi che possono avere un effetto devastante sulla vita di chi ne soffre, modificando non solo il fisico, ma la quotidianità, i rapporti interpersonali, la routine famigliare e lavorativa.

Grande attenzione è stata riservata ai disturbi alimentari nell'infanzia e nell'adolescenza che, se diagnosticati per tempo, possono permettere una migliore e più rapida guarigione, ristabilendo un equilibrio alimentare che accompagnerà i più piccoli per tutto il corso della vita. In appendice troverete la rapida descrizione di come si modifica la condotta alimentare nelle malattie psichiatriche più frequenti e del perché questo accada.

Spero che la lettura di *Drogati di cibo* possa aggiungere qualcosa alla conoscenza dei lettori e offrire spunti di riflessioni sul nostro rapporto con il cibo che, in rapida e in continua evoluzione, necessita di una sempre maggiore consapevolezza.

Armando Piccinni
Pisa, agosto 2012

PRIMA PARTE

Cibo: stimoli, gusto e dipendenza

I
La scelta del cibo

Non c'è niente di più soggettivo, controverso e, a volte, incomprensibile del palato umano. C'è chi non può fare a meno di pasta e spaghetti, chi non sa rinunciare al riso e alle zuppe, chi vive di hamburger e costate alla griglia. Come mai le nostre abitudini a tavola sono così diverse? Che cosa le influenza? Le motivazioni che ci portano a preferire alcuni cibi e a non amarne altri sono molte, alcune delle quali ancora non del tutto comprese.

Nonostante la scelta di ciò che mangiamo sia spesso vista come qualcosa di banale e venga frettolosamente liquidata come una semplice questione di gusti, essa è in realtà il frutto di una mediazione continua e inconscia tra innumerevoli, differenti fattori. Non bisogna poi sottovalutare l'aspetto simbolico che si nasconde dietro ogni preferenza alimentare e come questa sia condizionata tanto dal comportamento quanto da realtà sociali e ambientali esterne.

Nel corso di questo capitolo approfondiremo – sia nel dettaglio sia nel complesso – i più importanti tipi di condizionamento alimentare conosciuti, contestualizzandoli in relazione al gusto italiano, da sempre legato a uno dei modelli nutrizionali più equilibrati al mondo: la dieta mediterranea.

A tavola: perché scegliamo cose diverse?

La scelta del cibo non è casuale, ma collegata al personale gusto che ognuno di noi forma nel corso della propria vita. A determinarlo sono tanto le motivazioni derivate dalla nostra personale interazione con l'ambiente, dalla nostra storia e dalle nostre esperienze (addirittura quelle fatte ancor prima della nascita), quanto fattori più strettamente connessi con la struttura mentale, il metabolismo, i meccanismi di fame e sazietà, la modalità di risposta allo stress. A fare la vera differenza fra una persona e un'altra sono le abitudini famigliari, il temperamento, l'etnia d'appartenenza, il livello sociale e culturale, le credenze religiose, l'influenza dei media, ma anche il patrimonio genetico con tutte le variazioni che esso comporta nel modo di percepire il gusto: quello che per uno è troppo salato per l'altro è insipido, quello che uno considera immangiabile perché piccante, l'altro lo desidera perché gustoso.

Quando si parla di alimentazione ci troviamo così davanti a infinite possibilità di scelta, ed è per questo che non mi stupisco se, seduti al tavolo del ristorante, Lucia, Giovanni, Michela e Antonio preferiscono rinunciare al conveniente menù fisso a tre portate e cenare alla carta. Certo, spenderanno di più, ma in questo modo mangeranno esattamente quello che desiderano, e non saranno costretti ad accontentarsi di piatti che non li soddisfano completamente.

Lucia, che ama il pesce, ordina spaghetti allo scoglio e branzino al sale. Giovanni, che invece detesta il pesce e preferisce i piatti di carne, sceglie un antipasto di salumi e una bistecca di manzo con contorno di patate. Michela ama invece i prodotti della terra, e così prende farfalle alle zucchine e il suo dolce preferito, la crostata di fichi, mentre Antonio, che ha una grande passione per i cibi piccanti, non rinuncia a un piatto di penne all'arrabbiata e al pollo al curry, anche se non l'ha mai assaggiato prima. Tutti bevono birra tranne Giovanni, che sceglie l'acqua.

Per quale motivo le loro scelte sono così diverse? In fondo, i quattro ragazzi sono tutti studenti universitari cresciuti nella stessa città, appartengono allo stesso ceto sociale e si conoscono, proprio come i loro genitori, da tempo.

Chiedo a Lucia perché abbia ordinato proprio del pesce e lei mi spiega che sua nonna cucinava spesso gli spaghetti allo scoglio e così, quando le è possibile, le piace mangiarli. Giovanni preferisce la carne perché suo padre era argentino e durante le vacanze estive dai nonni mangiava spesso bistecche. Michela rabbrividisce: lei, proprio come sua madre, vivrebbe soltanto di verdure. Antonio invece ammette che per lui tutto è uguale, basta però che i piatti abbiano sapori forti, «Altrimenti», dice, «non c'è gusto».

Le loro risposte sono sincere e interessanti, raccontano molto delle rispettive storie personali e famigliari, eppure non posso fare a meno di domandarmi perché abbiano scelto proprio quei piatti e non qualcosa di diverso. Decido allora di proporre loro un test. Si tratta di un questionario che lo studioso americano Marvin Zuckerman dell'Università del Delaware, uno dei massimi esperti della personalità umana, ha elaborato a conclusione di ricerche durate vent'anni.

Il test, finalizzato a rilevare l'attrazione per il comportamento ad alto rischio, valuta un tratto della nostra personalità ribattezzato *sensation seeking*, indicando il grado di necessità che ognuno di noi ha di ricercare alcuni tipi di percezione. In base alle risposte fornite, è possibile capire dove collocare il soggetto in esame rispetto a una scala di valutazione che spazia da marcati tratti di *sensation seeking* (presenti in coloro che amano ricercare esperienze nuove, inusuali ed emozionanti) a una quasi totale assenza di essi (tipica di quanti non amano le novità e preferiscono le situazioni rassicuranti).

A questo aspetto della personalità corrispondono anche specifiche preferenze alimentari. I soggetti più inclini a ricercare nuove emozioni sono, infatti, quelli che amano i sapori decisi e i piatti speziati, mentre di solito chi ottiene punteggi bassi ha una vera passione per i sapori delicati e i cibi dolci. Se i primi prediligono sostanze alcoliche e crostacei, ai quali è in genere attribuito un ruolo importante nell'insorgenza di un certo numero di patologie, i secondi tendono a preferire pane, vegetali e cereali, considerati con minore frequenza causa di malattia.

Come mi aspettavo, sono Lucia e Antonio a ottenere i punteggi più alti. Al contrario, Giovanni e Michela sembrano essere meno inclini al rischio, esattamente come hanno dimostrato a tavola ordinando pietanze e sapori tradizionali.

Quando arrivano i primi piatti, Michela chiede a Giovanni se vuole assaggiare la sua pasta, ma lui spiega che non gli piacciono le zucchine perché per lui sono troppo amare. Gli chiedo allora se ci sono altri specifici alimenti che tende a non mangiare, e Giovanni mi confessa che evita accuratamente tutti i vegetali di colore verde scuro, ma anche i cavolini di Bruxelles, il succo di pompelmo, l'alcol e il caffè. Dice che non usa mai la saccarina, ma solo lo zucchero, perché la considera immangiabile. «È amarognola», ripete.

Giovanni mostra una sensibilità eccessiva nei confronti del gusto amaro. È per questo che valuta immangiabili anche cibi che lo sono leggermente o per niente. Lui non lo sa, ma appartiene a un sottogruppo geneticamente determinato, caratterizzato da una super sensibilità al feniltiocarbamide (PTC). Circa un terzo dei Nord Europei, per esempio gli abitanti di Finlandia e Svezia, non sono sensibili a questa sostanza; ma esistono soggetti mediamente sensibili, e altri che lo sono moltissimo. Tutti coloro che, come Giovanni, hanno una spiccata sensibilità al PTC avvertono quindi come sgradevoli alimenti considerati in genere non amari.

Spesso, la mucosa orale (bocca) di queste persone è anche più sensibile al dolore, e così evitano l'acqua frizzante perché avvertono le bollicine come fastidiose. Prediligono poi bevande a temperatura ambiente rispetto a quelle gelate, rifiutano di mangiare la frutta cruda (eccetto le banane) perché la considerano troppo acida, non consumano mai alimenti piccanti o con condimenti irritanti.

Tale rigidità alimentare, dovuta alla capacità di discernere i sapori amari, ha una radice antichissima: è stata fondamentale per proteggere i primi esseri umani dal mangiare piante velenose, e ancora oggi è tipica dei neonati e molto diffusa fra i primati in genere. Dietro a questa, oltre a un eccessivo consumo di cibi grassi e dolci, con un conseguente potenziale aumento delle malattie cardiovascolari e metaboliche, si nasconde il rischio di un regime dietetico compromesso e sbilanciato, nel quale importanti fonti energetiche ricche di antiossidanti come spinaci, indivia, broccoli, cavoli e rucola sono completamente assenti.

Al momento di compiere una scelta alimentare, proveremo dunque un moto di trasporto o di disgusto senza una motivazione apparente e senza giustificazioni comprensibili tanto per gli altri quanto per noi stessi. D'altro canto, è facilmente intuibile come la massa di esperienze precedenti alla nascita – quelle infantili, adolescenziali e dell'età adulta, nonché quelle geneticamente determinate o legate al funzionamento particolare dei nostri organi di senso – sia di un'imponenza tale che una complessiva sintesi cosciente, invece di facilitarci nella scelta, genererebbe probabilmente in noi maggiore indecisione: schiacciati da un'infinita quantità di informazioni accumulate negli anni, di fronte al menù di un ristorante non saremmo in grado di prendere con immediatezza alcuna decisione, ma impiegheremmo ore prima di optare per un piatto di pasta o un'insalata.

Ecco perché a tavola le scelte inconsce, come vedremo fra poco, hanno un ruolo fondamentale.

Come si determina il gusto?

Come è facile intuire, il nostro gusto è influenzato da moltissimi fattori. Anzi, senza sembrare eccessivi, potremmo dire che ogni cosa condiziona il nostro gusto. Non bisogna dimenticare che il primo approccio che ogni essere umano ha con i sapori non risale all'infanzia, ma alla vita intrauterina. Nei mesi prima del parto, il feto si confronta con l'alimentazione materna e a questa rimane vincolato, in modo più o meno evidente, per tutto il corso della vita.

Uno studio americano[1] ha dimostrato come nei giorni immediatamente successivi alla nascita il neonato si dimostri sensibile all'odore di sostanze aromatiche: se nelle settimane che precedono il parto la mamma ha mangiato dell'anice, il piccolo, stimolato con tamponi imbevuti di diverse sostanze, orienterà nella maggior parte dei casi il suo interesse verso la fonte di odore che gli ricorda quella assunta dalla madre, restando indifferente alle altre. Si tratta di una prima espressione della funzione di memoria olfattoria. Il sistema olfattorio del bambino, infatti, è stimolato perché riconosce il profumo di un aroma, un tempo disciolto nel liquido amniotico, e mostra per esso una certa preferenza. A patto che l'esperienza sensoriale sia stata effettivamente registrata durante la fase intrauterina, questa non viene però espressa solamente nelle prime settimane di vita, ma si manifesta nel corso degli anni attraverso specifiche predilezioni alimentari sia nei bambini sia negli adulti.

Notevole importanza hanno anche i comportamenti che la mamma tiene durante le prime settimane di vita del figlio. Se subito dopo il termine della gravidanza ingerisce cibi ricchi di aromi, beve alcol e assume tabacco può esercitare un'influenza tardiva sul comportamento selettivo del bambino. A dimostrazione di ciò, ricordiamo un esperimento[2] condotto su 133 adulti: somministrando loro una salsa aromatizzata alla vaniglia e una non aromatizzata, si è potuto constatare che la prima incontrava il gusto di coloro che da bambini erano stati alimentati artificialmente con latte alla vaniglia nel doppio dei casi rispetto a quanti erano stati allattati al seno.

[1] Schaal B. et al. (2000), «Human Foetuses Learn Odours from their Pregnant Mother's Diet» in *Chemical Sense*, 25(6): 729-737.

[2] Haller R. et al. (1999), «The Influence of Early Experience with Vanillin on Food Preference Later in Life» in *Chemical Sense*, 24(4): 465-467.

A causa di una minore capacità di distinguere i sapori dovuta all'immaturità del proprio apparato sensoriale, dalla nascita fino a 8 anni i bambini hanno bisogno di concentrazioni molto elevate – superiori di due o tre volte rispetto a quelle che occorrono a un adulto – per assaporare il dolce, il salato e l'acido. E, quindi, se è certo che i neonati preferiscono il sapore dolce – come testimoniano i movimenti mimici di apprezzamento quando diamo loro un alimento zuccherino, e le smorfie di disgusto se è amaro –, negli adulti la preferenza per il dolce viene in qualche modo mascherata, ma è evidente nei soggetti che preferiscono la frutta alla verdura.

Il comportamento alimentare del bambino appare comunque più libero rispetto a quello dell'adulto, e sembra essere svincolato da condizionamenti geografici. Studi recenti hanno infatti dimostrato che fra i cibi preferiti dai ragazzi – indipendentemente che questi vivano in Francia o negli Stati Uniti, in Canada o in Italia – ci sono sempre patatine fritte, dolci, cioccolato e gelati, mentre rape, melanzane, cavoli e barbabietole vengono considerati poco appetibili e perlopiù rifiutati.

Certamente, nella scelta degli alimenti, il gusto e l'aspetto giocano un ruolo primario, ma anche l'apporto calorico sembra avere una funzione importante e un recente esperimento lo ha dimostrato: ad alcuni bambini sono state offerte due bevande di sapore diverso, ma la preferita – indipendentemente dal gusto – è stata sempre quella dal contenuto calorico maggiore.

Da non sottovalutare è il ruolo che il tubo gastrointestinale svolge nel creare una memoria alimentare e nel determinare, mediante precisi impulsi che fa giungere al cervello, le nostre preferenze. Se è vero infatti che queste sono basate, oltre che sui segnali gustativi, olfattivi e visivi degli organi di senso, anche su altri fattori come la composizione del cibo e il contenuto energetico, è altrettanto vero che i recettori sensoriali disposti sul tubo gastrointestinale sono in tale contesto fondamentali. Il *giudizio* prodotto da questo organo si manifesta in maniera inconsapevole, ovvero al di sotto della condizione di coscienza. La traccia lasciata da ogni nostra scelta contribuisce alla formazione di un archivio di gusti personali legati alle esperienze alimentari precedenti di cui noi non conosciamo l'origine. Ogni individuo è così in grado di orientarsi spontaneamente verso un alimento proteico dopo averne mangiato uno glucidico, e viceversa, senza avere piena coscienza delle scelte che sta operando. È come se il tratto gastrointestinale fosse capace di assaggiare i cibi e di dare un suo giudizio, insindacabile e silenzioso, che verrà utilizzato nei pasti successivi, per settimane e addirittura mesi, contribuendo a formare la nostra coscienza alimentare.

Questa sorta di archivio dei sapori legato alle esperienze gustative precedenti è in grado di mettere in evidenza i cibi piacevoli, ma anche di mandare segnali d'allarme se determinati alimenti sono stati collegati in passato a una condizione di malessere.

La capacità di memorizzare quello che succede dopo aver mangiato un certo alimento non si riscontra solo nell'adulto, ma anche nel bambino. I primi studi effettuati sull'argomento oltre ottant'anni fa misero proprio in risalto l'esistenza nel bimbo di una saggezza istintiva che, mediante alcuni meccanismi regolatori innati, lo spingeva verso un'alimentazione equilibrata e gli consentiva di memorizzare cosa succedeva dopo aver ingerito dei cibi irritanti o sgradevoli. Questi elementi, senza dubbio, contribuiscono con forza a formare il gusto in età infantile e a condizionare le nostre scelte alimentari per tutta la vita.

Perché esiste un gusto preferito?

A influenzare i nostri gusti fin dalla nascita è una serie complessa di fattori fra i quali il più importante è forse l'appartenenza a un determinato gruppo etnico.

Fare parte di una specifica etnia comprende infatti comportamenti ben codificati e uno specifico background. Sotto questa cifra culturale possono anche affluire una serie di aspetti che non è possibile sottovalutare, come la collocazione geografica, il clima, le condizioni economiche, le credenze religiose, la classe sociale, il livello d'istruzione, ma anche l'ereditarietà, le allergie e i bisogni nutrizionali: tutto ha un'influenza, perfino la tecnica con cui il cibo viene confezionato.

Nella valutazione delle nostre preferenze hanno un ruolo molto importante anche alcuni fattori di ordine sociale. Uno studio[3] ha dimostrato come i topolini preferiscano il cibo di cui si è appena nutrita la madre perché l'aroma contenuto in questi alimenti è passato

[3] Le Magnen J., Tallon S. (1968), «Food Preferences of Young Rats Induced by Maternal Feeding», in *C. R. Seances Soc. Biol. Fil.*, 162(2): 387-390.

attraverso il latte materno. Un successivo esperimento ha evidenziato come i topolini giovani che condividono il recipiente del cibo con un topolino adulto mangino di più e che, se messi in condizione di scegliere fra due alimenti dal diverso odore, preferiscano sempre quello che è stato appena consumato da un altro topolino con cui hanno avuto a che fare in precedenza. In questo caso si parla di una preferenza alimentare condizionata dall'interazione sociale, che può persistere a lungo nel tempo e che è molto comune anche fra gli uomini.

Quante volte non siamo riusciti a resistere alla tentazione di un cornetto caldo al bar dopo aver incontrato un passante che ne mangiava uno per la strada? Quante volte durante la pausa pranzo siamo andati a comprare la pizza nello stesso posto dove l'aveva presa il nostro collega perché solo l'odore ci faceva venire l'acquolina in bocca?

La scelta inconscia dei cibi

Sigmund Freud è stato tra i primi ad affermare che la nostra coscienza illumina solo una parte della mente; il resto della nostra vita interiore avviene in una modalità inconscia. Secondo Freud la maggioranza delle nostre attività, scelte, convinzioni e comportamenti sarebbero condizionati da contenuti mentali che non appaiono alla coscienza e che, in altri termini, non siamo in grado di vedere esplicitamente. Quest'idea è stata una pietra miliare dello scandalo della psicanalisi e ancora oggi viene in parte contestata, benché la consapevolezza che il nostro cervello operi con funzionamento inconscio è pressoché unanimemente accettata anche nell'ambito delle scelte cognitive.

Gli studiosi che si sono occupati della proporzione tra le azioni frutto di una scelta conscia e azioni determinate in maniera inconscia hanno comunque concluso che la coscienza è in grado di custodire solo il 5 per cento dei contenuti psichici complessivi, mentre il 95 per cento sarebbe conservato nel nostro inconscio.

Alla luce di questi studi, la memoria non è più considerabile come una funzione unitaria della mente, ma assume due forme: una forma esplicita, intesa come *memoria delle cose*, e una forma implicita che ci indica *il modo di fare le cose*.

La memoria esplicita manipola le informazioni di cui abbiamo coscienza e che riguardano i fatti della nostra vita – compresi il ricordo di persone, cose, oggetti – ed è localizzata nell'ippocampo e nel lobo temporale mediale.

La memoria implicita custodisce invece i ricordi inconsci delle strategie motorie e percettive, ed è localizzata nei nuclei che governano i sistemi sensitivi e motori, oltre che nel cervelletto.

Per esempio, imparare a guidare un'automobile comporta al momento dell'apprendimento l'impiego di una profonda attenzione e concentrazione che coinvolge la memoria esplicita, poiché si tratta di un'attività di tipo cosciente. Dopo aver appreso i movimenti fondamentali dell'atto del guidare e averli esercitati nel tempo, la guida diventa progressivamente un automatismo.

Qualcosa di simile accade per le nostre scelte alimentari: anche la preferenza dei cibi si manifesta in gran parte in maniera inconscia, proprio come succede per l'atto di guidare l'auto.

Ma quali sono le modalità con cui il nostro cervello costruisce i gesti automatici del comportamento alimentare?

Mangiare qualcosa di molto appetibile stimola il cervello generando un piacere estemporaneo. Nel momento in cui questo tipo di stimolazione gradevole compare, la coscienza si focalizza completamente su tale evento e in qualche modo si distrae dal compito che stava portando a termine, venendo a tutti gli effetti come *rapita*. È per questo che un cibo fortemente piacevole è realmente in grado di monopolizzare la nostra attenzione.

Per anni ho avuto in cura Simona, una donna normopeso molto attiva nel suo lavoro di consulente aziendale, per sua stessa ammissione ossessionata da un tipo di frollini con gocce di cioccolato e crema. «Non riesco a trattenermi, appena li compro devo mangiarli», ripeteva durante i nostri appuntamenti, spiegandomi che appena metteva piede in un supermercato, la sua prima mossa era quella di andare nel reparto dolciumi e prendere due, tre, quattro confezioni degli amati biscotti: puntualmente li divorava in macchina, nel tragitto dal supermarket a casa, con una sequenza di automatismi che eseguiva senza quasi rendersene conto.

Solo dopo svariati tentativi di trattenersi e impedire a se stessa di mettere in pratica un comportamento che considerava inaccettabile, Simona si era decisa a non comprarli più: era l'unico modo che aveva per evitare di mangiare biscotti in gran quantità perché, per quanto fosse abituata sul lavoro a prendere decisioni impegnative, davanti al pacco aperto di questi dolcetti non riusciva a opporre una vera resistenza e si lasciava trascinare dall'impulso di divorarli, uno dopo l'altro, fino a finire l'intera confezione.

Quello che Simona raccontava, con tanta partecipazione e dovizia di particolari, è un atteggiamento molto comune, ed è dettato dal desiderio connaturato all'uomo di ripetere con grande frequenza le esperienze che determinano benessere per provare ancora, e ancora e ancora, i momenti appaganti già conosciuti.

Come spesso accade quando la ricerca del piacere si trasforma in un pensiero ricorrente da cui è difficile liberarsi, nel caso di Simona si era anche venuto a instaurare un vero e proprio meccanismo di condizionamento. Tutte le volte che si trovava davanti a un pacco di biscotti con quelle particolari caratteristiche, non riusciva a frenarsi. E questo perché la sua personale equazione della felicità – secondo cui mangiare biscotti corrispondeva a una soddisfazione così forte da essere irresistibile – era stata più volte messa alla prova e le aveva sempre garantito appagamento e tranquillità. Per questo Simona, dopo le continue conferme che aveva avuto, ricercava in maniera quasi automatica di ricreare la situazione di serenità che mangiare dolcetti le garantiva.

Dal momento in cui, come nel caso di questa paziente, si instaura un meccanismo di condizionamento, tenderemo in maniera sempre più frequente a ricercare un cibo da cui abbiamo ricavato piacere tutte le volte che ne avremo la possibilità. Si stabilirà così con quell'alimento o con quel gusto una forma di famigliarità, e tenderemo molto facilmente, ma soprattutto in maniera acritica, a reiterare quel comportamento fino a renderlo automatico.

È in base a questo meccanismo che al cinema riusciamo a mangiare notevoli quantità di patatine senza preoccuparci del loro contenuto calorico e dei grassi appena assunti. Guardando tranquillamente il film, ci renderemo conto che sono finite solo quando la nostra mano girerà dentro il sacchetto senza trovarne altre. Ed è sempre per lo stesso motivo che, davanti alla vetrina di una pasticceria dove fanno bella mostra di sé i bignè alla crema che ci piacciono tanto, quasi spinti da una forza sconosciuta, entreremo e ci ritroveremo a mangiarli senza accorgercene. Con ogni probabilità, una volta finita la *fase acquolina* – come potremmo definire l'attimo che precede il consumo, caratterizzato da un aumento della salivazione e da un pensiero fisso nei confronti del cibo che da lì a pochi minuti mangeremo – avvertiremo un senso di colpa che potrà essere più o meno elevato, ma che comunque non cambierà la situazione: ormai avremo già divorato il cibo oggetto dei nostri desideri, assumendo con grande probabilità una notevole quantità di calorie. Ormai, non potremo più tornare indietro.

Dunque, esattamente come esiste una memoria esplicita, che serve a registrare tutto ciò che vediamo, sentiamo e apprendiamo durante la giornata, esiste anche una memoria implicita che si manifesta con dei gesti inconsapevoli e meccanici registrati sempre in modo sequenziale rispetto a un dato evento. Si tratta, per esempio, di quella routine cadenzata che Simona non riusciva a spezzare e che la spingeva quasi in modo inconscio a ripetere automaticamente le stesse azioni ogni volta che arrivava al supermercato: prendere il carrello, andare frettolosamente nel reparto dei dolciumi, afferrare i suoi amati biscotti e, dopo aver terminato sbrigativamente gli acquisti, divorarli nel tragitto verso casa.

Il potere della routine

Le azioni che portano al piacere hanno una particolare tendenza a rimanere impresse nel cervello. Con facilità, si consolida in noi l'abitudine di ripetere all'infinito – o almeno con una frequenza crescente – un gesto che ci ha gratificato. Ma perché a volte facciamo cose che, in realtà, non ci garantiscono nessun benessere?

Ricordo ancora una mia collega, Gabriella, che mangiava continuamente delle caramelle alla menta, conservate dentro scatoline di latta colorate. Un giorno me ne offrì una: dopo averla assaggiata, le domandai se non le trovasse anche lei troppo forti. Mi rispose con un'alzata di spalle dicendo che, certo, le considerava buone, ma ormai non faceva più troppo caso al loro sapore: quelle erano le stesse caramelle che sua madre le dava da bambina e mangiarle fra un paziente e l'altro, per fare una pausa, era diventato un gesto automatico. Lo stesso che faceva ogni volta che interrompeva per un attimo lo studio ai tempi dell'università, e ancor prima, del liceo.

Anche un altro mio collega, Andrea, era prigioniero della sua routine. Tutti i giorni ordinava a mensa le stesse cose: pasta al pomodoro, petto di pollo ai ferri con insalata e una mela. Non aveva importanza che ci fossero piatti più gustosi e invitanti, meccanicamente – come mi aveva poi spiegato – lui sceglieva sempre le stesse portate.

Gabriella e Andrea mettevano in atto una condotta abitudinaria. Ma come mai, pur sapendo di fare una cosa senza davvero volerla, non riuscivano a smettere?

Dal punto di vista evoluzionistico esiste una potente molla che giustifica questo tipo di atteggiamento: la routine è uno dei meccanismi comportamentali più efficienti dal punto di vista energetico. Agire in maniera automatica – anziché sforzarsi continuamente per decidere come, quando, se e perché agire – comporta, infatti, un notevole risparmio di tempo e di forze.

Se Gabriella si sentiva rassicurata dal fatto che dopo ogni paziente avrebbe mangiato una caramella, per Andrea la consapevolezza che il giorno dopo – e quello dopo ancora e così per tutta la settimana e per tutto mese – non si sarebbe dovuto preoccupare di scegliere cosa mangiare a mensa, era un'incredibile sicurezza. Poco importava che, ogni giorno, dovesse gustare la stessa pasta scotta, una fettina di pollo bruciacchiata e dell'insalata scondita.

Una volta che il comportamento ha acquistato la sua automaticità, il desiderio di benessere non è più indispensabile, come ha dimostrato un esperimento su dei topolini di laboratorio condotto da Raymond Niaura,[4] professore di psichiatria della Brown University di Providence (Rhode Island). Dopo aver mangiato a sazietà, infatti, essi continuavano ad abbuffarsi se questa era la loro routine, anche se tale comportamento nuoceva gravemente alla loro salute.

Ciò accade perché, quando la gratificazione diventa meccanica, non è più un sentimento consapevole, ma espressione di un processo che avviene al di sotto del livello di coscienza.

È per questo che Simona continuava, completamente fuori controllo, a mangiare biscotti senza riuscire a smettere, fino a quando le scatole acquistate non terminavano.

Tale situazione si verifica nella vita di tutti i giorni molto più spesso di quanto si è soliti immaginare. Non è raro che anche l'uomo apparentemente più disciplinato davanti a un vassoio di pizzette o una scatola di cioccolatini smetta di ragionare, lasciando da parte il consueto autocontrollo, per agire in modo riflesso e mettere in atto un automatismo inconscio e inspiegabile.

[4] L'esperimento è citato da Kessler D.A. nel suo volume *The End of Overeating*, Rodale Books, Emmaus (PA), 2009. Il libro è stato tradotto in italiano con il titolo *Perché mangiamo troppo (e come fare per smetterla)*, Milano, Garzanti, 2010.

Il rischio che si corre in questi casi, ancora una volta, è la possibilità di consumare in brevissimi lassi di tempo grandi quantità di cibo e assumere così, senza rendersene conto, un ingente numero di calorie che potrebbero portare prima al sovrappeso e poi all'obesità.

La soglia del piacere

Esistono però delle situazioni altrettanto insidiose, anche se in apparenza possono sembrare prive di rischi o addirittura innocue. È il caso di Lucia, un'amica di famiglia che non ha mai avuto problemi alimentari e che segue una dieta bilanciata ed equilibrata. Lucia ama nuotare in piscina e fare delle lunghe passeggiate. Ha un unico difetto, come lei stessa ammette scherzosamente: è molto golosa. Dice di avere una grande passione per i bignè. Ogni giorno, da anni, dopo cena ne mangia uno che il marito le compra nella pasticceria vicino all'ufficio. Descrivendo questo bignè, Lucia usa inconsapevolmente toni voluttuosi. «Il primo morso è una meraviglia: l'esterno è leggero e croccante. L'interno morbido, dolce, avvolgente. Quando sento lo zabaione a contatto con il palato vado in estasi», confessa. Il problema, spiega, è che negli ultimi mesi un bignè non le basta più per sentirsi appagata, e così prima ha chiesto al marito di comprargliene due, poi ha cominciato ad andare di persona in pasticceria, nonostante questa fosse lontana da casa alcuni chilometri. Di nascosto ha cominciato così ad acquistarne prima uno, poi un altro, e poi un altro ancora.

«Sono arrivata a mangiare quattro bignè al giorno. Sto ingrassando e, anche se mi sento in colpa, non ne posso fare a meno», confessa, disperata. Normalmente ci si limita a definire una persona come Lucia una golosa accanita, ma le cose non stanno così. Quando infatti un comportamento diventa ben radicato e tutti i giorni abbiamo bisogno di mangiare un certo alimento, anche se in quantità limitate, ci troviamo all'improvviso vittime di una routine di cui non possiamo fare a meno, fino a quando la situazione si complica in modo esponenziale. Se, per esempio, siamo abituati come Lucia a mangiare ogni giorno un dolcetto alla crema, e improvvisamente solo un pasticcino non riesce più a soddisfare la nostra necessità di dolce, arriveremo dopo poco a mangiarne due; a distanza di settimane, però, i bignè saranno diventati tre, e poi quattro, e poi cinque. Senza rendercene conto, inseguendo l'appagamento iniziale che prima raggiungevamo con un unico dolcetto, ci ritroveremo a divorarne un intero vassoio, senza sentirci ancora appagati: per consolidare e prolungare la nostra esperienza piacevole, avremo bisogno di altri bignè. Con grande probabilità, assisteremo pian piano a un innalzamento della nostra soglia del piacere e avremo bisogno di cibi sempre più gratificanti per raggiungere quella stessa sensazione di benessere prima garantita da qualche sporadica trasgressione. Ci sentiremo sazi in ritardo e ciò prolungherà la nostra perdita di controllo, fino a un unico, inevitabile, esito: l'obesità.

Esperienze negative: l'apprendimento avversivo

Uno degli aspetti che condiziona le nostre scelte alimentari è costituito dalle esperienze legate all'ingestione di cibi e al consumo di bevande che hanno avuto conseguenze negative per la nostra salute. Se dopo aver mangiato qualcosa stiamo male, è sufficiente un'unica associazione tra le proprietà sensoriali di quel cibo e i sintomi del disagio cui esso ha dato adito (mal di stomaco, nausea, vomito) per creare un condizionamento negativo destinato a durare molto a lungo. Tale condizionamento comporta un vero e proprio apprendimento avversivo e genera in noi la capacità di distinguere i cibi che possono essere mangiati da quelli che invece vanno assolutamente evitati. Si tratta di un meccanismo che ha avuto un'importanza fondamentale dal punto di vista evoluzionistico per dissuadere il nostro corpo, mediante una reazione di disgusto più o meno violenta, dall'ingerire sostanze tossiche o pericolose.

Non di rado l'apprendimento avversivo porta a scombussolare le proprie abitudini a tavola, arrivando, attraverso una reazione simile a un vero e proprio shock alimentare, a cancellare perfino una routine ben radicata.

È il caso di Marco, che da bambino andava ogni settimana con i genitori a cenare in un ristorante vicino casa, dove ordinava sempre le solite cose: salsicce al forno e patatine fritte. Una sera, rientrato a casa dopo il consueto pasto, venne colto da un violento mal di pancia, con crampi e vomito. Passò una notte insonne e da quel momento tutte le volte che vedeva salsicce e patate provava un forte senso di disgusto: non solo si rifiutava di assaggiare la pietanza, ma non poteva addirittura sentirne l'odore. «Lo trovavo nauseabondo», confessa, spiegando che prima di ricominciare a mangiare quegli alimenti sono dovuti trascorrere degli anni. «Prima di quell'episodio avevo consumato tante volte il mio piatto preferito senza mai avere alcuna reazione. Eppure, pur sapendo che si era trattato semplicemente di un incidente, non riuscivo più a mangiarlo. Era più forte di me. Temevo di sentirmi male di nuovo», precisa. Con quell'*era più forte di me*, Marco si riferisce a quel senso di angoscia e di paura che chiunque abbia sofferto a causa di un'intossicazione alimentare, più o meno grave, può comprendere. In questi casi, il dolore e il senso di malessere sono collegati direttamente al cibo che, per evitare rischi, viene tenuto a debita distanza.

La spiegazione di tale fenomeno è legata al fatto che il cervello memorizza ogni segnale in arrivo dal tratto gastrointestinale e lo conserva per qualche ora per poterlo mettere in relazione con gli alimenti che vengono consumati. Sono operazioni assolutamente inconsce. Il soggetto, infatti, non opera nessuna selezione cosciente.

La regione del cervello che immagazzina questo tipo di memoria è l'ipotalamo. Il canale sensoriale più importante in questo genere di apprendimento è il gusto, ma anche l'olfatto svolge un ruolo basilare, contribuendo alle reazioni di rigetto.

Non si tratta di un condizionamento aspecifico rivolto verso qualsiasi tipo di alimento. Il senso di nausea, infatti, si verifica esclusivamente se il dolore che si accompagna all'assunzione di un dato cibo – nel caso di Marco di un piatto di patatine fritte e di salsicce – è stato di tipo viscerale e ha avuto origine nel tubo gastroenterico.

In situazioni simili il fascio di fibre nervose del nervo vago che convoglia questa sensibilità definita enterocettiva dal nome dei recettori intestinali coinvolti, connette l'intestino con la regione cerebrale del tronco-encefalo.

Non è un caso che l'apprendimento avversivo scompaia quando i neuroni del tronco-encefalo vengono distrutti a seguito di condizioni patologiche. Se, per esempio, a causa di un trauma Marco avesse riportato danni celebrali, e nello specifico al nucleo di cellule nervose del nervo vago che collega l'intestino con il tronco-encefalo, avrebbe senza problemi continuato a mangiare salsicce e patatine anche dopo essere stato male. Il tronco-encefalo, infatti, non sarebbe stato più in grado di rievocare le tracce di memoria che segnalavano quei due alimenti come i responsabili di un passato malessere, e lui non avrebbe più avuto quel senso di angoscia e di paura che riferiva.

Non tutte le nostre avversioni alimentari hanno però radici così profonde. Esistono degli evitamenti meno drammatici, che condizionano le nostre scelte in maniera più o meno consapevole, e che, secondo un gruppo di studiosi, possono essere riuniti in tre grandi categorie.

Alcuni cibi vengono rifiutati perché hanno un *gusto cattivo*: la discriminazione viene quindi effettuata in base al *sapore* e per questo è molto soggettiva; c'è per esempio chi non gradisce il sapore della carne di manzo e chi non mangerebbe altro, chi non sopporta gli spinaci e chi li ama alla follia, chi disprezza le meringhe e chi ne divorerebbe a decine.

Altri cibi, per il fatto che possono determinare un effetto tossico, costituiscono la categoria del *pericolo* e sono universalmente ritenuti dannosi, come alcune bacche e funghi tossici, o potenzialmente velenosi, come il pesce palla.

Esiste poi una forma di *disgusto*, quella che abbiamo appena descritto nell'apprendimento avversivo, che è riconducibile a esperienze passate e che consiste in un particolare e selettivo rifiuto per un dato cibo, nei confronti del quale si prova ribrezzo anche solo rievocandone il nome, l'odore o l'aspetto. Gli alimenti che appartengono a questa terza categoria hanno la caratteristica di indurre l'evitamento anche di alimenti che presentano piccole quantità di quella stessa sostanza.

Nell'esaminare il comportamento dell'uomo rispetto a determinati cibi non bisogna poi sottovalutare il ruolo delle influenze culturali, che condizionano sia i comportamenti umani sia gli usi di certe materie prime. Ad esempio, vermi e insetti alle nostre latitudini provocano unanimemente disgusto, mentre in Oriente vengono comunemente consumati ed elogiati per la loro grande varietà (esistono ben 1462 specie di insetti commestibili), l'alto contenuto di proteine e il basso tasso di grassi. Allo stesso modo la mucca, considerata in India sacra e quindi intoccabile, in Europa e negli Stati Uniti si mangia senza particolari preoccupazioni, così come il maiale, che invece nei Paesi di religione musulmana è intoccabile.

Ci sono inoltre delle forme assolute di disgusto – come quella per gli escrementi o quella per la carne umana – che tracciano i confini del palato mondiale, arrivando ad accomunare uno statunitense a un cinese, un russo a un australiano.

In definitiva, esiste un equilibrio tra i cibi di cui subiamo un'attrazione più o meno profonda, legata a motivi genetici o alla nostra storia personale, e altri verso i quali proviamo avversione, disgusto o rifiuto assoluto. È proprio dal bilanciamento di questi elementi che deriva la nostra dieta e, in generale, il nostro comportamento alimentare.

L'ESPOSIZIONE AI NUOVI CIBI: IL PARADOSSO DEGLI ONNIVORI

Attraverso una predisposizione genetica che si è consolidata durante il ciclo evolutivo, la natura ha abituato certi animali a un'estrema rigidità alimentare: le mucche brucano l'erba, le rondini si nutrono di insetti, il leone divora le zebre. In mancanza di erba, insetti e zebre, iniziano le difficoltà alimentari.

Gli onnivori hanno invece a disposizione un menù più vasto: non rischiano di trovarsi improvvisamente senza qualcosa da mangiare e se non hanno a disposizione verdura o carne, possono sempre saziarsi con cereali, legumi e frutta.

Tra le loro fila non troviamo – oltre a pesci, uccelli e rettili – altre specie appartenenti alla classe dei mammiferi che, seppur in misura minore rispetto all'essere umano, riescono a tenere una dieta non strettamente vegetariana.

La maggior parte dei mammiferi si nutre solo di vegetali – è il caso di cavalli, bovini, antilopi e rinoceronti –, ma esistono anche animali come i felini che possono essere definiti dei veri e propri carnivori. Alcune specie si sono adattate invece a un solo tipo di cibo, per esempio il panda mangia unicamente bambù, il koala foglie di eucaliptus, i toporagni soltanto insetti. All'opposto, i gatti, come la maggioranza dei felini, non possono adattarsi a un regime alimentare esclusivamente vegetariano poiché non sintetizzano la taurina,[5] e per questo hanno bisogno di assumerla dalla carne.

Non bisogna dimenticare che l'apparato digerente negli animali si modifica e si specializza a seconda delle sostanze che deve metabolizzare. L'apparato digerente differisce da animale ad animale, ed è adatto a specifiche diete. Ci sono erbivori, come i ruminanti, che per

[5] Aminoacido che si trova solo nella carne, fondamentale per la fisiologia dei gatti.

digerire la fibra hanno sviluppato vere e proprie camere di fermentazione specializzate per portare a compimento i processi digestivi, ed erbivori come il cavallo che, per lo stesso motivo, pur avendo un solo stomaco, hanno sviluppato in lunghezza l'intestino crasso. Alcuni animali carnivori, come i gatti e i cani, hanno invece un intestino piuttosto corto per consentire un veloce transito del cibo, al fine di evitare l'insorgenza di intossicazioni dovute a fenomeni putrefattivi della carne.

Al contrario, l'uomo ha un apparato digerente che si adatta a entrambi i tipi di digestione e che gli consente di metabolizzare una grande percentuale di alimenti commestibili. Nei secoli passati, questa prerogativa ha garantito maggiori possibilità di sopravvivenza, ma oggi più che mai, proprio a causa della versatilità alimentare – ovvero della singolare capacità di assumere cibi sempre nuovi e di adattarci con facilità ad alimenti diversi – rischiamo continuamente di incappare in alimenti tossici o velenosi. Ciò spiega il lungo e inevitabile processo di selezione che operiamo prima di accettare nuovi alimenti nella rosa dei cibi commestibili e affidabili: si tratta, in ultima analisi, della necessaria diffidenza dell'onnivoro nei confronti di alimenti nuovi e mai assaggiati prima.

Al di là dell'età infantile, in cui questo tipo di scelte si struttura, l'uomo moderno ha comunque temperato molto quella condizione di allarme alimentare ininterrotto – dovuto alla paura di imbattersi in cibi potenzialmente dannosi – in cui vivevano i suoi progenitori.

Come è facile immaginare, l'età in cui si è più diffidenti nei confronti del cibo è quella infantile. Il bimbo conosce già il destino della sua carriera di *mangiatore* e sa che lo aspetteranno una serie di nuove esperienze gustative e olfattive. Al tempo stesso è incuriosito e impaurito dai nuovi alimenti. Da una parte vorrebbe assaggiarli, dall'altra teme che potrebbero non piacergli o fargli male.

È proprio questo il paradosso degli onnivori: la possibilità fisica di mangiare qualsiasi cibo commestibile e la naturale diffidenza derivata dalla potenziale pericolosità di alimenti più o meno conosciuti.

Secondo un recente studio, è necessario presentare a un bambino un nuovo alimento per almeno 8-10 volte nell'arco di tempo di 6 settimane prima che questo entri a far parte del suo repertorio alimentare. Se non è affatto facile vincere la reticenza di un bimbo di 3-5 anni, è sicuramente più difficile convincere un ragazzino in età scolare ad assaggiare qualcosa che non sia compreso nel suo menù quotidiano, normalmente esteso a 10-15 alimenti. In alcuni casi, provare a fargli assaggiare qualcosa al di fuori della sua routine può diventare una vera e propria impresa. Fortunatamente, con il passare degli anni tale comportamento restrittivo, che ha sempre un'origine famigliare, si riduce notevolmente, restando più presente nei maschi che nelle femmine. Quando la tendenza a rifiutare nuovi alimenti persiste nel tempo, i soggetti vengono definiti schizzinosi.

Alla base di questo comportamento diffidente spesso ci sono condizionamenti psicologici dovuti a esperienze negative provate nel passato per aver ingerito cibi mai assaggiati prima. Solitamente, però, giocano un ruolo importante anche le influenze dell'ambiente sociale e famigliare, tanto che molto spesso quando un ragazzo è costretto per cause di forza maggiore – pranzare in una mensa scolastica con poca varietà di scelta, assecondare le abitudini collettive durante una gita scolastica, cenare a casa di persone con cui ha poca confidenza – a non poter rifiutare un dato alimento, riesce senza troppe difficoltà a mettere momentaneamente da parte le consuete resistenze.

Un esempio emblematico del complesso paradosso degli onnivori è quello di Luca e Matteo, due gemelli identici che, quasi indistinguibili somaticamente, vestono allo stesso modo e hanno caratteri molto simili. Mentre Luca mangia qualsiasi cosa, Matteo si rifiuta di assaggiare ogni novità che la mamma prova a cucinare. Lui desidera solo cose che conosce, e non è affatto interessato a sperimentare.

Le radici di questo comportamento sono molto lontane: durante la prima elementare, dopo aver assaggiato per la prima volta un piatto di lasagne, Matteo – al contrario del fratello – aveva sofferto di una forte intossicazione alimentare. Da quel momento il suo rapporto nei confronti del cibo era cambiato, accrescendo notevolmente la sua già accentuata titubanza nell'avvicinarsi a pietanze sconosciute. Negli anni Matteo era diventato lo schizzinoso di famiglia, e questo status, noto anche fra gli amici, in qualche modo l'aveva preservato dal fare nuove esperienze gustative: «Tanto Matteo non mangia niente di diverso, è inutile provarci», diceva la mamma alla nonna che cercava di fargli assaggiare dei cannelloni alla ricotta, «Non provarci neppure», spiegava Luca a un'amica che voleva invitarlo con il fratello in un ristorante etnico. Andando all'università, Luca e Matteo si sono però trovati fuori dal controllo famigliare e quando Matteo nell'ambito del progetto Erasmus è andato a trascorre un lungo periodo in Finlandia, ha dovuto superare molte delle sue diffidenze ed è stato costretto a provare nuovi cibi e nuove bevande. Lentamente, fuori dal controllo famigliare e sociale, lontano dal fratello Luca e dalla madre che ormai aveva perso qualsiasi speranza, Matteo ha così cominciato ad avvicinarsi, pur con il consueto fare sospettoso, a nuovi alimenti, arrivando pian piano a includerli nel suo menù.

L'apprendimento sociale

Il fatto che l'ingestione di un cibo mai assaggiato prima non abbia alcuna conseguenza negativa per la nostra salute, ci pone nella condizione di una *sicurezza consapevole* che ci porterà a sviluppare un senso di fiducia nei confronti di quello specifico alimento. Saremo consci che mangiarlo non ci creerà alcun disagio fisico, e lentamente costruiremo una crescente familiarità nei confronti del suo specifico sapore.

L'apprendimento sociale si basa sull'assunto che la fiducia negli alimenti nuovi è contagiosa: esiste una forte tendenza a riprodurre i comportamenti dei genitori oppure, nel caso di soggetti in età scolare, quelli di altri bambini, dei personaggi delle fiction o dei film. Un bimbo che sta con coetanei a cui piacciono le verdure tende a provarle lui stesso. Una ragazza in sovrappeso mangerà di più accanto a un'altra ragazza sovrappeso, di meno accanto a un'amica normopeso. L'apprendimento sociale è per questo motivo fondamentale per costruire il proprio bagaglio alimentare, ovvero quella lista in continuo aggiornamento che comprende gli alimenti nei confronti dei quali proviamo interesse o avversione, e che modula il nostro modo di mangiare.

Il ruolo dei genitori

I genitori hanno un ruolo centrale nella formazione del gusto dei bambini. Lo spazio domestico, dove il bambino trascorre gran parte del suo tempo, è l'ambiente ideale per invogliare il piccolo a provare nuovi alimenti e a familiarizzare con le pietanze che quotidianamente gli vengono servite. La casa diventa così una palestra dove il bimbo acquisisce le basi della sua alimentazione, imitando e facendo proprie le abitudini della mamma e del papà. È decisamente più probabile che un adolescente faccia colazione se i loro genitori sono abituati a farla, e che consumi o respinga determinati alimenti – come frutta e verdura – seguendo i gusti alimentari appresi in casa.

Pur non rendendosene conto, i genitori influenzano con le loro scelte il comportamento alimentare dei propri figli in modo molto diretto. Le madri a dieta tendono a somministrare ai loro bambini i cibi di cui si nutrono, incrementandone però le quantità. Le bambine saranno profondamente condizionate – molto più dei maschi – dalle particolari routine alimentari materne e percepiranno con chiarezza il costante pericolo di ingrassare e di diventare sovrappeso.

Emblematico è il caso di Matilde, una bimba di 10 anni con una mamma quarantenne, Daria, snella e slanciata, da sempre estremamente attenta al proprio introito calorico. Daria ha una familiarità con i disturbi della condotta alimentare, sua sorella è stata affetta da una grave forma di anoressia nervosa durante l'adolescenza e lei stessa tiene da sempre un'alimentazione bizzarra, costituita da un elevato consumo di cibi zuccherini che viene bilanciato da saltuari piccoli pasti o dal digiuno. Fin dall'infanzia, Matilde è stata estremamente selettiva nella scelta degli alimenti, arrivando a restringere la sua dieta all'esclusivo consumo di salatini e piccole porzioni di pizza margherita. Probabilmente la bambina non conosce neppure il sapore di altri cibi come la carne, il pesce, la frutta, le verdure.

Quando è a tavola con i genitori e con altri adulti che cercano di invogliarla ad assaggiare qualcosa di diverso, pur velatamente ammettendo di sentirsi affamata, Matilde accetta solo snack salati e pizza, che mangia in quantità appena sufficienti a superare i morsi della fame. L'atteggiamento della madre Daria è ambivalente: da una parte, con toni smorzati, pare incoraggiarla a cedere alle esortazioni dell'adulto di turno che le propone nuovi cibi, dall'altra, con un sorta di comprensione, ma anche di complicità, non eccede nelle pressioni, esclamando «Tanto non c'è nulla da fare, lei è fatta così!». Inutile dire che, lontano dalla tavola, fioccano i complimenti su Matilde che è bellissima, alta, magra, slanciata proprio come la mamma e la zia. Il prezzo che questa bambina sta pagando, e pagherà per il resto della vita, sarà però quello di non sapere che cosa sia una regime alimentare equilibrato. Il rapporto di Matilde con il cibo è infatti pregiudicato in modo grave, e difficilmente verrà recuperato nel corso degli anni.

Il ruolo dei media

La televisione ha un ruolo importantissimo nel contribuire all'orientamento delle nostre scelte alimentari. Le campagne pubblicitarie, oltre a influenzare il mercato dei prodotti alimentari in maniera imponente, condizionano il consumo di determinati cibi in larghissime fette di popolazione.

I media possono però incidere sul comportamento alimentare non solo mediante la pubblicità, ma anche attraverso le campagne d'informazione.

Basti pensare al periodo della «mucca pazza», in cui, per il pericolo di contagio dell'encefalopatia spongiforme bovina, crollò a picco il consumo di carne di manzo a favore delle carni di pollo e di maiale. Oppure è sufficiente ricordare quando si temeva la trasmissione del virus dell'influenza aviaria H5N1: le vendite di pollo si ridussero ai minimi storici spostando, nuovamente, il consumo verso la carne di manzo. L'elenco degli allarmi alimentari registrati negli ultimi decenni potrebbe continuare con le verdure alla diossina (Seveso 1976), le uova alla salmonella (Inghilterra 1988), la contaminazione radioattiva di vegetali e di carne in Russia (Chernobyl 1986) e in Giappone (Fukushima 2011), l'insalata all'*Escherichia coli* resistente agli antibiotici (Germania 2011).

Se è vero che i media modificano e indirizzano le nostre scelte alimentari, non è altrettanto vero che il pubblico accetti in modo completamente passivo tale condizionamento più o meno subliminale. I messaggi che riguardano la salute e le scelte dei cibi vengono attentamente vagliati e sono sottoposti a giudizio critico prima di essere adottati.

Riguardo al tipo di influenza esercitata dai media, diventa allora emblematico uno studio americano effettuato su un campione di ragazzi magri, sovrappeso e obesi.

Le tre tipologie di adolescenti sono state invitate a guardare diversi tipi di spot pubblicitari, dei quali solo alcuni con espliciti riferimenti al cibo. I ragazzi obesi hanno individuato meglio di quelli appartenenti agli altri due gruppi i messaggi contenuti negli spot di prodotti alimentari: la loro sensibilità nel cogliere questo tipo di riferimenti si è dimostrata direttamente proporzionale alla quantità di cibo che avrebbero ingurgitato nelle ore successive. Dopo aver visto le pubblicità, tutti i soggetti presi in esame hanno comunque mangiato di più. Al contrario, dopo pubblicità senza riferimenti a merendine e snack, nessuno ha mostrato la voglia o il bisogno di nutrirsi.

Questo studio dimostra ancora una volta come i fattori di apprendimento sociale siano nel complesso molto importanti nell'influenzare la scelta dei cibi. Oltre all'ambiente, gli amici e i genitori, anche i mezzi di comunicazione giocano un ruolo fondamentale nella creazione del gusto e delle abitudini alimentari, offrendo informazioni sempre nuove e presentando continuamente diversi modelli comportamentali e attitudinali. Modelli che potranno poi essere acquisiti o rifiutati, ma lasceranno comunque un condizionamento.

Il cibo come ricompensa

Spesso il cibo funziona come una ricompensa. La mamma dice: «Se mangerai tutta la minestra, potrai andare a giocare con i tuoi amici» e allora il bimbo per raggiungere il suo obiettivo arriverà, pur non avendo più fame, pur controvoglia, a terminare la sua porzione.

Questo tipo di associazione può avere sui bambini effetti diversi e alquanto imprevedibili, in ogni caso condizionerà le loro future scelte alimentari, in modo superficiale influenzando unicamente le espressioni del volto e in modo più profondo andando a toccare anche le emozioni.

Un esperimento ha dimostrato come il comportamento di chi ci siede vicino a tavola condizioni il nostro modo di mangiare: i soggetti presi in esame accettavano o rifiutavano la loro porzione di carne a seconda delle espressioni mimiche di approvazione o di disgusto degli altri commensali. Allo steso modo, dei bambini cui erano stati promessi gettoni trasformabili in regali se avessero mangiato frutta e verdura, per le prime due settimane del programma alimentare, desiderosi di raggiungere il premio, consumavano senza problemi i cibi meno amati. Un controllo a distanza di sette mesi ha mostrato però che il comportamento alimentare dei bimbi presi in esame non aveva subito dei reali cambiamenti. Dopo un primo momento di entusiasmo, questi continuavano infatti a mangiare poca frutta e poca verdura: ormai l'effetto ricompensa era decaduto e le categorie alimentari (la verdura e alcuni tipi di frutta) che prima corrispondevano a un premio, avevano perso tutta la loro attrattiva.

È così lecito ipotizzare che le scelte fatte sotto la spinta della promessa di una qualsiasi gratificazione persistano durante la fase di influenzamento, ma tendano in seguito a decadere.

Quando è il cibo stesso a essere il premio per un dato modo di comportarsi, le influenze esercitate – che solitamente non generano nessun radicale cambiamento nell'alimentazione del bambino – sono però più durature.

Quante volte abbiamo sentito dire o abbiamo detto a un bambino «Se ti comporti bene, ti compro un bel gelato» o «Se la smetti di piangere, ti porto in pasticceria». Recenti studi di psicologia segnalano però come questo tipo di baratto, nel quale l'alimento oggetto di desiderio è spesso caratterizzato dal sapore zuccherino e dall'alto contenuto calorico, sia in grado di modificare in modo prolungato e stabile il gusto, lasciando una profonda traccia nelle preferenze alimentari del bambino. Spesso, così, un modo semplice e apparentemente innocuo per rabbonire un bimbo o per gratificarlo, si trasforma nel primo passo verso un'alimentazione scorretta e poco equilibrata che accompagnerà il piccolo durante la crescita e l'adolescenza.

Da non sottovalutare è poi il rischio che queste scorrette abitudini alimentari inneschino dei meccanismi di futura dipendenza nei confronti di cibi considerati premi. È il caso di un altro classico imperativo: «Se mangi le verdure, ti darò una fetta di dolce». Quest'alternativa è, infatti, basata sullo scambio fra un *alimento facilitatore* (la fetta di dolce) e uno *facilitato* (le verdure), che agli occhi del bambino hanno un *appeal* molto diverso. Se il primo, caratterizzato da un aspetto spesso invitante e da un gusto zuccherino, è considerato come il cibo appetibile per eccellenza, diverso è l'interesse riservato alle verdure, che potrebbero essere ulteriormente penalizzate dallo scambio proposto.

I messaggi recepiti dal bambino potranno essere fondamentalmente due. Il primo è «Mi hanno offerto un premio per mangiare le verdure: evidentemente le verdure non devono essere buone». In questo caso, il bambino appena ne avrà la possibilità metterà da parte le verdure, privilegiando torte, dolci e biscotti, che entreranno con facilità nella rosa dei cibi appetibili in quanto considerati a tutti gli effetti premi. Le verdure, a causa di quest'impronta negativa, saranno sempre trascurate, evitate, rifiutate.

Nel secondo caso, invece, l'attenzione del bambino si concentrerà unicamente sul premio – scartando a priori l'alimento facilitato – e pian piano arriverà a pretendere nell'alimentazione quotidiana solo cibi gratificanti, ovvero cibi caratterizzati da una miscela particolare di elementi zuccherini, grassi e salati capaci di renderli particolarmente appetibili (come merendine, würstel, patatine) e facilmente oggetto di condotte di dipendenza.

In entrambi i casi, comunque – anche se nell'immediato il bambino mangerà più verdure o più alimenti facilitati – l'unica traccia che rimarrà impressa nel suo comportamento sarà legata all'alimento «premio», mentre il cibo che per essere mangiato necessita di una ricompensa – nel nostro caso le verdure – continuerà a godere di scarsa considerazione.

Cibo e controllo dell'alimentazione

La maggior parte dei genitori esercita un'azione di controllo sul cibo che dà ai propri figli nel tentativo di insegnare loro i principi di una corretta alimentazione. Il punto di vista del genitore mai come in questo caso è soggettivo. Ci sono mamme e papà che cercano di premiare le scelte alimentari che considerano corrette, altri invece adottano un comportamento basato sulla penalizzazione, vietando severamente l'accesso a certi alimenti ritenuti dannosi o inadeguati. Naturalmente, agli occhi dei più piccoli, i cibi vietati divengono subito quelli più attraenti.

In assenza di divieti, i bambini tendono comunque a scegliere alimenti che rientrano tra quelli proibiti, e lo fanno soprattutto quando i genitori non ci sono. Nel complesso, quindi, un atteggiamento attento da parte di mamma e papà rispetto al regime dietetico dei propri figli dà come risultato un migliore comportamento alimentare e un più efficace controllo del peso. Al contrario, i genitori permissivi rendono con il passare degli anni i loro piccoli più vulnerabili ai problemi di sovrappeso e, alla lunga, di obesità.

In definitiva, sia coloro che vietano ai figli il consumo di cibi nocivi, sia quelli che evitano di acquistare alimenti poco salutari per non renderli disponibili fra le mura domestiche, ottengono risultati positivi nell'educazione alimentare dei loro ragazzi.

Di certo, la componente edonica gioca un ruolo fondamentale nella scelta del cibo ed è tanto più forte quanto più rappresenti una novità.

La psicologia di tipo cognitivo-comportamentale si occupa dei processi mentali e dei comportamenti prodotti dalle idee, dalle convinzioni personali e dalle credenze proprie del paziente. Il monitoraggio del comportamento alimentare con questo tipo di approccio tiene conto dei livelli di attenzione che il soggetto destina all'alimentazione, alla scelta del cibo e alle conseguenze delle proprie condotte sul peso e sulla forma del proprio corpo. Il significato che il cibo rappresenta per quella persona, le sue esperienze trascorse, le sicurezze e le certezze personali rispetto agli alimenti costituiscono l'elemento che collega l'ideazione al comportamento.

I tentativi della psicologia cognitivo-comportamentale di predire e condizionare le preferenze alimentari hanno dato scarsi risultati e ciò ci fa pensare che i sistemi cognitivi giochino un ruolo modesto in tali scelte. Al contrario, le emozioni sembrano svolgere un ruolo molto più centrale e questo è determinato probabilmente dalla complessità delle motivazioni che regolano le scelte e che affondano le loro radici in epoche precocissime dello sviluppo dell'individuo.

II
I cinque sensi

Il nostro approccio al cibo è mediato dai *sensi chimici*, che sono il gusto e l'olfatto, e dall'interazione che c'è tra il cibo stesso e questi «decodificatori» in grado di nascondere o esaltare le sensazioni di piacere, entusiasmo, gioia, nausea, disgusto, che vengono così comunicate al cervello e immediatamente tradotte nelle nostre reazioni.

In questo capitolo esamineremo il rapporto fra i cinque sensi e l'alimentazione concentrandoci sul gusto, da sempre dedicato all'esplorazione delle sostanze alimentari mediante la percezione delle molecole che danno la peculiarità al sapore di quella specifica sostanza.

Il gusto

La percezione dei sapori avviene mediante le cellule gustative, portatrici dei recettori del gusto, che sono localizzate nelle papille gustative della lingua, del palato molle, della faringe, della mucosa delle guance e dell'epiglottide. Come è facile immaginare, questi recettori sono importantissimi. Infatti, spetta a loro decifrare i cinque sapori fondamentali: il dolce, il salato, l'acido, l'amaro e l'*umami*.

La saliva svolge il fondamentale ruolo di rendere «leggibili» le molecole da esplorare. Basti pensare che una bocca completamente secca non è in grado di percepire il sapore di nessun alimento solido finché non viene masticato e bagnato dalla saliva.

Una volta che il cibo è stato introdotto nella cavità orale, il cervello esegue una serie di operazioni che gli permettono, attraverso una sequenza di confronti con l'archivio dei dati relativi alle esperienze gustative passate, di dare il via libera all'ingestione dell'alimento, sempre che questo sia considerato commestibile, familiare e non dannoso. Contemporaneamente, il cervello mette in atto un altro processo strettamente collegato alla memoria dei sapori, che riguarda i vissuti emotivi delle precedenti esperienze gustative. Queste potranno essere state di gradevolezza o di fastidio, ma anche di gioia o di tristezza, ed essere legate a situazioni ambientali o a eventi di vita.

Tutte queste variabili entreranno nel bilancio, e nel giro di poche frazioni di secondo il cervello darà il suo responso. Così, se saremo di fronte al vassoio che accompagna un aperitivo, dopo essere stati spinti a scegliere la tartina al salmone e a evitare quella con capperi e alici (di cui era golosissimo quel lontano cugino antipatico), l'assaporeremo e capiremo se l'affumicatura del pesce è giusta o troppo forte, se la sua consistenza è molliccia o soda, se il burro spalmato sul pane è troppo o troppo poco, se l'aroma che emana è gradevole o pungente, e mille altre informazioni gustative e olfattive che rinforzeranno il nostro comportamento spingendoci a mangiare altre tartine, o ci faranno, dopo il primo morso, cambiare crostino.

Insieme al gusto lavora – con la stessa finalità ma con mezzi diversi – l'olfatto, che contribuisce a stabilire se il boccone, una volta diventato bolo, può essere definitivamente deglutito e introdotto nel canale alimentare.

L'esperienza che scaturisce dall'introduzione del cibo nella cavità orale è quindi un insieme inscindibile di sensazioni gustative e olfattive che in condizioni naturali non è possibile separare. Se subito dopo aver introdotto il cibo in bocca la percezione olfattiva fosse insolita o sgradevole, la deglutizione verrebbe immediatamente bloccata.

Per comprendere meglio come avviene la trasformazione dall'analisi chimica della molecola all'avvio dello stimolo nervoso che giunge al cervello, è necessario descrivere le cellule che sono in grado di effettuare la decodifica iniziale dello stimolo chimico e la sua trasformazione in quello elettrico, che correrà attraverso le fibre nervose.

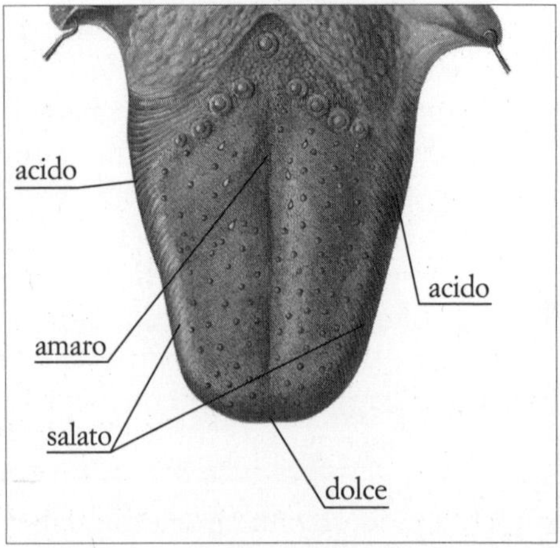

Le cellule gustative di cui stiamo parlando sono distribuite all'interno di strutture anatomiche dette «papille», strutture neuroepiteliali disposte sulla superficie superiore della lingua, dell'alta laringe e della parte posteriore dell'orofaringe. Il loro compito è di percepire i sapori degli alimenti, e ciò avviene unicamente quando le sostanze che compongono i cibi si trovano in soluzione acquosa nella saliva e possono così raggiungere con più facilità rispetto ai cibi solidi le papille gustative. Questo è il motivo per cui la crema di una fetta di torta genererà un'esperienza gustativa diversa rispetto alla base del dolce in pandispagna, che resterà solido nel tratto orale del tubo digerente; ma ciò spiega anche perché mangiando i cracker senza accompagnarli con un cibo umido avremo bisogno più e più volte di umettare il bolo con la saliva: solo dopo questa operazione ne avvertiremo il sapore. Se, invece, spalmeremo la loro superficie di maionese sentiremo molto prima il gusto di entrambi.

In base alle loro caratteristiche anatomiche, le papille gustative si distinguono in fungiformi, foliate e circumvallate, rispettivamente distribuite su lingua, palato e faringe. All'interno di ogni tipo di papilla ci sono delle gemme che contengono una cellula gustativa. Ogni cellula gustativa ha una forma allungata, con il polo deputato al riconoscimento della struttura chimica delle molecole che danno il sapore del cibo rivolto verso la cavità orale. All'estremità opposta, fuoriesce un filamento nervoso che convoglia lo stimolo ricevuto e si raccoglie con altre fibre a formare i fasci che servono per trasportare gli impulsi al cervello.

Le cellule gustative hanno un rapido *turnover* – la loro vita media è di circa dieci giorni – e vengono rinnovate continuamente. Il loro compito è molto importante: devono tradurre il linguaggio chimico con cui arrivano gli stimoli in un linguaggio elettrico, che è quello normalmente utilizzato dal sistema nervoso per trasportare i messaggi da un'area all'altra.

La sensibilità per i diversi gusti è diffusa in tutta la lingua; tuttavia, per quanto questa ripartizione non sia rigida, ciascuno dei sapori fondamentali – eccetto l'umami – si avverte meglio in una determinata area che altrove, come ci dimostra l'illustrazione.

Sarà così più facile sentire il sapore dolce sulla punta della lingua, mentre il salato verrà riconosciuto con facilità sulla parte anteriore dei due bordi laterali; sempre sul bordo laterale, ma nell'area posteriore, verrà invece apprezzato il gusto acido; l'amaro infine verrà localizzato nella porzione centrale posteriore. È questo il motivo per cui assaggiamo un gelato con la punta della lingua per apprezzarne la dolcezza e assaporiamo un vino fermandolo nella porzione posteriore del cavo orale.

Le percezioni gustative sono trasportate al cervello mediante tre tronchi nervosi: un ramo del nervo facciale (corda del timpano o nervo gustativo), il nervo glosso-faringeo e il nervo vago. Tutti e tre raggiungono nel cervello lo stesso centro nervoso, il nucleo del tratto solitario. La percezione dei gusti sulla lingua non è comunque rigidamente suddivisa: ha una natura complessa e ogni gusto è verosimilmente legato a più di un tipo di recettore. Non siamo, infatti, in grado di riconoscere un sapore nella sua individualità, ma lo identifichiamo attraverso la sua natura prevalente.

Il sapore e il gusto

Ai quattro sapori fondamentali riconosciuti in Europa, dal 1985 se ne è aggiunto un quinto denominato *umami*, che in giapponese vuol dire «saporito, squisito».

L'*umami* corrisponde al gusto del glutammato caratteristico di molti piatti asiatici ed è stato descritto per la prima volta all'inizio del Novecento dallo studioso giapponese Kikunae Ikeda, professore di chimica all'Università Imperiale di Tokyo, da tempo impegnato in ricerche sul sapore del brodo di alghe. Ikeda nel 1908 isolò il glutammato e lo indicò come fonte di sapore di uno specifico brodo preparato con le alghe marine *konbu*, individuate come i vegetali che contengono i più alti livelli di glutammato in natura.

Un discorso a parte merita la percezione dei grassi, per la quale non è stato individuato un recettore specifico. Probabilmente i grassi sono riconosciuti grazie alla loro consistenza cremosa e l'odore percepito dall'olfatto. Esistono però numerosi esperimenti che provano come ci sia verosimilmente un sistema di rilevamento nel cavo orale per i lipidi, che verrebbero così a costituire il sesto gusto.

Che cosa identifica un gusto base?

Abbiamo detto che in Europa sono unanimemente riconosciuti cinque gusti base: il dolce, il salato, l'acido, l'amaro e l'*umami*.

In Giappone possiamo trovarne invece sei, e in Cina addirittura nove. Ma che cosa identifica un gusto base? Per essere considerato tale, un sapore deve essere unico. Per prima cosa, deve quindi avere un gusto chiaramente differente dagli altri gusti base. Deve poi possedere proprietà essenziali universalmente riconosciute e rintracciabili in tutto il mondo nei cibi comuni. Le sostanze che hanno un sapore caratteristico, ma non sono universali, non possono dunque essere considerate gusti base. L'unicità di un sapore deve essere infine verificabile sulle basi dell'evidenza neurofisiologica che ne dimostra, ancora una volta, la differenza rispetto a tutto quello che è già conosciuto.

Com'è fatto il nostro gusto?

Quando si parla di cibo, come abbiamo già accennato nel capitolo precedente, non esistono regole. Soggettività è la parola d'ordine per comprendere i vari gusti e il modo che ognuno di noi ha di percepire i sapori. Solitamente, però, un cibo grasso e dolce è sempre accettato con maggior facilità di un cibo amaro.

I bambini appena nati preferiscono il cibo dolce, che manifestano di apprezzare con gesti ed espressioni mimiche di approvazione. Per i bimbi fino a 5 anni, il gusto zuccherino e la familiarità con gli alimenti sono discriminanti fondamentali per la scelta: più un alimento è dolce più è gradito; più un alimento è conosciuto e ha generato una risposta positiva, più sarà accettato in futuro.

Per gli adulti la questione è diversa e, se la concentrazione di zucchero è troppo alta, l'alimento diviene sgradito.

Il grasso e lo zucchero insieme rappresentano comunque un'associazione di gusti molto apprezzata. Recenti studi hanno dimostrato come esista una proporzione ottimale tra zuccheri e grassi. Una miscela composta per il 20 per cento da crema e per l'8 per cento da saccarosio risulta estremamente gradevole. Eccedere nell'una o nell'altra delle due componenti ne fa abbassare la piacevolezza. Si tratta, come vedremo nei prossimi capitoli, di una proporzione che rappresenta una combinazione in grado di appagare il piacere edonico in modo massimale e di cui non bisogna assolutamente sottovalutare i rischi. Se per i bambini il fattore calorico è ovviamente oggetto di scarsissima considerazione, diverso è il discorso per gli adulti, per i quali l'introito energetico gioca spesso un ruolo importante nella scelta della dieta da seguire.

Dal punto di vista evoluzionistico, però, l'appetibile associazione fra zuccheri e grassi ha una sua giustificazione: il consumo di alimenti così calorici ha garantito un notevole incremento di scorte energetiche, rappresentando un modo per stare al sicuro in periodi di carestia o di mancanza di cibo. Anche l'avversione per il gusto amaro, ritenuto scarsamente o molto poco appetibile, e da sempre associato ad alimenti con azione tossica – troverebbe una giustificazione in senso evolutivo. In entrambi i casi, si tratta di osservazioni su base statistica: in realtà esistono alimenti dolci senza valore nutritivo e cibi amari privi di tossicità. L'evitamento del gusto amaro è poi un tratto trasmesso ereditariamente e determina un forte condizionamento nella scelta degli alimenti. I soggetti che tendono a sottrarsi a cibi dal sapore amaro si rifiutano di mangiare prevalentemente vegetali come frutta e verdura, che vantano numerose sostanze attive nella prevenzione di certe malattie metaboliche e del cancro. Secondo alcuni studiosi, ci troveremmo di fronte a un tratto genetico che, modificando la preferenza alimentare, aumenta il rischio di contrarre determinate malattie.

L'olfatto

La famiglia più numerosa di geni nell'ambito del genoma dei mammiferi è quella che codifica i recettori dell'olfatto. Questa comprende l'1 per cento di tutti i geni, benché nell'essere umano l'olfatto abbia perso l'importanza che riveste ancora nelle altre specie animali.[1] Nei millenni, l'uomo ha perso 2/3 dei recettori olfattivi rispetto agli altri mammiferi, a causa del fatto che i geni che li producevano hanno subito una mutazione divenendo inattivi. A seguito di questa trasformazione tali geni sono stati chiamati *pseudogeni* e attualmente non hanno più nessuna utilità, benché il processo evolutivo non li abbia fatti scomparire perché probabilmente non recavano alcun danno all'organismo. Questo cambiamento, pur portando a una notevole riduzione delle capacità dell'uomo di decifrare e riconoscere gli odori, non ha comportato radicali differenze nel ruolo dell'ol-

[1] Hoover K.C. (2010), «Smell with Inspiration: the Evolutionary Significance of Olfaction» in *Am. J. Phys. Anthropol.*, 143 Suppl. 51: 63-74.

fatto, che ha mantenuto la sua funzione esplorativa dell'ambiente e le sue modalità operative nell'ambito del comportamento.

Ogni giorno, il nostro olfatto si occupa delle componenti alimentari che, per il fatto di essere volatili, riescono a raggiungere la cavità nasale e quindi l'epitelio sensoriale, ma ha anche tante altre funzioni di esplorazione dell'ambiente, indipendenti dall'attività alimentare. Nel nostro personale archivio di odori e di esperienze, il metro per organizzare la classificazione è quello edonico. Gli stimoli, infatti, sono classificati secondo la loro piacevolezza. Generalmente, qualsiasi odore si dispone su una scala che va da un estremo di grande piacevolezza all'altro di grande sgradevolezza. Per esempio, l'odore dell'arrosto con le patate si collocherà in una posizione di piacere, mentre quello del cavolfiore bollito (soprattutto per chi non lo ama) sarà considerato sgradevole, trovando una collocazione all'estremo opposto nella scala edonica. Le sensazioni neutre sono poco numerose: è difficile che ci sia un cibo nei confronti del quale i nostri sentimenti siano indifferenti. L'olfatto contribuisce quindi al gusto in misura cospicua, anche se è impossibile scindere il peso che ciascun apparato sensoriale dà all'esperienza complessiva. Si tratta, infatti, di una sinergia, di un processo in cui il gusto, il tatto, la vista e perfino l'udito danno il loro contributo.

Gli aromi

Quando i cibi vengono masticati, una parte dei loro odori raggiunge la cavità nasale attraverso lo spazio della faringe (spazio retrofaringeo). In questo caso, tali odori assumono il nome di aromi.

Gli aromi sono quelli che, insieme ai recettori del gusto, completano l'esperienza gustativa. Le caratteristiche di un aroma sono: *qualità*, *intensità* e *valore edonico*.

La qualità è l'identità principale dell'aroma e contraddistingue il tipo di aroma di cui stiamo parlando come, ad esempio, quello di caffè, di biscotti, di pane caldo. L'intensità è invece determinata dalla forza dell'aroma. L'aroma è percepibile quando le molecole che devono stimolare i recettori della mucosa olfattiva raggiungono una concentrazione sufficiente, che si chiama *soglia di percezione*. Una volta superato questo limite, l'intensità dell'aroma cresce all'aumentare della concentrazione delle molecole. La percezione dell'aroma, così come il suo gradimento, è comunque del tutto soggettiva. Se alcuni riescono a percepire l'odore del caffè dall'altro capo di un corridoio, altri possono avvertirlo solo avendo la tazzina bollente sotto il proprio naso. In ogni caso, solitamente l'olfatto è estremamente sensibile. L'uomo è infatti in grado di rilevare composti volatili presenti nell'aria con una concentrazione che non supera il PPB (dall'inglese *Parts per Billion*, in italiano «parti per miliardo»). Il valore edonico riguarda la coloritura affettiva degli aromi ed è la dimensione principale che ci fa riconoscere l'aroma come gradevole o sgradevole. Si tratta di una percezione determinata da infiniti fattori che vanno dalle esperienze passate alla propria cultura.

Un aroma può risultare spiacevole per una quantità inesauribile di motivi: per un condizionamento negativo legato a quell'alimento, per una sua eccessiva intensità, per la sua stessa natura, considerata tanto repellente da provocare la nausea. Altre volte la sgradevolezza può provenire dall'associazione mentale con un dato cibo: l'ostrica, ad esempio, per alcuni può avere un odore rivoltante a causa del corpo vischioso del mollusco. Oppure può accadere che un aroma si presenti in maniera diversa, come nel caso di un abbinamento poco riuscito, inatteso o al quale non siamo abituati (ad esempio maionese e cappuccino). Ovviamente qualità, intensità e valore edonico non sono indipendenti tra loro, ma insieme creano un equilibrio che può essere turbato quando, ad esempio, l'intensità diventa eccessiva o troppo limitata e, viceversa, il valore edonico diminuisce o aumenta in modo inaspettato.

Odori e odori

Se abbiamo classificato i gusti in cinque categorie, possiamo distinguere gli odori in due classi: quelli naturali e quelli artificiali. Gli odori naturali sono costituiti da numerosissime componenti, che però l'odorato umano non è in grado di riconoscere. Neppure i tecnici dell'industria profumiera riescono a identificarne in una miscela sconosciuta più di tre. Al contrario della percezione visiva, all'interno della quale è possibile isolare alcuni tratti come colori, sfondi e luce, quella olfattiva non è scomponibile in costituenti più semplici. Di fatto tendiamo, per semplicità e immediatezza, a catalogare gli odori, collegandoli spesso a luoghi e situazioni. Si hanno così odore di cucina, odore d'ospedale, odore di fiori, odore di chiuso, odore di frutta, odore di bosco e così via.

Dal punto di vista della fisiologia dell'olfatto, la sede dell'organo olfattorio si trova sul tetto delle fosse nasali: in ogni narice si estende per qualche centimetro quadrato sulla parete del setto nasale, dove esiste una mucosa che ospita le cellule recettrici degli odori. Queste cellule sono caratterizzate da un organulo, rivolto verso la mucosa stessa e costituito da un ciuffo di ciglia, che è in grado di riconoscere le molecole portatrici dell'odore. Dal lato opposto hanno invece un collegamento nervoso per l'invio delle percezioni al cervello: in questo modo la molecola dell'odore ambientale viene decifrata, decodificata e poi trasmessa al cervello.

L'organo olfattorio è costituito da oltre mille tipi di differenti recettori olfattivi. Grazie alla loro diversità questi sono in grado di legarsi a molecole odorose diverse: è proprio la selettività dei recettori a consentire la decodifica degli odori ambientali.

In che modo avvenga il riconoscimento dei differenti odori da parte della varietà di cellule olfattorie non si sa con precisione. Sappiamo solo che in questa operazione l'odore percepito in un dato momento viene confrontato con quelli presenti nell'archivio storico della memoria ed eventualmente ricondotto a un tipo già famigliare.

È PIÙ UTILE IL GUSTO O L'OLFATTO?

Sulla base dei segnali emessi dai recettori olfattivi, il nostro cervello decide con fermezza ciò che dobbiamo mangiare e ciò che dobbiamo respingere. Sia il gusto che l'olfatto hanno un'azione sinergica nella funzione di valutazione e di giudizio di tutto ciò che deve essere introdotto nel nostro organismo. Sicuramente l'operazione che ci porta a scegliere cosa mangiare o cosa rifiutare al giorno d'oggi si è fatta più ardua per la presenza di un armamentario chimico che imita sapori, profumi e genuinità anche dove non esistono.

Questi elementi contraddistinguono alcuni cibi di produzione industriale che, per le loro caratteristiche esterne, a una prima valutazione ingannano, e non rendono quello che promettono sia dal punto di vista nutritivo che da quello della salute (*healthy food)*.

Chi cucina un manicaretto sa bene quanto sia importante la presentazione del piatto, ma anche la temperatura con cui esso viene servito e i tempi di cottura necessari perché la pietanza sia più o meno consistente.

Appena addentiamo qualcosa, siamo coinvolti, ancor prima di masticare, in un'esperienza sensoriale: l'olfatto e la vista hanno già svolto il loro ruolo, e mentre il gusto è al lavoro attraverso le papille gustative, le terminazioni nervose tattili della mucosa orale ci consentono di capire se il cibo è cremoso, pastoso, fibroso, spinoso, calloso, duro. La sensibilità dei denti ci comunica se le particelle dell'alimento resistono allo schiacciamento, e sono quindi dure, o se si rompono con facilità. Anche i recettori disseminati all'interno dei muscoli che eseguono l'atto di masticare ci indicano quanta forza devono impiegare per rompere il cibo, dandoci preziose informazioni sulla sua compattezza. A questa festa sensoriale partecipano anche i recettori delle articolazioni, grazie ai quali sappiamo quale parte del cavo orale viene in quel momento usata per schiacciare l'alimento. Entra in gioco perfino l'udito perché i cibi, via via che vengono triturati, trasmettono le vibrazioni all'orecchio interno, rivelando così la loro consistenza e le loro proprietà meccaniche.

Il nervo responsabile della sensibilità è il trigemino, che reagisce alle sostanze irritanti e a tutta una serie di stimolazioni come il formicolio, il pizzicorio, le sensazioni di caldo, di freddo e di bruciore. Basterà pensare al peperoncino e al pepe, per capire come sia rilevante avvertire la sensazione di bruciore; una sensazione opposta, di freschezza e di benessere, sarà invece quella che proveremo mangiando una caramella alla menta. Non di minore importanza, rispetto alle stimolazioni gustative e olfattive, è poi il contributo dato dalla rilevazione della sensibilità termica e tattile.

Per saperne di più

Una delle aree cerebrali associate alla condotta alimentare è l'ipotalamo. La porzione mediale ospita il centro che regola la sazietà, mentre quella laterale il centro della fame (ma anche altre aree sono interessate alla regolazione finale di questa complessa funzione). I neurotrasmettitori implicati nei meccanismi di incremento e di decremento dell'introito di cibo agiscono su tre differenti sistemi: quello delle catecolamine, quello della serotonina e il sistema peptidico. L'ipotalamo è quindi un regolatore cruciale sia dell'introito che del dispendio energetico. Un'azione centrale in questa direzione è quella svolta dalla leptina e dalla grelina. In studi recenti è emerso che in questo processo di bilanciamento i livelli di adiposità cambiano indipendentemente dall'introito di cibo.[2] Tuttavia non è completamente chiaro come ciò avvenga nel dettaglio.

Leptina

La leptina è l'ormone della sazietà ed è secreto dal tessuto adiposo proporzionalmente alla quantità di grasso presente in ogni individuo. Ha la funzione di informare l'ipotalamo sui depositi di energia disponibile. È prodotta anche nella placenta e nella parete dello stomaco, si trova in dosi maggiori nei soggetti con adiposità e la sua concentrazione plasmatica è più alta nelle donne che negli uomini. I recettori della leptina sono collocati in diverse aree celebrali e servono a mediare la sua attività all'interno del sistema nervoso centrale. A livello periferico, quest'ormone regola il metabolismo dei lipidi e del glucosio.
La sua scoperta, avvenuta nel 1994, spinse a ipotizzare che l'obesità fosse determinata da una riduzione di leptina o da un malfunzionamento dei recettori situati nell'ipotalamo con il compito di mediarne il funzionamento, ma le ricadute di questa scoperta sulla pratica clinica sono state piuttosto scarse.

Grelina

Questo ormone, scoperto nel 1999, viene sintetizzato nello stomaco. Inizialmente venne studiato come un potenziale farmaco antianoressico perché nell'uomo la grelina aumenta l'introito volontario di cibo. Nel soggetto obeso i livelli di grelina circolante sono ridotti, mentre sono elevati in pazienti con anoressia nervosa, o con digiuno prolungato. A livello periferico stimola lo sviluppo di adiposità, ed entra nella regolazione del tasso di colesterolo, determinandone un aumento.

---

[2] Diéguez C. et al. (2011), «Hypothalamic Control of Lipid Metabolism: Focus on Leptin, Ghrelin and Melanocortins», in *Neuroendocrinology*, 94: 1-11.

III
Fame e sazietà

Appena venuto al mondo, il neonato piange e, così facendo, chiede alla propria mamma di mangiare. Anche in seguito non sarà necessario che i genitori gli ricordino l'ora della poppata, il bambino domanderà autonomamente, gemendo e disperandosi, che il suo bisogno venga soddisfatto. Ma cosa spinge il piccolo a pretendere qualcosa da mangiare a intervalli regolari? La risposta più semplice e diretta, nonché la più esauriente, è che ha fame.

Fin dalla nascita, la nostra alimentazione è regolata da un meccanismo di fame e sazietà. La fame è generalmente intesa come una condizione che segue la deprivazione di cibo e determina la spinta o il desiderio di mangiare. La sazietà, condizione opposta alla fame, ci fa smettere di mangiare comunicandoci che abbiamo assunto una quantità di cibo sufficiente. Apparentemente, il ciclo con cui si succedono è semplice: mangiamo quando abbiamo fame, non tocchiamo cibo quando siamo sazi.

Lo studio dell'alternanza tra fame e sazietà è centrale per comprendere i meccanismi che sovrintendono le nostre scelte alimentari, riguardo alla frequenza dei nostri pasti e alla quantità di cibo che siamo portati ad assumere.

Per quanto questa successione sembri sempre uguale ed estremamente semplice – il bambino quando ha fame piange, dopo aver mangiato smette di disperarsi –, entrano in gioco per regolarla sia il nostro apparato cognitivo, con tutto il suo bagaglio di esperienze, sia la nostra fisiologia personale, con la conoscenza dei sapori, degli odori e delle altre percezioni sensoriali a cui siamo stati precedentemente esposti, sia il nostro assetto genetico e il nostro rapporto con l'ambiente, la nostra cultura, ma anche le usanze, la razza, la religione, e soprattutto lo stress cui siamo quotidianamente sottoposti.

Alla base dell'equilibrio del nostro peso ci sono quindi numerosi fattori e diventa estremamente importante identificare con precisione quali siano quelli che ci fanno iniziare e smettere di mangiare. Il loro sbilanciamento si ripercuote, con effetti rilevanti sul nostro stile di vita, condizionando l'eccesso o il difetto di alimentazione, e costringendoci a mangiare troppo oppure a non assumere neanche un po' di cibo. Sono questi elementi i principali responsabili delle nostre oscillazioni di peso.

Perché iniziamo e perché smettiamo di mangiare?

Di norma l'uomo non mangia di continuo: il consumo di cibo avviene secondo orari cadenzati che cambiano in base a parametri soggettivi, ma anche sociali e culturali. Se nel Nord Europa si cena alle 18, in Spagna si inizia a mangiare dalle 22 e in Italia alle 20. Le abitudini però, nonostante le profonde diversità, sono sempre regolate da una routine fame/sazietà, che può dirsi universale. A seconda di quando è stato consumato l'ultimo pasto, e degli alimenti che lo hanno costituito, il nostro cervello è infatti in grado di calcolare quanto tempo debba trascorrere prima di mangiare nuovamente. Ma analizziamo questo processo più nel dettaglio.

A determinare il fabbisogno energetico del nostro corpo è una raffinata serie di meccanismi che segnalano con grandissima precisione ogni variazione dell'equilibrio energetico. Quando l'equilibrio è instabile, il soggetto avverte un senso di fame e introduce in bocca del cibo; appena l'equilibrio è ristabilito, il soggetto avverte un senso di sazietà e smette di mangiare. Questa sensazione varia per un intervallo di tempo differente a seconda del tipo di nutrimento che è stato ingerito. Alimenti per eccellenza ricchi di zuccheri, come torte e bignè, sono associati a una veloce assimilazione. L'assunzione di piatti grassi, come può essere una cotoletta di maiale con patatine, può richiedere invece diverse ore.

È compito del sistema nervoso controllare l'assunzione dei cibi ingeriti e calcolarne il contenuto calorico in base alla loro natura. A questa mansione sono dediti non solo i recettori della bocca, del naso, del tubo digerente, ma anche quelli dello stomaco e dell'intestino che, attraverso le diverse vie nervose, comunicano ai centri del cervello la quantità dell'introito energetico ricevuto. Si tratta di un vero e proprio bilancio istantaneo che viene aggiornato boccone dopo boccone, e che è alla base della programmazione del tempo che dovrà intercorrere tra il pasto appena effettuato e quello subito successivo. A dirci quando dobbiamo mangiare nuovamente sarà la comparsa del senso di fame e così, se a pranzo avremo consumato solo un'insalata verde e un pacchetto di cracker, dovremo anticipare la cena rispetto a chi avrà pranzato con un primo, un secondo piatto completo di contorno, e un dessert.

Per regolare la quantità di cibo che il soggetto assume durante il pasto e far sì che sia sempre ben bilanciata, il cervello emette dei segni specifici: sono i *segnali di sazietà*. Contemporaneamente, però, esso deve – facendo affidamento sui *segnali di adiposità* – anche tenere conto dell'equilibrio energetico che l'organismo ha bisogno di mantenere nel lungo periodo, per evitare accumuli di grassi o perdite di peso eccessive.

I due sistemi, quello che regola la sazietà e quello che regola l'adiposità, sono intimamente correlati: il loro giusto bilanciamento nel breve periodo determina l'assetto ponderale che avremo a lungo termine. Tra le sostanze che lanciano i segnali di sazietà, vi sono numerose molecole che vengono secrete nel momento in cui gli alimenti entrano nel tubo digerente. Si tratta di un complesso sistema di comunicazione, costituito dai segnali chimici che dalle pareti dello stomaco e dell'intestino vengono inviati alle regioni del cervello abilitate a ricevere i messaggi e a elaborare le risposte comportamentali.

Tra le regioni periferiche che raccolgono tali segnali (stomaco, intestino) e quelle cerebrali che le ricevono (nuclei laterali dell'ipotalamo per la fame, e ventromediali per la sazietà), c'è il sistema nervoso autonomo costituito dal nervo vago (o sistema parasimpatico), il cui compito è quello di mettere in comunicazione le due aree.

Se mangiamo troppo e il nostro stomaco si distende eccessivamente, ne riceviamo una spiacevole sensazione di tensione e di «ingombro». La conseguenza è che smettiamo di mangiare e, se il malessere non scompare, proviamo a prendere un digestivo che acceleri lo svuotamento gastrico e allevi tale disagio.

Il nervo vago è il mediatore che convoglia i segnali dalla periferia al centro; a sua volta il cervello, avvertito di quanto sta avvenendo nel tubo gastroenterico, prende i provvedimenti opportuni.

Quando un cibo è irritante o è andato a male può determinare un processo infiammatorio della parete intestinale, che ci farà avvertire dolori di pancia e crampi, e provocherà diarrea. Il nervo che convoglia la sensibilità dolorifica al cervello e che per reazione tende a svuotare il tubo intestinale dal contenuto irritante mediante un'accelerazione del transito intestinale (fino alla diarrea) è sempre il nervo vago. Infatti, i farmaci che usiamo per fermare questo disturbo e ridurre dolore e crampi addominali sono medicinali che mirano a inibire l'attività vagale.

Una bilancia chiamata omeostasi

Carlo è alto un metro e ottanta e pesa 85 kg. Negli ultimi vent'anni, pur non mantenendo uno stile di vita sempre uguale, non è mai ingrassato o dimagrito oltre un paio di chili. Anche se per un breve periodo ha smesso di nuotare, ha mangiato più carboidrati e dolci, e in seguito si è imposto un regime dietetico a base di carne bianca e verdure, il suo peso è rimasto sempre all'incirca costante.

Spesso l'uomo riesce – proprio come nel caso di Carlo – a mantenere pressoché inalterato nel tempo il suo peso in modo automatico, nonostante esistano variazioni dell'attività fisica e dell'introito calorico. Questo è possibile grazie a un meccanismo che è in grado di mantenere la situazione in equilibrio.

Le calorie che assumiamo, infatti, non servono esclusivamente a darci l'energia necessaria per svolgere attività fisiche e intellettuali. Una certa quota energetica è destinata anche al mantenimento in vita delle cellule e dei tessuti, alla formazione di sostanze endogene all'organismo, al funzionamento degli organi vitali e alla regolazione della temperatura corporea, che deve essere sempre compresa tra i 36 e i 37 gradi. Tra le calorie che introduciamo e quelle che consumiamo si crea così un equilibrio che viene chiamato *omeostasi*. In base a tale meccanismo, se siamo disidratati avvertiremo un senso di sete e berremo più acqua, quando avremo caldo cominceremo a sudare per abbassare la temperatura del nostro corpo, appena sentiremo un senso di fame cercheremo qualcosa da mangiare.

Queste sono solo alcune delle moltissime coppie di opposte funzioni che, oscillando entro valori minimi e massimi prefissati, mirano a creare una condizione di stabilità nel nostro corpo.

L'omeostasi è quindi la capacità di un organismo di mantenere costanti le condizioni chimico-fisiche interne, anche al variare di quelle ambientali. Nell'ambito dei meccanismi che contribuiscono al mantenimento dell'equilibrio omeostatico il controllo della fame e della sazietà riveste una grande importanza. Il giusto bilanciamento tra queste opposte funzioni garantisce la stabilità del peso corporeo.

Proprio come succede per Carlo, il cui peso non si discosta dagli 85 kg che lo accompagnano da anni, ogni individuo ha un «punto di equilibrio» (*set point*). La bilancia fame/sazietà, finché il sistema omeostatico continuerà a funzionare correttamente, consentirà al peso di oscillare di poco. A meno di profonde variazioni del regime alimentare o di un'intensa e prolungata attività fisica, il peso continuerà a gravitare entro i limiti prossimi al proprio punto di equilibrio.

Le tre ipotesi

Fin dalle sue origini, l'uomo ha assistito all'alternanza di periodi di carestia, segnati da dure restrizioni alimentari, a periodi di abbondanza, in cui il cibo poteva essere assunto a volontà. Questi fenomeni opposti, caratterizzati da una crescita e da una diminuzione ponderale anche molto accentuata, hanno richiesto la presenza e l'intervento continuo di «messaggeri» interni che fossero capaci di governare i meccanismi della fame e della sazietà.

Il primo tentativo di formulare una teoria in grado di spiegare l'equilibrio omeostatico si è concretizzato nella cosiddetta *ipotesi glicostatica*, messa a punto da Jean Mayer nel 1955. Questa teoria conferisce il ruolo centrale di regolatore al glucosio, la cui concentrazione nel sangue, la glicemia, è regolata da due ormoni secreti dalla ghiandola pancreatica: l'insulina e il glucagone. L'insulina serve a consentire l'utilizzo del glucosio come fonte di energia da parte di tutte le cellule dell'organismo e a favorire, quando il glucosio è presente in quantità eccessiva, l'accumulo di grasso.

Il glucagone, che opera in maniera specularmente opposta all'insulina ed entra in attività quando i livelli di glucosio nel sangue si abbassano, favorisce il percorso inverso, ossia la trasformazione del grasso in glucosio. Secondo l'ipotesi glucostatica, l'equilibrio tra fame e sazietà si rompe quando la concentrazione di glucosio nel sangue si abbassa, facendo partire i segnali della fame. Tale teoria, inizialmente accolta con favore, nel tempo ha subito numerose critiche poiché è in grado di chiarire la regolazione del meccanismo fame/sazietà nel breve termine, ma non dà convincenti spiegazioni sugli automatismi che regolano gli equilibri nel lungo periodo.

Nel tentativo di rendere più completa la spiegazione dei meccanismi coinvolti, è stata proposta una diversa teoria, detta *ipotesi lipostatica,* che poneva al centro del sistema regolatore la stabilità delle riserve di grasso corporeo. Secondo questa teoria, quando si verifica un incremento dei depositi adiposi, dalla periferia del cervello partono dei messaggi alla volta dell'ipotalamo che comunicano di bloccare ulteriori accumuli di grasso: al contrario, quando i depositi adiposi si riducono, il sistema risponde incentivando la produzione di nuovo adipe. Tale ipotesi – la cui fortuna è stata comunque scarsa – suggerisce che il nostro corpo risponde alle oscillazioni delle riserve adipose in modo uguale e contrario al meccanismo fame/sazietà, il cui fine è quello di ristabilire l'equilibrio precedente.

L'ipotesi attualmente accettata è nata invece nel 1994, quando si è scoperto che le cellule adipose (ma anche la placenta e le pareti dello stomaco) sintetizzano un ormone, chiamato leptina, capace di inibire l'alimentazione riducendo la fame, di favorire il dispendio energetico e di innestare il processo di dimagrimento. In seguito è stata scoperta la grelina, un ormone secreto principalmente nello stomaco e attivo sull'ipotalamo in grado di stimolare l'alimentazione aumentando il senso di fame, e di ridurre il dispendio energetico.

I neuroni dell'ipotalamo, l'area cerebrale che ha un ruolo di centralità nella regolazione e nel controllo dell'assunzione alimentare, rispondono non solo ai segnali periferici inviati dal glucosio e dall'insulina, ma anche a quelli determinati dalla leptina, dalla grelina, dall'adiponectina e dalla resistina. Gli acidi grassi svolgono un'importante azione sull'ipotalamo a cui comunicano il grado di adiposità presente a livello periferico. Un'azione simile è portata a termine anche dall'insulina, che fra i suoi molti compiti annovera inoltre questo. Raramente, infatti, un sistema di segnali biologici ha una sola funzione.

L'insulina è dunque anche un segnale di adiposità poiché la sua concentrazione è proporzionale al contenuto di grasso corporeo. A livello cerebrale, dove tale sostanza ha i suoi recettori, la sua presenza fa ridurre l'assunzione di cibo, mentre la sua assenza provoca l'effetto opposto. Quando le cellule del corpo diventano meno sensibili all'azione dell'insulina, il pancreas è costretto a secernere una quantità maggiore di quest'ormone. Il meccanismo è in realtà abbastanza complesso perché la secrezione d'insulina non è solo regolata dalla variazione dei livelli di glucosio nel sangue, ma si modifica anche sotto l'influenza di altri ormoni (gli ormoni insulinotropici o incretine) che vengono secreti, dopo l'assunzione di cibo, dalle cellule intestinali. Esiste, tra leptina e insulina, una forma di reciproca dipendenza.

Più di recente è stata valorizzata un'ipotesi che prende in considerazione i livelli di energia cellulare. In particolare, è stato preso in esame il ruolo dell'ATP (adenosintrifosfato), una sostanza prodotta dalla metabolizzazione di grassi, carboidrati e proteine. L'ATP è fondamentale per il nostro organismo: è la «moneta energetica», il composto ad alta energia richiesto per la realizzazione dalla maggior parte delle reazioni metaboliche all'interno della cellula. Serve ad attivare tutte le funzioni cellulari ed è considerato importante per la regolazione e il mantenimento dell'omeostasi.

Conclusione

Quando pensate al vostro peso, e alle sue variazioni, immaginate una bilancia con un ago che oscilla. Se l'ago va verso il segno meno, l'organismo mobilita le riserve energetiche per il fabbisogno del momento e il risultato, a lungo andare, è il dimagrimento. Se l'ago si sposta verso i quadranti positivi, si creano i presupposti per l'aumento del peso e delle riserve di grasso; la prospettiva sarà l'obesità.

Tra il dimagrimento e l'incremento ponderale – i due estremi della bilancia – c'è il nostro comportamento alimentare, che può condizionare in un senso o nell'altro il nostro peso e, con esso, la nostra salute.

La quantità di cibo che ingeriamo deve sempre essere tenuta sotto controllo così da conservare l'equilibrio omeostatico, che dipende in modo particolare dal bilanciamento tra le calorie che introitiamo con la nostra dieta e quelle che consumiamo con le attività fisiche e mentali. Il numero, la frequenza, l'abbondanza dei pasti giornalieri hanno quindi una forte influenza sull'equilibrio energetico del nostro organismo. I meccanismi deputati alla regolazione del senso di fame e di sazietà rivestono una grande importanza per un giusto bilanciamento di energia. Se il fine meccanismo costituito dai complessi sistemi di comunicazione tra apparato gastrointestinale e cervello viene per qualche motivo alterato, si possono avere gravi conseguenze, che getteranno le basi per lo sviluppo dell'obesità e di malattie croniche di natura metabolica.

IV
Cibo e stress

Otto italiani su dieci soffrono di stress[1] a causa di tensioni sul lavoro, doveri familiari, crisi economica o preoccupazioni derivate dall'instabilità politica. I sintomi possono essere più tollerabili, come cefalea, tensione e senso di stanchezza, o più gravi come ansia, riduzione delle prestazioni lavorative o scolastiche, abbassamento del tono dell'umore. Nei periodi di tensione, però, non cambia soltanto il nostro rapporto con la famiglia e i colleghi di lavoro, ma anche quello con il cibo. Significative in questo senso sono le reazioni allo stress di due miei pazienti, Sonia e Marco, entrambi quarantenni normopeso. Spiega Sonia, avvocato, divorziata con due figli:

> Non riesco a fare a meno di mangiare quando sono agitata. Se ho un'udienza, un incontro di lavoro, ma anche semplicemente la recita di mia figlia, in automatico vado ad aprire la dispensa, o il cassetto della mia scrivania, e comincio a mangiare. Mangio tutto quello che trovo, a patto che sia goloso: va bene una barretta al cioccolato, ma anche un pacchetto di biscotti. Mangiare mi tranquillizza. Mi fa stare meglio.

Diverso è il discorso per Marco, insegnante d'inglese da poco diventato papà, che nell'ultimo periodo è dimagrito di 3 kg e dice di non aver più stimoli d'appetito. «Sono troppo agitato per pensare a mangiare. Appena provo a mettere qualcosa in bocca, mi si chiude lo stomaco. Perfino l'odore dei miei piatti preferiti mi fa venire la nausea», racconta.

[1] Il dato emerge da un'indagine statistica condotta da Human Highway per conto di ANIFA (Associazione Nazionale Italiana Farmaceutica dell'Automedicazione), presentata il 9 novembre 2011.

Oggi fra gli studiosi c'è ampio accordo sul fatto che lo stress modifichi le abitudini alimentari, ma c'è anche una forte incertezza sulla direzione del suo effetto: non è ancora chiaro se essere stressati porti a mangiare di più o di meno.

La fisiologia dello stress genera certamente un rallentamento nello svuotamento gastrico, e un conseguente aumento dell'energia a disposizione. Caratteristiche che, come nel caso di Marco, dovrebbero ridurre l'appetito. Eppure, non sono rari gli esempi del contrario come sta a testimoniare l'esperienza di Sonia.

Per quanto le reazioni dei due pazienti siano opposte, entrambi dicono comunque la verità. Se Sonia reagisce allo stress trovando nel cibo conforto e definendosi insaziabile, Marco rifugge qualsiasi alimento giustificandosi con un lapidario «Non ho fame».

Le due testimonianze diventano così una perfetta esemplificazione di come lo stress sia in grado di alterare in modo marcato il nostro consueto rapporto con il cibo. Anche le variabili legate al tipo di alimenti e alla loro disponibilità possono essere al tempo stesso causa e conseguenza di nervosismo.

Stress: gli estremi sulla tavola

Lo stress non determina esclusivamente delle radicali modificazioni nel nostro regime alimentare («Non ho più fame» / «Non riesco a smettere di mangiare»), ma produce anche delle variazioni meno evidenti. Durante i periodi di nervosismo, molte persone tendono non solo a ricercare in modo sempre più frequente e ripetitivo i cibi preferiti – che diventano delle vere e proprie autogratificazioni –, ma anche a prediligere i *comfort food* (vedi p. 60), che diventano così l'unico mezzo per placare il nervosismo e per ridurre una condizione di insoddisfazione e di ansia. Soprattutto in caso di sovraccarico lavorativo, lo stress determina con maggiore frequenza una più elevata assunzione di calorie sotto forma di grassi saturi e di zuccheri.

Una recente ricerca ha evidenziato come studenti posti in condizioni di stress per interrogazioni ed esami tendano a mangiare merendine o spuntini salati fra un pasto e l'altro e a ridurre invece i pasti regolari. Anche un altro studio condotto su un gruppo di obesi ha dimostrato come, in condizioni di stress, questi soggetti consumino ancora più calorie di quanto già non facciano di solito.

Un lavoro scientifico finlandese condotto su 5000 volontari di 40 anni, ugualmente suddivisi fra maschi e femmine, ha esaminato l'associazione fra stress, alimentazione, obesità e predisposizioni a comportamenti sregolati.

L'indagine ha dimostrato che il rapporto fra il peso e l'altezza (o BMI, acronimo inglese di *Body Mass Index* (vedi p. 125), è maggiore in coloro che durante i periodi di stress mangiano di più. Gli alimenti preferiti in queste particolari circostanze di irrequietezza e affaticamento sono spesso cibi grassi come salsicce, hamburger, pizza e cioccolato. Fra le donne, le più predisposte ad aumentare l'introito calorico si annoverano tra coloro che non hanno un legame affettivo stabile, mentre tra gli uomini l'incremento ponderale è collegato a un periodo di stress dovuto alla mancanza di un impiego lavorativo.

Questo è solo uno degli esempi in cui le differenze di sesso giocano un ruolo importante. Studentesse universitarie inquiete per l'avvicinarsi di esami e test consumano più alimenti di quanto non facciano i colleghi maschi. Al contrario, le donne mangiano meno quando la tensione diviene tanto grave da raggiungere i massimi livelli sopportabili. Come vedremo fra poco, chi ha in corso un regime dietetico restrittivo modifica invece la sua risposta allo stress e spesso va incontro a un fallimento della dieta.

Ci sono, però, anche casi in cui condizioni snervanti determinano comportamenti diversi da quelli finora descritti rispetto all'introito di cibo. Uno studio condotto su alcuni Marines ha dimostrato che lo stress ordinario non sempre determina variazioni dell'appetito come nei casi di Sonia o di Mario, e che l'assunzione di cibo subisce una brusca contrazione solo in corrispondenza di un picco di stress – nel caso dei soldati americani di stanza all'estero questo veniva generato dalla scoperta di dover affrontare operazioni che prevedevano un combattimento a fuoco.

Il paradosso dell'alimentazione sotto stress

Le storie di Marco e Sonia, così come gli studi che abbiamo appena esaminato, svelano il lato contraddittorio dell'alimentazione sotto stress. L'effetto ambivalente dello stress sul comportamento alimentare è stato definito come il *paradosso dell'alimentazione sotto stress*. Perché lo stress può determinare delle modifiche sull'introito alimentare in una direzione, ma anche in modo specularmente contrario?

Per spiegarlo sono state proposte due ipotesi. La prima prevede che la tensione possa modificare il nostro comportamento alimentare sempre e comunque, interferendo con i complessi meccanismi che regolano le nostre condotte di fronte al cibo, indipendentemente da altri fattori di ordine personale. La seconda ipotesi dà invece risalto alle differenze di costituzione genetica tra gli individui e prevede che il nervosismo riesca a modificare il comportamento alimentare soltanto in gruppi di soggetti con una particolare vulnerabilità.

Lo stress cronico e i comfort food

Alessandro ha 32 anni, è nato in Toscana ma lavora a Milano in una grande agenzia di pubblicità. Ripete che non ha mai avuto problemi di stress prima del suo trasferimento in Lombardia. «Da allora, tutto è cambiato. Prima avevo una vita serena, scandita dai ritmi della mia tranquilla cittadina. Lavoravo come libero professionista sia attraverso Internet sia con negozianti e imprese della mia zona. Da quando ho cambiato impiego e città, mi sento sempre sotto stress. Ogni campagna pubblicitaria diventa un pensiero ossessivo, non mi fa dormire la notte, sento di essere sempre più nervoso e intrattabile. Anche il mio rapporto con il cibo è cambiato. Prima avevo un comportamento alimentare sano: mangiavo con regolarità e stavo attento alla linea, facevo delle lunghe passeggiate con il mio cane. Adesso sono ingrassato, non faccio più sport, passo tutto il giorno alla scrivania e, quando non riesco quasi più a respirare per l'ansia, mangio. È l'unica cosa che mi fa stare meglio», spiega.

«Oggetto delle mie attenzioni sono tutti quegli alimenti che prima rifiutavo di consumare perché molto calorici e poco sani. Ora, anche se mi impegno, non riesco più a starne alla larga. I cassetti della mia scrivania sono invasi da snack, patatine, cioccolato», confessa.

Situazioni come questa, nelle quali il nervosismo sta diventando una condizione cronica e il soggetto cerca di placare la tensione con spuntini che consuma frettolosamente, non sono rare. Alessandro è il perfetto esempio di come una condizione di stress permanente possa alterare completamente la routine alimentare, tanto nei ritmi quanto nella scelta dei cibi. Ma perché questo accade?

È stato provato che quando lo stress diventa cronico aumenta la concentrazione nel sangue di insulina, ormone prodotto dal pancreas e immesso nel circolo sanguigno per promuovere l'impiego degli zuccheri a livello dei tessuti periferici. Aumentano anche i glucocorticoidi, ormoni steroidei prodotti dalle ghiandole surrenali.

Gli ormoni steroidei di origine surrenalica comprendono due classi: i glucocorticoidi coinvolti nei meccanismi dello stress (per esempio il cortisolo), che regolano il metabolismo dei carboidrati; i mineralcorticoidi (per esempio l'aldosterone), che regolano la concentrazione nel sangue degli elettroliti, come il sodio e il potassio. I glucocorticoidi svolgono molte funzioni fra cui quella di modulare le risposte infiammatorie e immunitarie, ma agiscono soprattutto sul metabolismo dei carboidrati, generando un incremento della concentrazione di zuccheri nel sangue (cioè della glicemia).

Questo è uno dei motivi per cui Alessandro, appena sente crescere lo stress, non riesce a resistere a quegli alimenti da cui un tempo stava alla larga. Ed è per lo stesso motivo che, quando siamo sotto stress per un lungo periodo, ci sembra di non essere mai sazi e non solo non riusciamo a smettere di mangiare, ma il nostro appetito diventa incontenibile costringendoci a ingerire una quantità sempre maggiore di cibo. Anche se il nostro stomaco è pieno, il nostro cervello continua a trasmettere segnali di fame. In situazioni come questa, la soglia della nostra sensibilità alle gratificazioni si abbassa e con facilità siamo spinti a cercare alimenti più appaganti e saporiti. Si tratta di «cibi consolatori», o, in inglese, *comfort food*, la cui ingestione serve a controbilanciare una parte degli effetti psicologici spiacevoli causati dallo stress cronico. Quando assaporiamo questi alimenti – che non sono particolari in sé, ma lo diventano per ognuno di noi quando svolgono una funzione consolatoria – vengono stimolate le aree cerebrali collegate con la percezione del piacere che sono localizzate nella parte anteriore del *nucleo accumbens*, un sistema di neuroni situato davanti all'ippocampo, probabilmente coinvolto in modo importante nei meccanismi della dipendenza, dell'elaborazione delle sensazioni di piacere e di paura.[2] Allo stesso tempo l'attività del sistema ormonale che sostiene lo stress (l'asse ipotalamo-ipofisi-surrene) si riduce, attenuando così in modo diretto la condizione di ansia.

[2] Quest'area del cervello sembra giocare un ruolo di rilievo anche nella dinamica della risata e dell'effetto placebo.

L'ipotalamo è una struttura nervosa costituita da più nuclei e tra le sue funzioni ha quella di secernere degli ormoni chiamati *fattori di rilascio*. Si tratta di messaggeri che sono immessi nel torrente sanguigno con il compito di regolare l'attività di un'altra formazione nervosa situata al centro del cervello: l'ipofisi. Questa importantissima ghiandola endocrina[3] ha il compito di regolare l'attività di altre ghiandole endocrine dell'organismo, tra cui la ghiandola surrenale che produce cortisolo. La funzione del cortisolo è detta anti-insulare poiché blocca l'azione dell'insulina. Ciò avviene determinando un incremento della glicemia, attraverso la trasformazione delle proteine in zuccheri, e della sensibilità al glucagone, un altro ormone pancreatico incaricato di controllare i livelli sanguigni di glucosio.[4]

Il risultato finale dei meccanismi endocrini finora descritti si manifesta, a livello comportamentale, con la ricerca di cibo piacevole, in grado di appagare e ristabilire quell'equilibrio che lo stress ha destabilizzato. Gli alimenti prescelti, quasi sempre molto calorici, vengono ingeriti non per soddisfare una necessità metabolica vitale (non hanno cioè la funzione di saziare la fame), bensì per esaudire il nostro appetito edonico, la nostra necessità di raggiungere una condizione di benessere. Purtroppo le calorie non richieste, introdotte in situazioni stressanti, sono destinate a essere in gran parte accumulate e, in condizioni di cronicizzazione dello stress, a gettare le basi per un incremento ponderale progressivo, che nel tempo si tradurrà in obesità.

Stress e obesità

Diversi studi hanno suggerito un legame tra eventi di vita stressanti e incremento del peso corporeo. Non è ancora del tutto chiaro se ciò sia legato a un aumento dell'introito di cibo o, piuttosto, a una riduzione dell'attività fisica nei periodi di stress.

Gli obesi, secondo la teoria psicosomatica dell'obesità, assumono cibo per soddisfare più le loro necessità emotive che autentici bisogni nutrizionali. Tale comportamento sarebbe alla base di quelle forme

[3] Endocrine sono le ghiandole che immettono le loro secrezioni ormonali direttamente nel sangue.

[4] Per un approfondimento sull'insulina e il glucagone si vedano le pp. 54-56.

di obesità che molto spesso insorgono già in età infantile o adolescenziale. In questi soggetti, il cibo darebbe rassicurazione e avrebbe la funzione di vero e proprio nutrimento per la vita emotiva, utile prevalentemente a conferire benessere psichico. Secondo un'altra teoria condivisa da una minoranza di studiosi, il cibo svolgerebbe un'attività ansiolitica e offrirebbe, per questo motivo, un ristoro breve e fugace.

Studi clinici controllati[5] non hanno confermato nessuna delle due ipotesi. In seguito a ciò, la teoria psicosomatica, per la quale l'obesità rappresenta un disturbo della reattività emotiva, ha cominciato a perdere credito, anche se c'è ancora un certo interesse per il concetto secondo cui gli indicatori interni che segnalano la sazietà sarebbero nell'obeso meno sensibili del normale.

In alternativa a questa teoria si è ipotizzato che le anomalie della condotta alimentare non derivino da una preesistente tendenza all'obesità, ma siano piuttosto una conseguenza del desiderio ossessivo di dimagrire. Secondo questa ipotesi, le persone diventerebbero obese a causa dell'alternanza fra brevi periodi di rigido regime dietetico e lunghi periodi di discontrollo alimentare.

In passato alcuni studiosi hanno dato particolare credito all'importanza di mantenere il peso corporeo al di sotto di un determinato limite prefissato. È nata così la *teoria della restrizione del cibo*, secondo la quale il modo più efficace per regolare il peso è ridurre drasticamente il consumo alimentare.

Schiere di obesi e di adulti di peso normale, in particolare donne, hanno allora cominciato a stare costantemente a dieta, costringendosi a ignorare il meccanismo spontaneo della «fame-sazietà» preposto alla regolazione naturale dell'introito di alimenti. Come risultato si è avuta una profonda trasformazione del normale rapporto delle persone con il cibo. In pratica, coloro che si sforzano di mangiare pochissimo riescono a farlo con successo solo quando le pressioni esterne o emotive sono basse, ma non appena queste aumentano, il regime di restrizione lascia il posto a una forma di disinibizione che porta a mangiare a crepapelle. In condizioni di stress, chi è perennemente a dieta tende a dimenticare ogni restrizione e a ingurgitare

[5] Uno studio clinico controllato ha come finalità la produzione di dati che possano costituire una risposta a precisi quesiti di natura clinica. Può per esempio fornire la valutazione dell'efficacia di un trattamento farmacologico attraverso la sperimentazione su un campione di pazienti (N.d.R.).

grandi quantità di cibo. Al contrario, quando a essere in tensione sono i soggetti non sottoposti a regimi alimentari restrittivi, questi si comportano in modo del tutto opposto e mangiano molto meno. Il modello di previsione sulla diversa modalità di alimentarsi sotto stress tra soggetti sempre a dieta e soggetti non a dieta si è dimostrato molto efficace, e ha incontrato un discreto favore tra gli studiosi.

I dati ottenuti negli studi scientifici sono stati confermati dalle osservazioni effettuate nella vita quotidiana, dalle quali è emerso che i soggetti «sempre a dieta» in condizioni di stress emotivo, oltre a diventare iperfagici, entrano nel circolo vizioso dell'alimentazione emotiva. Un comportamento alimentare del genere è il vero responsabile della perdita di controllo e, in definitiva, dell'incremento ponderale che conduce all'obesità. I soggetti che si comportano così, in condizioni di stress tendono a mangiare più dolci e cioccolato, ma anche cibi dall'elevato contenuto lipidico o dall'alto tenore calorico complessivo. Tutto ciò supporta la tesi che dolci, cibi grassi e cioccolato sono assunti di preferenza in condizioni ambientali stressanti o emotivamente negative da un sottogruppo di individui dalla spiccata suscettibilità.

TANTE IPOTESI: PERCHÉ?

La mancanza di univocità delle opinioni degli studiosi sullo stress sono legate soprattutto a tre fattori principali: la difficoltà di valutare le quantità di cibo effettivamente ingerite, l'intensità e il tipo di stress cui è stato sottoposto il soggetto e, soprattutto, le differenze individuali nell'elaborare una risposta a condizioni stressanti.

Esistono, infatti, persone che riescono con facilità a gestire lo stress e si trovano in difficoltà soltanto quando l'ansia raggiunge il livello massimo sopportabile; altre che, invece, s'innervosiscono per quelle che in molti definiremmo piccolezze. Se Sonia si sente agitata per qualsiasi situazione nuova («Anche andare a parlare con la maestra di mia figlia mi mette ansia», ha confessato), Marco conosce lo stress solo da quando è diventato padre («Non mi aspettavo tutte queste responsabilità. Aggiunte a quelle sul lavoro, hanno scombussolato tutto il mio mondo»). Al momento, non esiste un metro di valutazione accettato da tutti, in grado di quantificare le caratteristiche dei fattori stressanti, le reazioni che questi generano e il cibo consumato come risposta allo stress.

Alimentazione emotiva e obesità

Valeria, 25 anni, attualmente in condizioni di marcato sovrappeso (è alta un metro e sessanta e pesa 75 kg). In due anni è ingrassata di quasi 20 kg:

> Mangiavo senza rendermene conto e senza avere fame. Non facevo altro che aprire il frigorifero e mangiare. Qualsiasi cosa – una telefonata finita bruscamente con il mio fidanzato, un litigio con mia madre, ma anche, semplicemente, un'amica che rimandava di mezz'ora il nostro incontro – diventava un'ottima scusa per ingozzarmi. Solo dopo aver divorato cioccolato, biscotti, anche panini e affettati, stavo meglio. La colpa è dello stress. Prima non cercavo rifugio nel cibo, mentre adesso mangiare è l'unica cosa che mi rende felice.

Il discorso di Valeria è identico a decine di altri, riferiti da altri obesi. Senza rendersene conto, questa paziente sta raccontando in modo molto preciso che cosa è l'alimentazione emotiva: un comportamento alimentare in cui un individuo risponde a una situazione mentalmente stressante con un modo di alimentarsi incontrollato e ipercalorico, anche in assenza di fame. In questo caso, lo stress può essere liberamente definito come una risposta fisica o emozionale da cui l'organismo tenta di proteggersi.

L'alimentazione emotiva appare così come una condizione che prefigura uno scarso controllo sul peso e un'alimentazione problematica. I mangiatori emotivi in condizione di stress consumano una quantità maggiore di cibi ad alto contenuto calorico rispetto ai mangiatori emotivi non stressati o ai mangiatori non emotivi nelle stesse condizioni di stress. L'intensità dell'umore negativo (depressione, fiacchezza, ansia e sonnolenza) cresce con l'aumentare del contenuto calorico dei cibi, ed è ulteriormente più alta nelle donne sovrappeso rispetto a quelle normopeso. Più queste sono tristi, più calorie sono portate ad assumere.

Una ricerca effettuata su 212 studenti ha rivelato un'interessante reazione allo stress. I soggetti sono stati valutati indipendentemente dal fatto che, sottoposti a una situazione stressante, mangiassero in eccesso, come al solito, o di meno. Tutti hanno aumentato il consumo di dolci e cioccolato, anche quelli che complessivamente hanno mangiato meno di quanto facessero in condizioni normali; l'assunzione di frutta, verdura, carne e pesce è restata invariata oppure è diminuita. Questi dati rivelano quanto i meccanismi che governano la scelta dell'alimentazione durante i periodi di stress siano distinti da quelli che influenzano l'appetito in generale; se alcuni alimenti poco appetitosi e dallo scarso *appeal* calorico vengono considerati allo stesso modo di sempre – e a volte perfino meno – dolci e cioccolato sono invece i preferiti nelle condizioni di nervosismo e ansia.

Come abbiamo già visto, gli ormoni secreti dalla corteccia del surrene – adrenalina, noradrenalina e cortisolo – in condizioni snervanti modulano la risposta allo stress metabolico.

Questa classica reazione alla tensione, per le modificazioni che porta al flusso ematico e per l'impegno richiesto verso l'allarme proveniente dall'ambiente circostante, non è naturalmente compatibile con l'atto del mangiare. In ogni caso, in condizioni di stress ripetuto, una secrezione eccessiva di cortisolo in alcuni individui può stimolare l'appetito ed è stato dimostrato che questo è un fattore importante nella distribuzione del grasso viscerale e addominale. Lo stesso accade nei soggetti sottoposti a terapia con cortisone ad alte dosi o per periodi prolungati.

Poiché questo tipo di appetito facilita l'aumento degli accumuli di grasso, alcuni studiosi hanno ipotizzato che lo stress sia la causa di livelli elevati di cortisolo e che questo, a sua volta, determini le risposte tipiche dell'alimentazione emotiva. Ultimamente è stato osservato come, durante periodi di grande agitazione, a livello delle terminazioni nervose, che innervano il tessuto adiposo, si liberi una proteina denominata neuropeptide Y (NPY), la cui azione è quella di stimolare le cellule ad accumulare il grasso. Questo fenomeno è particolarmente marcato nelle zone del corpo intorno alla vita: si formano così degli accumuli di grasso che conferiscono al soggetto una forma «a mela» (obesità centrale). Ciò dimostra che lo stress può spingere il nostro corpo non solo a mangiare di più, ma anche ad accumulare con maggiore facilità quello che mangiamo.

Un elemento chiave, che caratterizza la condizione dell'alimentazione emotiva, è mangiare senza aver fame. Il soggetto può ingurgitare cibo fino ad avvertire un senso di ripienezza gastrica che lo fa stare male. Questo tipo di discontrollo sul comportamento alimentare è seguito da sensi di colpa, di disgusto ma anche di disprezzo e di rabbia verso se stessi. Il modello dell'alimentazione emotiva può manifestarsi in modi e tempi diversi sia in individui differenti che nello stesso individuo, e includere un'alimentazione continuativa, abbuffate e l'alimentazione notturna.

Durante questi episodi di perdita di controllo vengono consumate quantità significative di *comfort food*, regolarmente descritti come cibi appetitosi e più spesso combinazioni di zuccheri e grassi o sale e grassi. Il risultato finale è l'acquisizione d'ingenti quantità di calorie che, con il tempo e in assenza di un trattamento adeguato, fanno aumentare il rischio di obesità.

Molto spesso si rivelano particolarmente dannosi anche i tentativi di reazione che vengono elaborati da chi soffre di episodi del genere. A seguito di un incremento ponderale acquisito dopo un periodo di stress, un individuo può decidere di perdere il grasso accumulato riducendo deliberatamente l'introito alimentare. Questo tipo di restrizione potrebbe, però, nascondere alcune insidie. La rinuncia alimentare forzata pone infatti il soggetto in una condizione di frustrazione che potrebbe essere il punto di partenza di una nuova e diversa forma di stress, questa volta determinata dalla decisione di ridurre l'assunzione di cibo. Il rischio che si corre è quello di innescare una nuova condizione favorevole all'alimentazione emotiva.

Per spiegare l'incremento negli ultimi anni del tasso di obesità sono state fatte molte ipotesi e sono stati presi in considerazione fattori sia biologici che ambientali. Sebbene l'incremento della quantità di cibo disponibile, insieme alla mancanza di attività fisica, contribuisca all'aumento del peso, è la percezione di vivere in un ambiente ansiogeno a essere spesso avvertita dai pazienti come un'importante causa di sovrappeso. Non soltanto gli adulti, ma anche i bambini e gli adolescenti sono colpiti da questo disturbo e rischiano di sviluppare malattie correlate come l'apnea notturna, l'ipertensione, il diabete di tipo II. Molti fattori ambientali che incrementano l'ansia possono contribuire all'alimentazione emotiva sia nel bambino che nell'adulto.

In controtendenza all'incremento del tasso di obesità nel mondo occidentale esiste una pressione da parte dei media e della società in generale a essere magri. La continua, onnipresente richiesta di magrezza s'incarna nel tipo di corpo ideale propagandato dai mezzi di comunicazione, che spesso non è raggiungibile dalla maggior parte delle persone. Tentativi ripetuti di diete, nello sforzo di raggiungere il proprio peso forma, seguiti da altrettanti fallimenti, possono essere alla base della compromissione dell'autostima. Il risultato potrebbe essere, ancora una volta, l'innesco di un'alimentazione emotiva.

Stress, depressione e cibo

Carolina ha 28 anni e vive a Pisa. Due anni fa, subito dopo la laurea in architettura, ha affrontato il primo episodio depressivo della sua vita:

> Passavo le mie giornate a letto. Al buio. Non volevo vedere e parlare con nessuno. Non riuscivo a fare niente, nemmeno ad alzarmi per andare a fare colazione in cucina. Dormivo e mangiavo. La mia camera era diventata un cimitero di scatole vuote di biscotti, salatini, noccioline, patatine e pop-corn. Stavo malissimo, il cibo era l'unico modo per sentirmi un po' meglio.

Dopo lo stress riconducibile al periodo della tesi, e dopo aver a lungo cercato un lavoro senza trovarlo, Carolina ha attraversato un periodo di depressione in cui è ingrassata 9 kg. La sua storia è simile a quella di molti pazienti depressi che, oltre a dormire più del previsto e a mangiare molto, cercano di stare meglio gratificandosi con i *comfort food*.

Numerosi pazienti con problemi di natura psichica mangiano di più quando sono stressati. Non è comunque mai stato evidenziato un nesso univoco fra chi consuma *comfort food* e chi ha malattie psichiatriche. È attualmente opinione condivisa che nei Paesi a elevato sviluppo industriale chi assume questo tipo di cibi spesso lo faccia quando si sente giù di morale: le loro elevate quantità di grassi e carboidrati determinano un innalzamento del tono dell'umore e delle energie disponibili. L'uso abituale di questi alimenti, probabilmente stimolato da una concentrazione elevata di cortisolo in conseguenza degli agenti stressanti, dà come ultimo esito l'obesità addominale, spesso associata al diabete di tipo II, alle malattie cardiovascolari e ai disturbi cerebro-vascolari.

Durante il trattamento della depressione, l'uso di antidepressivi può far crescere l'appetito, con conseguente incremento di peso. Ciò si verifica non in tutti i pazienti e non con tutti i farmaci. Alcuni medicinali, in un'elevata percentuale di soggetti trattati, causano questo effetto con maggiore frequenza. Alcuni pazienti sono più sensibili e avvertono un aumento del senso di fame, mentre altri non subiscono quest'effetto. Queste differenze hanno origine da una diversa condizione di vulnerabilità personale, ma anche da fenomeni ambientali come la cultura, l'etnia, le abitudini. È importante sottolineare come il fenomeno sia legato a una maggiore assunzione di carboidrati e zuccheri, mentre la «fame» di carne, pesce, verdure, ortaggi resta invariata. Cedere a questo tipo di spinta può determinare un incremento rapido del peso anche perché si innesca con rapidità un circolo vizioso in cui l'aumento cronico dell'assunzione di dolci determina, per un meccanismo legato all'azione dell'insulina, un incremento dell'appetito, sia per i dolci – da cui il soggetto rischia lentamente di diventare dipendente – sia per il cibo in generale.

Deve essere cura di ogni medico che prescrive farmaci che possono presentare questo rischio, informare il paziente sugli effetti che potrebbero manifestarsi e, allo stesso tempo, consigliare un adeguato comportamento alimentare durante il periodo di trattamento. Il precetto fondamentale da seguire è quello di evitare il più possibile le sostanze dolci e i carboidrati, incrementando il consumo di ortaggi, verdure, insalate, ma anche – compatibilmente con con il singolo caso – l'utilizzo di pesce e carni bianche. I pazienti che hanno già sperimentato la tendenza a perdere il controllo del proprio comportamento alimentare, o hanno già in atto un consumo elevato di carboidrati, dovrebbero ricorrere all'aiuto di un nutrizionista o del medico di famiglia.

V
L'inganno dei cibi industriali

Un tempo, la fonte principale dell'alimentazione era costituita dal cibo preparato in casa con materie prime spesso reperite presso produttori locali di frutta, verdure, carne, ma anche di salumi, formaggi e farine. I produttori erano sovente contadini, macellai, molitori della zona e per la maggior parte della popolazione il pranzo al ristorante era confinato a occasioni particolari. Con l'avvento delle grandi industrie alimentari, la materia prima delle casalinghe ha smesso di provenire da fonti locali e conosciute per lasciare il posto alle prime confezioni commerciali. Hanno lentamente iniziato a diffondersi modi di mangiare dettati dai nuovi ritmi lavorativi che rendevano indispensabile e frequente il consumo di pranzi e cene fuori di casa.

Questo cambiamento delle abitudini della famiglia italiana ha coinciso con un mutamento della routine alimentare. Sono aumentati i pasti, cucinati con materie prime di provenienza esclusivamente industriale, consumati fuori dall'ambito domestico. Si è ridotto il tempo a disposizione per la preparazione dei cibi da parte di donne sempre più impegnate in attività diverse dal ruolo di casalinghe, i luoghi di approvvigionamento si sono trasformati e dal negozio di alimentari sotto casa siamo diventati frequentatori dei grandi supermercati e dei centri commerciali. Negli ultimi cinquant'anni, abbiamo assistito a una vera e propria rivoluzione alimentare: la piccola e la grande distribuzione alimentare sono state trasformate, e attualmente il rituale dell'approvvigionamento del cibo è ancora in evoluzione per merito dei *fast food*, delle *food court*, dei *take away* aperti ventiquattro ore su ventiquattro che garantiscono un accesso immediato ed economico a svariati tipi e qualità di cibi.

Con l'industrializzazione del settore alimentare, in gran parte del mondo occidentale attualmente la scelta avviene in luoghi sicuri, igienicamente garantiti da organismi di controllo che hanno già esaminato, analizzato e approvato la confezione che abbiamo davanti. A noi non resta che scegliere fra un produttore e un altro, fra gusti diversi o differenti aromi.

La produzione del cibo industriale ha anche notevolmente abbassato, fino quasi ad azzerarla, la nostra diffidenza verso i nuovi cibi. Le grandi aziende produttrici, spesso delle vere e proprie multinazionali prive di specificità e in grado di proporre al consumatore una lista completa di alimenti che vanno dalla pasta ai latticini, dalle bevande agli snack, sono state in grado di conquistare la fiducia del consumatore abbattendo quelle barriere che un tempo circondavano ogni nuovo cibo che, prima di essere accettato, doveva superare una lunga sequenza di test specifici relativi al tatto, alla vista, ma soprattutto all'olfatto, alla consistenza e al gusto.

La televisione è stata la principale incantatrice e propagatrice di questi nuovi alimenti, decretandone in numerosi casi la fortuna. Con gli spot, la TV è stata progressivamente in grado sia di aumentare la confidenza del consumatore con determinati prodotti (negli Stati Uniti è ancora utilizzata nelle pubblicità cartacee la sigla *As Seen On TV,* è stato visto in televisione, per garantire al consumatore che si tratta di un prodotto di cui ci si può fidare) sia di assopire lo spirito critico della nostra coscienza alimentare. Il risultato è che tendiamo automaticamente a dare come «buono» tutto ciò che ci viene propagandato dalla televisione, dalla pubblicità, dalle aziende produttrici il cui brand ci è familiare.

La familiarità che ogni cibo doveva conquistarsi prima di essere adottato come alimento appartenente alla nostra dieta è stata sostituita dalla familiarità con il brand. Se sulla confezione è stampato il tal logo con il tal nome la nostra diffidenza per i cibi nuovi decade e sia che si tratti di maionese, di formaggio, di biscotti anche mai mangiati prima ci affidiamo a questi prodotti con la fiducia che si riserva alle vecchie conoscenze.

Guardando le cose da una prospettiva diversa, le promesse dei cibi industriali di genuinità, semplicità, bontà, freschezza, purezza e naturalezza, una volta confrontate con la meccanizzazione e l'industrializzazione dei processi produttivi, appaiono per lo meno fuori luogo. Se al posto della pubblicità che promette salute, serenità e felicità tutti vedessimo i polli chiusi in batteria a ingrassare nel minor tempo possibile per poi essere venduti, o i maiali allevati dopo aver subito l'amputazione di arti per non ferirsi nelle gabbie di allevamento, o il trattamento riservato a mucche per la produzione del latte o ai vitelli per quella della carne, forse avremmo delle remore a mangiare pollo, uova, salumi, latticini e bistecche. E questo è solo il primo inganno dell'industria alimentare nei confronti dei consumatori. Fortunatamente, però, siamo di fronte ad una coscienza alimentare che sta maturando e sta prendendo consapevolezza di quanto siano mutate la condizione dell'industria alimentare e le fonti delle materie prime.

Il filosofo tedesco Ludwig Andreas von Feuerbach affermava: «Siamo quello che mangiamo», ed è inconfutabile l'influenza del cibo sulla nostra esistenza.

Durante l'arco di una vita lunga ottant'anni vengono infatti ingerite da 30 a 60 tonnellate di cibo che vengono digerite, assimilate e trasformate dall'organismo. Una parte, seppur minima, di questa enorme quantità di sostanze alimentari restano a comporre gli elementi strutturali del nostro corpo. Si tratta della più importante influenza, esercitata nell'arco della vita, sulla composizione del nostro corpo da parte di sostanze provenienti dall'ambiente che ci circonda.

La creazione del cibo perfetto

L'alimentazione industriale si è occupata, oltre che della razionalizzazione e ottimizzazione dei processi di produzione, anche della progettazione e della costruzione in laboratorio di specifici alimenti che secondo particolari ricerche di marketing avrebbero con grandi probabilità incontrato il favore del consumatore.

Non c'è quindi da stupirsi nello scoprire che una serie di cibi che quotidianamente compriamo e consumiamo siano stati costruiti a tavolino con lo specifico compito di aumentare il senso di gradevolezza del consumatore e di generare in lui il maggior numero di esperienze sensoriali piacevoli possibili.

Per creare il cibo perfetto non esistono dettagli che posso essere lasciati al caso. Tutto è di fondamentale importanza. Devono essere debitamente stimolati il gusto, l'olfatto, la vista, il tatto, ma anche la sensibilità propriocettiva del cavo orale e dell'apparato masticatorio, che ci fanno riconoscere la morbidezza o la consistenza, il croccante o la cremosità dell'alimento.

Ogni accorgimento è mirato ad aumentare l'appetibilità dei cibi, ovvero la capacità di un dato alimento di suscitare la nostra fame e di invogliarci a mangiarne ancora anche molto dopo che il nostro fabbisogno energetico è stato soddisfatto.

Bilanciando il gusto dolce, il salato, l'acido e l'amaro, ma anche individuando e caratterizzando l'aroma e la consistenza, l'aspetto dell'alimento e il suo confezionamento, si crea un'esperienza sensoriale complessa che diviene il nucleo intorno al quale si struttura il successo di un prodotto alimentare. Quanto più piacevole e unica sarà l'esperienza della sinfonia sensoriale provata, tanto più facile sarà la coazione a ripeterla e il meccanismo che porterà a innescare quel processo che ci spingerà prima alla ricerca continua di quel dato alimento, e poi alla dipendenza.

Un elemento di sicuro successo per l'appetibilità dei cibi è il gusto dolce. Da sola però questa caratteristica non riesce a spiegare l'attrattiva che hanno i dolci, altrimenti sarebbe sufficiente mangiare dello zucchero.

Gli studi effettuati su quest'argomento e sulla composizione degli alimenti di successo hanno indicato che l'associazione vincente è quella data da una combinazione di zuccheri, grassi e sali miscelati tra loro con precise proporzioni.

Un triangolo pericoloso

I tre pilastri su cui l'industria alimentare ha costruito l'edificio della sua produzione sono gli zuccheri, i grassi e il sale. Questi tre elementi, se opportunamente miscelati, possono rendere il cibo irresistibile e dargli quella connotazione di piacere che ci trasformerà da sporadici acquirenti in fedeli consumatori.

Associando lo zucchero ai grassi è molto più facile incontrare il favore dei consumatori. Il tutto deve avvenire con delle percentuali attentamente calibrate perché lo zucchero con pochi grassi, o il grasso con pochi zuccheri, non è appetibile. È fondamentale quindi trovare una combinazione ottimale tra i due in grado di garantire un livello di massimo piacere.

Un esempio casalingo e alla portata della nostra esperienza alimentare è dato dalla panna montata. L'appetibilità e la gradevolezza di questa leccornia sono proprio legate alla proporzione tra panna e zucchero. Un eccesso dell'uno o dell'altro ingrediente rende, o per il marcato gusto grasso o per quello zuccherino, la panna sgradevole.

Se poi a questi due elementi viene aggiunto il sale, l'alimento diventa ulteriormente allettante. La miscela varia da cibo a cibo, e deve avere delle precise proporzioni: solo quando è adeguatamente equilibrata diventa davvero stimolante per il nostro apparato gustativo. Esiste, in altri termini, un preciso equilibrio reciproco tra questi ingredienti che deve essere rispettato. Il nostro palato ha infatti dei gusti di riferimento molto netti all'interno dei quali opera confronti prima di emettere il giudizio di gradevolezza. Una volta che la combinazione tra i tre elementi è stata creata, il rischio diviene la seduzione che riceviamo dal di gusto: i giochi di proporzione fra grassi, sali e zuccheri possono purtroppo – tenuto conto della disponibilità immediata di qualsiasi tipo di alimento cui siamo quotidianamente sottoposti – spingerci sulla strada dell'iperalimentazione,

Esperimenti condotti su uomini che potevano mangiare liberamente senza alcuna restrizione[1] da un ampio buffet hanno avuto come risultato che tutti i soggetti presi in esame si erano sovralimentati, consumando cibo per un importo calorico quasi doppio rispetto al loro fabbisogno energetico giornaliero e preferendo alimenti ricchi di grassi e di carboidrati.

Ingrassare mangiando

Esistono due fattori che favoriscono l'immagazzinamento di energie eccessive rispetto al nostro fabbisogno energetico, le cui conseguenze potrebbero dare come risultato un incremento ponderale: il consumo cosciente di una quantità elevata di cibo, cioè mangiare troppo in modo consapevole, e una condizione di distrazione durante l'alimentazione.

Queste due modalità sono in grado di minare la capacità del nostro corpo di regolare il suo introito energetico perché compromettono la giusta associazione tra i segnali che provengono dai sensi

[1] Elfhag K., Rössner S. (2005), «Who Succeeds in Maintaining Weight Loss? A Conceptual Review of Factors Associated with Weight Loss Maintenance and Weight Regain», in *Obes. Rev.*, February; 6(1): 67-85.

preposti al controllo dell'introito di cibo e le naturali conseguenze metaboliche.

Numerose ricerche hanno dimostrato come i cibi che possono essere mangiati velocemente – oltre a garantire, paradossalmente, un effetto di sazietà basso – portano a un consumo superiore rispetto a quelli che obbligano a una masticazione lenta e ripetuta. Il motivo di questa incongruenza è legato al fatto che, poiché questi cibi danno una stimolazione sensoriale abbastanza breve, l'organismo non ha a disposizione degli strumenti sufficienti per percepire la sensazione di sazietà nei tempi corretti, o comunque necessari a elaborare i segnali chimici e ormonali che servono a farci smettere di mangiare.

Negli ultimi decenni l'obesità nel mondo industrializzato ha avuto un incremento verticale. Si tratta verosimilmente di una risposta prevedibile a un ambiente che favorisce l'obesità perché stimola l'introito energetico grazie alla presenza ubiquitaria di cibo iperappetibile e ipercalorico, inibendo allo stesso tempo il dispendio energetico, scientificamente definito come «dissipazione calorica». In parole semplici: mangiamo troppo e ci muoviamo troppo poco.

Ad aggravare il quadro, ci sono poi la continua esposizione a stimoli alimentari, le porzioni eccessivamente abbondanti, la disponibilità di cibo in una vastissima varietà di gusti, le pietanze sovraccariche di ingredienti ipercalorici con una eccessiva densità energetica, la produzione da parte dell'industria di alimenti sempre più stuzzicanti e appaganti. Oltre a questi fattori ben conosciuti ve ne sono altri che, proprio perché meno considerati, sono più subdoli e insidiosi: la velocità con cui il cibo viene ingerito, le condizioni ambientali in cui si svolge l'atto del mangiare, l'abitudine a consumare i pasti mentre l'attenzione è distratta da altre attività. Sovente, infatti, mangiamo guardando la televisione, chiacchierando con gli amici, continuando a lavorare davanti al computer.

Il comportamento alimentare è guidato da due ordini di segnali. Un primo tipo di ordine è costituito da segnali provenienti dall'ambiente esterno e coinvolge organi di senso come il gusto, l'olfatto, la vista e il tatto; anche l'udito, come abbiamo spiegato in precedenza, partecipa attivamente. Un secondo tipo proviene dall'interno dell'organismo e riguarda i messaggi ormonali che, dalle strutture interne preposte a questa funzione (stomaco, intestino, pancreas), sono inviati al cervello per essere successivamente tradotti in codici comportamentali e di apprendimento.

I processi di apprendimento sono prevalentemente inconsci. Si sviluppano e si consolidano nell'ambito della nostra cultura e delle nostre abitudini alimentari, regolando le scelte nutritive che durante la giornata ci portano a mangiare quello che ci serve per sopravvivere. Per esempio, ognuno di noi conosce perfettamente quello che deve mangiare a colazione per sentirsi sazio per tutta la mattinata e non avere la necessità di fare spuntini prima dell'ora di pranzo.

I segnali sensoriali sono anche responsabili per la scelta dei cibi che inseriamo nella nostra dieta abituale. Essere esposti ripetutamente a un singolo segnale sensoriale durante un pasto, in altri termini mangiare una sola pietanza, porta a una riduzione della capacità che quel cibo ha di gratificarci e sposta il nostro interesse verso cibi di tipo diverso. Il fenomeno (che abbiamo approfondito a p. 120) è chiamato «sazietà specifica» (*sensory-specific satiation*). I segnali metabolici servono a regolare i meccanismi di fame e sazietà e partecipano quindi primariamente alla regolazione della bilancia energetica.

I TEMPI DEL PASTO

L'inizio del pasto è guidato dall'associazione di diversi elementi: lo stomaco vuoto, i livelli di grelina elevati, il calo transitorio dei livelli di glucosio nel sangue. La grelina è un ormone che viene secreto da un tipo di cellule dello stomaco durante il digiuno, e determina un comportamento alimentare che porta all'incremento dell'introito di cibo. Dopo che il pasto ha avuto inizio, la sua concentrazione nel sangue scende.

Durante il pasto, messaggeri ormonali che vanno dal tratto gastro-intestinale al cervello modulano la nostra sensazione di sazietà mediante segnali nervosi, recettori di tensione dello stomaco e vari ormoni come la colecistochinina (CCK), il *glucagon-like peptide 1* (GLP-1) e l'insulina.

La colecistochinina (CCK) viene rilasciata principalmente in risposta all'ingresso in duodeno di sostanze grasse e ha un effetto diretto su centri nervosi che regolano l'introito alimentare: serve a limitare l'ulteriore introduzione di cibo. Il peptide YY (PYY) è secreto dall'intero tratto gastroenterico e in special modo dall'ileo e dal colon. L'introduzione di cibo stimola il rilascio di PYY che raggiunge il suo picco nel sangue una o due ore dall'inizio del pasto.

Più elevato è il tenore di grassi e di calorie ingerite, tanto più alto è il tasso di PYY nel sangue. La sua funzione è verosimilmente quella di ridurre l'ingestione di cibo nelle ore successive all'aumento della concentrazione ematica.

La presenza di cibo nell'intestino genera anche la secrezione di GLP-1, che determina a sua volta l'incremento dell'insulina: entrambi questi ormoni tendono a sopprimere l'appetito. Dopo aver mangiato, ci sentiamo sazi per un periodo di tempo che dipende dalla quantità e dalla composizione del cibo che abbiamo consumato. Trascorse un paio d'ore, con il comparire della fame, il ciclo si ripete.

Esiste una regolazione dell'introito di cibo a breve termine che serve a prevenire l'eccessiva assunzione calorica e che modula il bilancio energetico e l'alternanza tra fame e sazietà; esiste poi una regolazione più complessa e a lungo termine – che si basa sui segnali che provengono dal tessuto adiposo e dalla massa magra – connessa primariamente al mantenimento delle normali quantità di energia immagazzinata, che sovrintende al bilancio energetico e quindi al peso.

L'apprendimento

Mario ama mangiare alimenti che lui stesso definisce golosi e ipercalorici: cereali dal sapore zuccherino a colazione, frutta dolce come banane e uva a metà mattina insieme a una barretta al cioccolato, pasta molto condita e una porzione di carne a pranzo, formaggi e salumi a cena. I suoi ritmi in Italia sono sempre uguali («Colazione alle 7.30, merenda alle 11, pranzo alle 14 e cena alle 21», specifica), ma Mario dimostra una grande adattabilità. Lui, che fa il fotografo, viaggia spesso per lavoro e quindi è costretto ad adattarsi alle diverse abitudini dei Paesi in cui va.

Mario e la sua agenda alimentare rappresentano perfettamente come l'uomo sia condizionato, nelle proprie abitudini alimentari, da diversi fattori, primo fra tutti dal condizionamento gusto/energia.

L'ambiente che ci circonda determina un'importante influenza su ciò che mangiamo, sia per l'offerta dei cibi nel luogo dove stiamo in quel momento vivendo, sia per la densità energetica che quel luogo o la nostra attività richiedono, sia per l'alternanza fame/sazietà che si organizza intorno alle prime due variabili oltre che ad altri fattori esterni e culturali.

Le circostanze ambientali forniscono gli stimoli, dettati o dall'orario del pasto o dall'odore del cibo, e sono responsabili del comportamento alimentare.

Questi modelli e con essi i segnali fisiologici, come per esempio i livelli di grelina, possono facilmente variare se cambiano le abitudini e le circostanze ambientali in cui l'individuo si trova. Per esempio, quando Mario si muove in Italia è abituato a cenare alle 21, mentre in un viaggio in Gran Bretagna si adatterà agli orari del posto e inizierà a cenare alle 18, se invece soggiornerà per un periodo in Australia sarà costretto a un doppio adattamento: quello culturale legato ai differenti orari dei pasti e quello legato al fuso orario che in Australia, rispetto all'Italia, è avanti di dodici ore. Questo ci fa capire come, al variare dei segnali esterni, si modificheranno i messaggi interni che servono a tutte le regolazioni necessarie a mantenere l'equilibrio energetico.

Cibi liquidi e cibi solidi

Una differenza importante nel modo in cui noi riusciamo ad assumere il cibo necessario alla sopravvivenza – e spesso alla sovralimentazione – nel nostro mondo industrializzato rispetto nostri antenati, è che molti degli alimenti prodotti industrialmente possono essere mangiati ad alta velocità. Tradizionalmente, i prodotti di carne e quelli ricchi di fibre sono cibi che richiedono una lunga masticazione e sono mangiati piuttosto lentamente. Al contrario, i liquidi sono consumati a una velocità molto più elevata dei cibi solidi.

In un recente studio, che metteva a confronto lo stesso alimento in forma liquida e in forma solida, risultava che per mangiare mezzo chilo di mele erano necessari 17 minuti, mentre 500 grammi di succo di frutta venivano consumati in appena un minuto e mezzo.[2] Un'altra ricerca poneva ulteriormente l'accento sulla differenza fra il consumo di frutta in forma solida e in forma liquida. Il fabbisogno calorico richiesto per una donna che svolge un'attività sedentaria in un Paese industrializzato è di 2000 kcal. Per mangiare mele che raggiungano tale fabbisogno, una donna impiega più di 2 ore; sono però sufficienti

[2] Ahluwalia N.S. et al. (1998), «Alterations in Mood after Changing to a Low-Fat Diet», in *Br. J. Nutr.*, January; 79(1): 23-30.

solo 18 minuti per berle sotto forma di succo. Una delle differenze fondamentali tra il consumo di mele solide e l'equivalente calorico liquido è il tempo cui sono esposti i recettori sensoriali della bocca. Quando si beve il succo di mela la stimolazione sensoriale dura per pochi istanti. La grande maggioranza dello zucchero e delle molecole aromatiche passano dalla cavità orale e dalla faringe avendo brevissimi contatti con i recettori deputati sia alla percezione del gusto che alla percezione degli aromi.

Un'esposizione troppo breve ai segnali sensoriali gustativi dà come conseguenza che il senso di sazietà non ha il tempo necessario a manifestarsi mediante i suoi meccanismi e non viene perciò percepito. Giacché i segnali di sazietà tardano ad arrivare, il cibo continua a essere assunto in eccesso rispetto a quanto sarebbe necessario. Ciò genera l'ingestione di alimenti non richiesti dalla bilancia metabolica e quindi di un surplus di calorie.

La grande differenza nella stimolazione dell'aroma prodotta da alimenti liquidi e solidi è stata recentemente confermata da uno studio[3] che ha misurato le molecole d'aroma nell'aria esalata durante il consumo di cibo. Il rilascio di molecole d'aroma era circa dieci volte più lungo per un alimento solido come il formaggio stagionato rispetto a uno liquido come un bicchiere di succo di fragola. Nella letteratura concernente il bilancio tra fame e sazietà è stato chiaramente dimostrato che i cibi liquidi hanno rispetto ai solidi una più bassa capacità di dare sazietà. Ci si sazia più facilmente dopo aver mangiato un cibo solido che uno liquido, anche a parità di contenuto energetico.

In linea con quest'osservazione si può affermare che i cibi solidi portano, con il loro introito calorico, un compenso della bilancia energetica più vicino ai reali bisogni dell'organismo rispetto a quanto non facciano i cibi liquidi. Questo dato è stato confermato non solo nell'ambito del controllo dei meccanismi energetici del breve termine, ma anche negli studi che consideravano l'equilibrio energetico a lungo termine. In uno studio durato dieci settimane[4] era possibile assumere zucchero o dolcificante artificiale per valutarne l'in-

[3] Avena N.M. et al. (2009), «Sugar and Fat Bingeing have Notable Differences in Addictive-Like Behavior», in *J. Nutr.*, March; 139(3): 623-638.

[4] Charny G. et al. (2008), «Binge-Type Behavior in Rats Consuming Trans-Fat-Free Shortening», in *Physiol. Behav.*, July 5; 94(4): 627-629.

cremento del peso in base al consumo. Tutte le calorie provenienti dallo zucchero, la maggior parte delle quali provenivano da bevande, venivano aggiunte al contenuto calorico della dieta normale perché non si verificava nessun meccanismo di compensazione che riducesse l'introito di altri cibi. Ciò indica che le calorie provenienti dai liquidi non sono considerate da chi le assume come fonte energetica al pari dei cibi solidi.

Consumare ogni giorno una bevanda zuccherina in meno per un periodo di 18 mesi porta a una riduzione di peso 7 volte maggiore rispetto a quello che si riscontra riducendo, per lo stesso periodo di tempo, di 100 kcal il giorno l'introito calorico proveniente da cibi solidi. L'unica eccezione alla regola che riguarda la scarsa capacità di dare sazietà da parte dei liquidi è la zuppa (vedi box a p. 83), che ha effetto opposto.

Fast food o slow food?

Oggetto d'interesse è stato anche il ruolo svolto, nel raggiungimento della sensazione di sazietà, dal tempo di esposizione al cibo dei recettori sensoriali della bocca e dalla velocità che abbiamo nel masticare e ingoiare il cibo. Uno studio[5] è stato compiuto utilizzando come sede una sala cinematografica. Ai partecipanti allo studio veniva somministrata una bevanda al gusto di cioccolato che poteva essere consumata a volontà, ad altri un alimento semisolido con lo stesso gusto e con la stessa carica energetica. Il risultato è stato che il gruppo che assumeva il cibo liquido introitava circa il 30 per cento di calorie in più rispetto a chi assumeva l'alimento semisolido.

Confrontando la velocità con cui i due cibi, disponibili a volontà, venivano assunti, si scopriva che le differenze in termini di velocità d'assunzione scomparivano mentre permanevano quelle di introito calorico. La velocità più elevata nell'assunzione del liquido rispetto al semisolido determina la capacità di ingoiare nello stesso tempo porzioni più grandi di liquido (15 gr) rispetto al semisolido (10 gr). Porzioni più grandi portano però a una stimolazione minore dei recettori gustativi e olfattivi, e quindi a una minore percezione

[5] de Graaf C. et al. (2008), «The Effect of Viscosity on *ad libitum* Food Intake», in *Int. J. Obes.* (Lond.), April; 32(4): 676-683.

dell'aroma. È stato poi visto che porzioni più grandi portano a una più elevata assunzione, mentre un tempo di esposizione dei recettori gustativi più lungo porta a un'assunzione minore.

Mangiare più lentamente incrementa e rende più efficiente il meccanismo di sazietà. Quando gli individui che sono abituati a mantenere la loro velocità nel mangiare a un livello costante durante tutto il pasto ricevono l'istruzione di mangiare più lentamente, il loro senso di sazietà aumenta, e l'assunzione complessiva di cibo diminuisce.

A dimostrarlo è ora un recentissimo studio cinese[6], da cui emerge che masticare a lungo durante i pasti può aiutare a ingerire in media il 12 per cento di calorie totali in meno. Durante l'esperimento gli obesi avevano una velocità di deglutizione maggiore e un numero di atti masticatori inferiori rispetto ai normopeso. La quantità di cibo che sia i magri che gli obesi assumevano attraverso i bocconi era uguale. Veniva chiesto ai partecipanti allo studio di consumare un pasto, a loro disposizione, di 2200 kcal, con due modalità differenti: una prima volta prendendo bocconi di 10 gr per volta e masticandoli per 15 volte, una seconda volta prendendo bocconi sempre di 10 gr ma masticandoli per 40 volte. Il risultato era che, dopo aver masticato più a lungo il boccone, la quantità di energia assunta era del 12 per cento in meno. La quantità dell'ormone dell'appetito, la grelina, a fine pasto era ridotta, mentre l'ormone che trasmette il senso di sazietà, la colecistochininia, aumentava con l'aumentare degli atti masticatori. Questo è sicuramente un intervento che potrebbe costituire uno strumento utile da includere per la lotta all'obesità.

Uno studio che metteva a confronto la velocità nel mangiare con le energie assunte tra 27 diversi prodotti alimentari ha dimostrato che per i cibi più solidi la velocità era al di sotto dei 50 gr al minuto, mentre per i liquidi era maggiore di 300 gr al minuto. Inoltre, il processo di masticazione tendeva a incrementare la velocità cui i cibi potevano essere mangiati. Per esempio, carote crude erano consumate a una velocità di 13 gr al minuto, mentre le carote cotte erano consumate a una velocità di 10 volte superiore: 130 grammi

[6] Li C. et al. (2011), Wang S., «Improvement in Chewing Activity Reduces Energy Intake in One Meal and Modulates Plasma Gut Hormone Concentrations in Obese and Lean Young Chinese Men», in *Am. J. Clin. Nutr.*, September; 94(3): 709-816.

al minuto. Questo studio conferma che più velocemente mangiamo, maggiore è la quantità di cibo che riusciamo a ingerire e più elevato è il numero delle calorie che riusciamo ad assumere.

Ogni cibo, a seconda della sua viscosità, ha bisogno di un certo tempo per essere ingerito. L'uomo, tramite l'esperienza che fin da bambino stabilisce con il cibo, ha imparato a correlare in modo automatico il rapporto che c'è fra ciò che mangia e il senso di sazietà che arriverà via via che assumendo gli alimenti raggiunge l'apporto calorico di cui ha necessità in quel momento.

Nella fase di approccio al cibo, una prima valutazione proviene dai sensi (gusto, vista, olfatto) che danno, dalla rapida stima della quantità e della qualità del cibo, il senso di adeguatezza o d'inadeguatezza in proporzione alla nostra fame in quel momento.

La fine del pasto è segnata dall'arrivo del senso di sazietà, determinato dall'azione degli ormoni intestinali che comunicano questo messaggio al cervello. Tra l'inizio del pasto, segnato dal senso di fame, e la fine del pasto, segnato dal senso di sazietà, esiste un periodo di tempo che è occupato dalla trasformazione del cibo mediante la masticazione e deglutizione. Quando ingeriamo cibi solidi impieghiamo di più, e questo consente ai messaggeri della sazietà di avere il tempo sufficiente a manifestarsi. Quando ingeriamo cibi liquidi, riusciamo ad assumere una quantità di calorie molto velocemente. Questo ci mette nella condizione di assumerne in eccesso. Un esempio è quello fornito da uno studio[7] i cui soggetti esposti ripetutamente ad alimenti semisolidi ad alto contenuto energetico apprendevano dal senso di sazietà la quantità di energia assunta. La stessa cosa non succedeva quando erano esposti a liquidi ad alto tenore calorico. In pratica, la masticazione di cibi solidi è associata all'apprendimento delle calorie assunte, cosa che non avviene con i cibi liquidi.

Considerando nel loro insieme questi studi, è possibile concludere che quando mangiamo il cibo con eccessiva velocità, il senso di sazietà arriva in ritardo e nel frattempo riusciamo ad assumere cibo in eccesso e quindi calorie in eccesso. Il risultato di questo comportamento sarà il sovrappeso.

[7] de Graaf C. et al. (2009), «Effect of Viscosity on Appetite and Gastro-Intestinal Hormones», in *Physiol Behav.*, Apr 20; 97(1): 68-75.

ZUPPA

Quando si mangia una zuppa prima del pasto[8] si riesce, di solito, a mangiare di meno per una percentuale del 20 per cento. Alcuni studi hanno dimostrato che i liquidi consumati come bevande danno meno sazietà del cibo solido, mentre altri studi hanno teorizzato che liquidi sotto forma di zuppa possono saziare più facilmente rispetto agli alimenti solidi. Diverse ricerche hanno evidenziato come mangiare della zuppa prima del pasto possa ridurre la fame, aumentare il senso di ripienezza gastrica e ridurre di conseguenza la quantità totale di cibo del pasto.

Comunque, mentre è chiaro che il consumo di una zuppa prima del pasto può far mangiar meno, pochi studi sono stati effettuati per testare se ciò può ridurre il totale delle calorie ingerite durante il pasto. I risultati derivanti dagli studi sono stati controversi, inoltre si sa poco circa le specifiche caratteristiche delle zuppe che sono coinvolte nella riduzione dell'introito di cibo e nell'aumento del senso di sazietà. Pare che le diverse caratteristiche delle zuppe siano coinvolte nell'incremento della sazietà compresa la quantità consumata, la temperatura, il contenuto di grassi e di energia, la viscosità. Inoltre, identici ingredienti possono influenzare l'introito calorico e la sazietà a seconda di come sono miscelati. In uno studio in cui erano testati soggetti maschi magri e sovrappeso, la zuppa aveva ingredienti identici (300 gr per 95 kcal), ma veniva preparata in modo differente. La stessa zuppa veniva preparata in tre modi diversi:

- delle verdure accompagnate da un bicchiere d'acqua,
- una zuppa preparata con verdure tagliate a pezzi,
- un passato di verdure.

È risultato che le tre zuppe non davano significative differenze per quanto riguarda il senso di sazietà e l'introito calorico del restante pranzo negli uomini magri. In quelli sovrappeso solo le verdure a tocchetti riducevano, se confrontate con il primo tipo di zuppa (quella preparata con un bicchiere d'acqua con le verdure), il successivo introito di cibo e il senso di sazietà.

8. Flood J.E., Rolls B.J. (2007), «Soup Preloads in a Variety of Forms Reduce Meal Energy Intake», in *Appetite*, November; 49(3): 626-634.

Da questi risultati pare che la zuppa con verdure tagliate a tocchetti sia la forma più soddisfacente di zuppa. In effetti, lavori precedenti hanno indicato che l'acqua consumata come bevanda ha un effetto diverso rispetto all'acqua incorporata in un cibo. Questa differenza sull'effetto di sazietà può essere la conseguenza del fatto che l'acqua consumata con un bicchiere è percepita come una bevanda che serve ad appagare la sete e non la fame. Altri meccanismi che possono spiegare queste osservazioni sono che il liquido viene svuotato dallo stomaco molto più rapidamente rispetto ai solidi, e che la distensione gastrica e il suo tempo di svuotamento possono essere molto differenti se c'è una soluzione viscosa o pezzetti di verdura di varie dimensioni.

Gli stimoli visivi e l'attenzione

Prendiamo in considerazione due gruppi di persone che mangiano una zuppa:[9] uno con a disposizione un piatto fondo e uno con un piatto che tramite un sistema meccanico viene lentamente e impercettibilmente rabboccato via via che il suo contenuto è consumato.

Le persone che avevano a disposizione la seconda ciotola assumevanno senza rendersene conto ben il 73 per cento di zuppa in più, e quando veniva loro spiegato quanto avevano in realtà mangiato, questi commentavano che non ne avevano avuto la minima percezione, aggiungendo che non credevano di aver consumato tanta zuppa e che non si sentivano sazi in modo diverso rispetto ai soggetti del primo gruppo che avevano avuto la ciotola normale. La spiegazione di quest'osservazione è che ognuno in base alla propria esperienza associa gli stimoli visivi (la ciotola vuota) alla propria sensazione di sazietà. Ciò dimostra la notevole importanza degli stimoli visivi. L'uomo, infatti, ha imparato ad associare gli stimoli visivi che provengono dall'ambiente ai processi fisiologici che avvengono all'interno dell'organismo. In pratica, sembra che gli uomini per calcolare le calorie usino molto più gli occhi che lo stomaco. Immaginate un uomo in due situazioni diverse: nella prima si trova in un ristorante dove il pasto è servito a buffet, nella seconda

[9] North J. et al. (2005), «Bottomless Bowls: Why Visual Cues of Portion Size may Influence Intake», in *Obes. Res.*, January; 13(1): 93-100.

in uno dove dovrà ordinare alla carta. Nel primo caso l'uomo attingerà al tavolo del buffet una quantità di cibo che riterrà sufficiente a compensare il senso di fame che ha, stimando la quantità di cibo mediante l'apprezzamento visivo. Nella seconda dovrà regolarsi a ordinare un numero maggiore o minore di portate. In questo secondo caso, non essendoci l'ausilio della stima visiva preventiva, se le porzioni che arrivano dalla cucina secondo gli usi del ristorante saranno abbondanti il soggetto tenderà a introitare, mediamente, un numero di calorie più elevate. Se le porzioni saranno scarse assumerà una quantità di calorie inferiori a quelle di cui ha bisogno.

L'importanza di avere degli stimoli visivi può giocare un ruolo determinante nella prevenzione dell'iperfagia involontaria. Un effetto facilitatore sulla quantità di cibo ingerito è quello che proviene dal così detto «effetto della facilitazione sociale», in inglese noto come *social facilitation effect*. Le persone mangiano di più quando, accanto a loro, ci sono tante persone.

Un concetto simile può essere utilizzato per chi si alimenta mentre guarda la televisione. Sia che ci sia una persona che chiacchiera con noi al nostro tavolo, sia che la nostra attenzione venga rivolta allo schermo televisivo, riceveremo una distrazione dai segnali di sazietà e, poiché non avvertiremo il segnale che ci dovrà far smettere di mangiare, continueremo a farlo e ingeriremo così più cibo di quanto ci serva. L'effetto di questi tipi di distrazione sulla bilancia fame/sazietà è stato riscontrato anche in un esperimento[10] fatto su dei ragazzi che giocavano al computer mentre mangiavano. Rispetto a quelli che non erano impegnati in altri compiti, i giovani che erano distratti dall'attività davanti al pc mangiavano di più.

Mangiare senza cervello

A volte riusciamo a consumare del cibo senza rendercene completamente conto, come se in quel momento fossimo assenti o momentaneamente *deconnessi*. Alcuni esperti hanno denominato questa condizione *mindless eating* ovvero *mangiare senza cervello*. Spesso chi cade in questa condizione ha la propria attenzione focalizzata

[10] Brunstrom J.M., Mitchell G.L. (2006), «Effects of Distraction on the Development of Satiety», in *Br. J. Nutr.*, October; 96(4): 761-769.

su qualcos'altro che non è il cibo, come accade mentre passeggiamo per strada, aspettiamo l'autobus, guardiamo la televisione o un film al cinema.

In generale, quando ci alimentiamo e siamo al contempo distratti abbiamo una consapevolezza di ciò che stiamo consumando scarsa o assente e conserviamo un ricordo poco chiaro di ciò che abbiamo un po' inconsapevolmente ingurgitato.

I soggetti a dieta inoltre, quando sono deconcentrati o sovrappensiero, cioè non appena abbassano la guardia sulla loro alimentazione, hanno la tendenza a mangiare in eccesso.

Questa condizione di *mindless eating* potrebbe essere sfruttata come strategia per promuovere cibi salutari nei bambini che, quando sono assorti davanti alla televisione, potrebbero essere così spinti a consumare, invece delle solite merendine e patatine, alimenti come frutta e verdura.

Il Messaggio schizofrenico

L'esposizione ai messaggi pubblicitari sul cibo può avere un effetto diretto sulle nostre abitudini alimentari. Specialmente i bambini possono essere molto vulnerabili all'effetto degli stimoli esterni[11] perché il loro sistema inibitorio non è ancora completamente maturo. I messaggi commerciali che pubblicizzano cibo e bevande sono sovrabbondanti, e possono indirizzare il consumo di qualsiasi leccornia disponibile tra i più piccoli indipendentemente dalla loro marca.

Un recente studio ha dimostrato come la frequente esposizione dei bambini a messaggi commerciali relativi a prodotti alimentari li spingeva a mangiare di più. Altri studi hanno dimostrato che piccoli gruppi di bambini mangiavano di più dopo essere stati esposti a messaggi commerciali che pubblicizzavano cibi direttamente rivolti a loro. In un altro studio dimostravano di mangiare di più davanti alla televisione, soprattutto mentre ascoltavano spot alimentari.

In precedenza, diversi studi avevano evidenziato che i ragazzi, e specialmente le ragazze, a un'età molto precoce hanno uno specifico

[11] Anschutz D.J. et al. (2010), «Maternal Encouragement to be Thin Moderates the Effect of Commercials on Children's Snack Food Intake», in *Appetite*, August; 55(1): 117-123.

ideale relativo alla magrezza e alla dieta da seguire, e indicano che i mass media sono un'importante fonte di informazione riguardo le strategie di dimagrimento.

Forse l'esposizione ai messaggi commerciali che promuovono cibi dietetici porta a una restrizione dell'introito di cibo nei bambini, ma a riguardo non si sa ancora niente di certo. È certamente importante migliorare la nostra comprensione riguardo l'esordio di particolari regimi dietetici perché il comportamento restrittivo in un'età molto precoce potrebbe predire un futuro di disturbi della condotta alimentare o di sovrappeso. È comunque anche possibile che i bambini non siano ancora in grado di distinguere i messaggi commerciali riguardo ai cibi dietetici da quelli non dietetici.

Un recente studio condotto su 1192 bambini dagli 8 ai 16 anni[12] ha messo in evidenza che una permanenza davanti alla televisione compresa fra un'ora e oltre 2 ore al giorno era associata, sia per i ragazzi che per le ragazze, a cibi poco salutari e a variazioni delle abitudini alimentari. Maggiore era il tempo che i ragazzi trascorrevano davanti alla televisione, più erano qualitativamente scadenti le loro preferenze alimentari e l'organizzazione della loro alimentazione. Se le ragazze riuscivano a esercitare un maggiore controllo sulle rispettive scelte alimentari, i maschi venivano invece più intensamente influenzati dalla propaganda televisiva. I cibi consumati erano soprattutto patatine fritte, bibite gassate, hamburger e merendine al cioccolato. Frutta, verdura e insalata erano invece molto poco considerati.

L'alimentazione dei bambini

I bambini tra 7 e 11 anni hanno una buona comprensione della differenza tra cibi salutari (le verdure) e non salutari (le caramelle) e sono molto influenzati dal gusto e dalle loro preferenze alimentari quando devono classificare i cibi. Quando gli alimenti hanno una composizione nutrizionale complessa o quando le informazioni che vengono date sono conflittuali, è difficile fornire un'adeguata classificazione di valore dei cibi che può rivelarsi troppo complicata per

[12] Hare-Bruun H. et al. (2011), «Television Viewing, Food Preferences, and Food Habits among Children: a Prospective Epidemiological Study», in *BMC Public Health.*, May 13; 11: 311.

bambini di quest'età. Poiché passano la maggior parte del tempo con la loro famiglia, i genitori sono considerati un importante modello per i bambini, che da questi imparano il modo di comportarsi, la scala dei valori e le regole di vita.

I bimbi delle scuole primarie sono fortemente influenzati dalle abitudini e dalle preferenze alimentari dei genitori. È stato dimostrato come i suggerimenti materni, più o meno volontari, siano associati a un più elevato livello di disciplina alimentare del piccolo.

In sintesi, l'incoraggiamento materno a essere magri rende i bambini più vulnerabili agli effetti dei messaggi televisivi, specialmente per i cibi light e per i cibi dietetici che sembrano incrementare il consumo di snack. Se da una parte questo meccanismo di sensibilizzazione famigliare potrebbe spingere i bambini a una maggiore attenzione alimentare prevenendo l'incremento del peso e i rischi di obesità, dall'altra è comunque importante comunicare correttamente con i più piccoli: recenti dati[13] indicano che non vanno sottovalutati i rischi di affermazioni come «Se sei magro sei sano» o «Mangia meglio e poco così sarai più bello», poiché potrebbero avere sui bimbi esposti a messaggi commerciali che stimolano al consumo di cibo un effetto contrario.

Il cioccolato

«Consumo almeno 2 barrette di cioccolato al latte al giorno, e ne tengo sempre una terza in caso mi venisse voglia di mangiarne ancora», spiega Carlotta, 26 anni, normopeso.

Carlotta è una studentessa universitaria d'ingegneria, dice di non avere particolari problemi di stress causati né dal suo percorso di studi né dalla famiglia. Ha un'alimentazione regolare a base di pasta, carne, pesce, verdura e frutta. «Il mio unico punto debole è il cioccolato», sottolinea. Sono centinaia e centinaia le persone che, come Carlotta, non riescono a rinunciare ad almeno un cioccolatino al giorno. Non è un caso che il cioccolato sia da sempre considerato come l'alimento goloso per eccellenza.

[13] Anschutz D.J. et al. (2010), «Maternal Encouragement to be Thin Moderates the Effect of Commercials on Children's Snack Food Intake», in *Appetite*, August; 55(1): 117-23.

Craving e addiction

Se intendiamo il *craving* per il cioccolato come una spinta intensa e ripetuta tesa a raggiungere la sostanza desiderata, questo sembra essere molto diffuso: è presente nel 40 per cento delle donne e nel 15 per cento dei maschi. Ben il 75 per cento degli intervistati afferma poi che non ci sono altre sostanze in grado di appagare in modo uguale il proprio desiderio.
Spesso, però, il termine *addiction* viene usato in maniera impropria per descrivere questo *craving*. L'*addiction* è un concetto complesso che include diversi elementi, e sono numerosi gli studiosi che non sono d'accordo sulla sua applicabilità per il *craving* nei confronti del cioccolato. Nonostante questo, non sono rari i casi di persone che mangiano il cioccolato di nascosto o fanno abbuffate come altri potrebbero abusare di droghe o di alcol. Questo tipo di soggetti mostrano anche un elevato senso di benessere durante il consumo, e ammettono che la loro passione per il cioccolato interferisce nella loro quotidianità, interrompendo i pensieri e le azioni, ma anche influenzando il tono dell'umore.
Il cioccolato contiene grandi quantità di grassi e di zucchero. I grassi (burro di cacao) si sciolgono alla temperatura del corpo, e questo contribuisce in generale all'esperienza piacevole di gusto all'interno del cavo orale. Poiché il cioccolato è generalmente consumato in una forma molto dolce, è stato ipotizzato che la sua predilezione potesse essere confusa con l'attrazione verso lo zucchero. In realtà, però, è stato dimostrato che esiste un *craving* specifico per il cacao indipendentemente da quello generale per i cibi dolci.

Cibo o droga?

Il richiamo edonico del cioccolato con le sue caratteristiche di consistenza, aroma, grasso e zuccherosità è alla base della sua capacità di determinare il *craving*. Esistono però altre caratteristiche del cioccolato che possono essere ugualmente importanti per giustificare lo smodato desiderio che genera in alcune persone. In questi anni, gli studiosi hanno isolato i quattro temi generali che sono emersi durante gli studi sul cioccolato: le caratteristiche chimiche e sensoriali; gli effetti psicofarmacologici propri o dei suoi costituenti attivi (gli effetti che il cioccolato, come qualsiasi sostanza chimica attiva sul sistema nervoso centrale, ha sul cervello); l'utilizzo come automedicazione nei deficit nutritivi; l'associazione del *craving* per il cioccolato a particolari variazioni ormonali, riconducibili nelle donne a specifici periodi, come il ciclo mestruale o la gravidanza.

Sorgono spontanee diverse domande: il cioccolato ha semplicemente delle proprietà sensoriali sul gusto o i suoi effetti sono più complessi? Si può classificare il cioccolato come un farmaco? Si può essere dipendenti dal cioccolato?

Molti hanno argomentato che il cioccolato contiene degli elementi biologicamente attivi che possono dare dipendenza. Altri che il cioccolato è utilizzato come una forma di automedicazione in caso di deficit alimentari, come per il magnesio, o per bilanciare bassi livelli di neurotrasmettitori. Per quanto gli studi attualmente siano ancora controversi, è certo che il cioccolato abbia un ruolo particolare nella correlazione tra scelta del cibo e umore.

Componenti farmacologici

Il cioccolato contiene molti agenti farmacologici, alcuni dei quali possono evocare sensazioni fisiche o psichiche e possono essere responsabili del suo tanto diffuso *craving*.

Fra i componenti del cioccolato si trovano le amine biogene, che sono la tiramina e fenil-etil-amina (PEA), sostanze che si trovano anche in numerosi altri cibi, come formaggi e salse. Nel cioccolato sono presenti anche le metilxantine, un altro gruppo di sostanze rappresentate dalla caffeina – che si ritrova anche nel caffè – e dalla teobromina, presente nelle foglie di tè; nel cacao si trovano, in combinazione, sia caffeina che teobromina.

Il cioccolato contiene, inoltre, una sostanza chimicamente e farmacologicamente simile all'anandamide. L'*anandamide* (letteralmente «beatitudine interiore») è una lipoproteina endogena (prodotta dall'organismo) che si lega nel cervello agli stessi recettori cui si lega il tetraidrocannabinolo (THC), il principale metabolita attivo dei cannabinoidi.

I cannabinoidi sono sostanze chimiche contenute nella Canapa Indiana e utilizzate sotto forma di infiorescenze secche, come marijuana, o di resina, come hashish. L'*anandamide* è prodotta e rilasciata dalle cellule del cervello e probabilmente esercita un ruolo nel controllo di alcune funzioni come il movimento, la memoria e l'umore. La sua attività incrementa l'attività del sistema di Reward (vedi box a p. 107), potenziando l'attività del sistema dopaminergico. La sostanza presente nel cioccolato può interferire con i recettori per i cannabinoidi sia legandosi direttamente a questi, e quindi stimolandoli, sia aumentando indirettamente l'*anandamide* interna. Ciò sembra essere alla base dei meccanismi che scatenano il *craving*, insieme agli altri costituenti del cioccolato come la caffeina, e che sono in grado di generare un profondo senso di benessere. Non tutti gli studiosi sono però d'accordo nell'affermare che le sostanze contenute nel cioccolato e simili all'*anandamide* siano presenti in quantità sufficiente a dare evidenti effetti neurochimici.

Cioccolato e umore

Il cioccolato è un cibo molto amato e la gente spesso riferisce di mangiarne in grandi quantità durante i periodi di stress. Anche per questo, gli studiosi sovente scelgono cioccolato e cibi a base di cioccolato nelle ricerche per la valutazione dei disturbi dell'umore. Comunemente si ritiene che siano le sostanze psicoattive contenute nel cioccolato le responsabili del suo effetto sull'umore, per quanto sia le quantità sia le disponibilità di questi composti appaiano troppo basse per modificare in modo sostanziale l'umore. In ogni caso, recentemente è stato dimostrato che una certa attività nel migliorare l'umore, tanto dal punto di vista energetico quanto dal punto di vista del piacere provato, possano averlo le metil-xantine contenute nel cioccolato: la caffeina e la teobromina.

Secondo altre ipotesi, il cioccolato potrebbe migliorare l'umore grazie anche al suo elevato tenore di grassi e di zucchero, in grado di attivare le vie di Reward che utilizzano come neurotrasmettitore gli oppioidi endogeni e la dopamina (vedi box a p. 107). Inoltre, il cioccolato ha un basso tenore di proteine e così, se mangiato in quantità sufficienti e a stomaco vuoto, potrebbe verosimilmente migliorare l'umore attraverso l'incremento della sintesi del neurotrasmettitore cerebrale serotonina.

Diverso è il discorso per tutti quelli che considerano il cioccolato come una pericolosa tentazione in grado di minacciare il controllo del peso; in questi soggetti mangiare praline, barrette di cacao o anche solo bere un sorso di cioccolata calda può dare conseguenze negative per l'umore.

In un recente studio,[14] un gruppo di pazienti con un disturbo dell'umore, amanti del cioccolato e a dieta, riferivano di essere di pessimo umore prima di mangiare il cibo oggetto delle loro attenzioni e di sentirsi in colpa dopo averlo consumato. La situazione di disagio provata dal gruppo di persone che soffrivano di disturbo dell'umore era molto più incisiva rispetto a quella del gruppo di controllo, in cui il disagio era ridotto al minimo.
L'umore depresso è abbastanza frequente tra i soggetti che hanno *craving* per il cioccolato. Queste persone hanno anche un'elevata tendenza all'alimentazione emotiva, che abbiamo ampiamente trattato nei capitoli precedenti. Alcuni studiosi hanno giustificato il consumo di cioccolato durante gli episodi depressivi con l'incremento dei livelli di triptofano, dalla cui metabolizzazione viene prodotta la serotonina, neurotrasmettitore in grado di migliorare il tono dell'umore.
La critica a quest'ipotesi è che tutti i carboidrati con un alto indice glicemico potrebbero essere ugualmente efficaci nel produrre la sintesi della serotonina, migliorando così l'umore e divenendo a loro volta oggetto di *craving*. Ciò, però, non è sempre vero.

L'Automedicazione

Il cioccolato possiede anche una funzione di auto-medicazione. Ogni barretta da 100 grammi vanta infatti un'elevatissima concentrazione di magnesio, da 150 a 500 mg, e per questo coloro che soffrono di deficit di magnesio – come le donne in fase premestruale – ne fanno abbondante uso. Inoltre il consumo del cioccolato può contribuire all'equilibrio di alcuni neurotrasmettitori coinvolti nella regolazione dell'appetito, della fame, dell'umore o dei comportamenti da dipendenza.

Meccanismi ormonali

Fra le donne, il consumo del cioccolato viene influenzato anche dai livelli ormonali. In gruppi di donne con e senza sindrome premestruale è stato dimostrato che nella fase precedente le mestruazioni aumentano la frequenza e l'intensità del *craving* per cibi molto gratificanti, dolci e alimenti ad elevato conte-

[14] Akana S.F. et al. (2003), «Chronic Stress and Obesity: a New View of "Comfort Food"», in *Proc. Natl. Acad. Sci. USA*, September 30; 100(20): 11696-11701.

nuto di grassi. Alcuni studi[15] hanno suggerito un legame tra tra il desiderio di cioccolato e ciclo mestruale. Il 32 per cento delle donne riferiva un'associazione tra il ciclo mestruale e un aumentato desiderio di cioccolato. Il *craving* per il cioccolato tende a toccare i suoi picchi proprio prima delle mestruazioni, quando i livelli di estrogeni sono bassi e quelli di progesterone sono invece elevati.

È stato suggerito che il rapporto tra estrogeni e progesterone può modulare il desiderio di cibo sia direttamente che indirettamente. Il progesterone favorisce l'immagazzinamento del grasso e il *craving* per i cibi grassi, mentre gli estrogeni promuovono invece la mobilizzazione dei depositi grassi e fanno aumentare le concentrazioni degli acidi grassi liberi, che vengono resi disponibili all'uso come carburante metabolico. Allo stesso tempo, inibiscono l'assunzione di grassi alimentari. Gli estrogeni hanno anche un'influenza sulla noradrenalina, dopamina e serotonina che controllano il comportamento alimentare e la regolazione dell'appetito.

Una ricerca focalizzata sui peptidi cerebrali ha fornito una spiegazione supplementare per l'incremento del desiderio di cibo in fase premestruale. Due peptidi cerebrali, la galanina e il neuro peptide Y, che sono coinvolti nel meccanismo del comportamento alimentare e nel *craving* per il cibo, determinano con la loro azione un incremento dell'ingestione di grassi e carboidrati. Le fluttuazioni ormonali determinate mensilmente dal ciclo mestruale alterano i livelli di galanina e neuro peptide Y, che in fase premestruale diventano molto elevati. L'elevazione dei due protidi è probabilmente determinata dall'incremento del progesterone che a sua volta giustifica l'appetito fortissimo verso il cioccolato in fase premestruale.

Il cioccolatismo

Amare troppo il cioccolato ha una deriva patologica. Si tratta del cioccolatismo, termine introdotto agli inizi degli anni Novanta per descrivere sia lo stimolo continuo a mangiare cioccolato, che la necessità di assumere cioccolato per sentirsi meglio.

[15] Elston D., Weingarten HP (1991), «Food Cravings in a College Population», in *Appetite*, December, 17(3): 167-175.

Chi è affetto da cioccolatismo mangia circa 12 barrette di cioccolato la settimana, lo assume per 6 giorni la settimana ed è spesso affetto da altre forme di disturbi della condotta alimentare.
In conclusione, sebbene sia diffusamente ritenuto che il cioccolato innalzi l'umore, non sono univoci i risultati degli studi che dovrebbero dimostrarlo. Spesso mangiare cioccolato ci dà un senso di gioia, anche se la sua assunzione è seguita, specie nel sesso femminile, da un senso di colpa.

La caffeina

La caffeina fa parte di un gruppo di composti molto comuni in natura chiamati metilxantine, che risultano di fondamentale importanza nel metabolismo energetico e replicativo della cellula.
Le proprietà farmacologiche delle metilxantine più importanti – la caffeina, la teofillina e la teobromina – sono pressoché identiche, anche se i tre composti sono dotati di differente potenza: la più potente è la teofillina (contenuta prevalentemente nel tè), seguita dalla caffeina (contenuta maggiormente nel caffè) e, poi, dalla teobromina (contenuta nel cacao).
La caffeina è assorbita dal tratto gastrointestinale entro 90 minuti dalla sua assunzione e raggiunge uniformemente tutti i distretti dell'organismo, compreso il cervello. È veicolata per il 60 per cento da specifiche proteine, grazie alle quali attraversa facilmente la barriera ematoencefalica e la placenta. Ha un'emivita di circa 2,5/4,5 ore nell'adulto, che si prolunga notevolmente nel bambino e nell'anziano a causa dell'immaturità (nel primo caso) o del ridotto funzionamento (nel secondo) del sistema enzimatico. È sottoposta a un metabolismo in parte epatico, in parte renale. Vari fattori possono modificarne l'emivita, in particolare lo stato di gravidanza. L'alcol o alcuni farmaci, come i contraccettivi, tendono a prolungarla, mentre il fumo la diminuisce poiché accelera il metabolismo epatico.

Effetti positivi e negativi

Le metilxantine possono interferire con numerosi sistemi di neurotrasmissione, in particolare sono state evidenziate alterazioni nella trasmissione serotoninergica in associazione a periodi di astinenza da caffeina. Gli effetti della caffeina si manifestano con azione stimolante sul Sistema Nervoso Centrale, sull'apparato cardiovascolare, sul rilascio delle catecolamine, sulla sintesi acida a livello gastrico e sul metabolismo in generale. Inoltre, la caffeina interferisce con l'azione di vari neurotrasmettitori quali serotonina, catecolamine, dopamina e alcuni aminoacidi.

Gli effetti psicotropi sono controversi poiché dosi minori di 500 mg producono sensazioni piacevoli, con aumento dello stato di veglia, di allerta, della capacità di concentrazione e con miglioramento generico dell'efficienza fisica e mentale. Al contrario, dosi maggiori inducono agitazione, tremori, nausea, irrequietezza, performance discontinua e diuresi discontrollata.

Questo perché la caffeina, dotata di un grado di lipofilia maggiore dei suoi metaboliti, può attraversare la barriera ematoencefalica più facilmente e causare l'inibizione dei recettori benzodiazepinici.

Sulla muscolatura scheletrica la caffeina ha effetto contrattile, stimolando il rilascio di Ca_2: per questa sua azione è usata nel protocollo europeo per la diagnosi dell'ipertemia maligna, grave sindrome farmacogenetica.

La stimolazione di recettori analoghi (RgR_2) presenti a livello cardiaco, e la contemporanea inibizione della fosfodiesterasi, giustificano l'azione cardiostimolante, che ad alte dosi può causare però aritmie, tachicardia e fibrillazione ventricolare.

Caffeina e paraxantina sono in grado influenzare la pressione arteriosa. Per ogni tazza di caffè la pressione sistolica aumenta di 0.8 mmHg, mentre quella diastolica di 0.5 mmHg. Ed è per questo che la caffeina viene impiegata contro l'emicrania per facilitare l'assorbimento e potenziare l'attività dell'ergotamina, che induce vasocostrizione e riduzione del flusso sanguigno extracranico, coinvolgendo i ricettori serotoninergici.

Ulteriore conseguenza è l'effetto antidolorifico. La caffeina è in grado di attivare le vie noradrenergiche, che svolgono azione soppressiva sul dolore, e di stimolare il sistema nervoso riducendo la componente affettiva nell'elaborazione della stimolazione. Infine, stimola la secrezione acida a livello gastrico per azione sui recettori H2: per questo motivo andrebbe evitata nei soggetti predisposti all'ulcera.

Nuove scoperte

Secondo recenti dati, la caffeina risulterebbe protettiva nei confronti di malattie neurodegenerative, come la malattia di Alzheimer e di Parkinson. Agisce infatti sia a livello della barriera ematoencefalica, sia producendo una riduzione della beta amiloide, proteina che tende ad accumularsi a livello cerebrale nell'Alzheimer.
Inoltre, è noto che la caffeina può indurre nell'uomo fenomeni di tolleranza, generando quindi la necessità di aumentarne le dosi in modo da ottenere gli stessi effetti.
Può altresì generare fenomeni di dipendenza, che comunque si sono rivelati essere di tipo soprattutto psicologico, poiché – al contrario di quanto avviene nelle aree del cervello che mediano l'ansia, l'attenzione e la vigilanza, così come nelle aree che controllano la funzione cardiovascolare – non esistono differenze significative nella perfusione delle aree cerebrali coinvolte nei meccanismi del rinforzo e della gratificazione.

L'Alcol

L'alcol è una molecola formata da una parte idrofila e da una parte lipofila, per cui si distribuisce a tutti i distretti corporei e attraversa facilmente la barriera ematoencefalica e la placenta. Il 90-95 per cento della quantità di alcol assunta viene metabolizzata a livello epatico, la rimanente parte a livello del tratto digerente (in particolare nello stomaco), del rene, dei polmoni e dei muscoli.

Alla base della dipendenza

Studi più recenti, condotti mediante l'applicazione di tecniche di tipo genetico, hanno chiarito che in vivo gli effetti dell'etanolo sulle caratteristiche fisiche della membrana possono essere presi in considerazione esclusivamente per spiegare gli effetti acuti della sostanza.
In seguito ad assunzione cronica si verifica invece un adattamento della membrana all'azione dell'etanolo, e a questo meccanismo potrebbe essere associato lo sviluppo del fenomeno della tolleranza.

Ultime evidenze

Il cervello è uno tra i principali bersagli delle azioni dell'alcol. L'abuso di alcol può infatti portare ad alterazioni della struttura e delle funzioni cerebrali e, in molti casi, alla neurodegenerazione. Studi clinici e sperimentali hanno dimostrato che il cervello in fase di sviluppo è molto vulnerabile all'azione dell'alcol, e soprattutto l'uso di alcol durante la gestazione può portare a una serie di difetti fisici, comportamentali e intellettivi.

Di recente si è visto che l'adolescenza rappresenta una fase importante della maturazione cerebrale: studi condotti mediante Imaging in Risonanza Magnetica hanno infatti dimostrato che si verificano drammatici cambiamenti delle componenti sia corticali sia sottocorticali, come variazioni degli spazi corticali secondario e terziario, che non comprendono solo le cortecce temporale, parietale e prefrontale, ma anche strutture-chiave sottocorticali, come il lobo temporale mediale, che include amigdala, ippocampo e strutture ad alta densità di recettori steroidei. In modo particolare, dall'adolescenza alla giovane età adulta si verifica una progressiva riduzione di volume della PFC (corteccia prefrontale), che si associa a un miglioramento dei circuiti neurali e della connettività. Per esempio, si osserva una perdita di sinapsi, specialmente glutammatergiche, verso la PFC, mentre gli stimoli dopaminergici e serotoninergici aumentano in tale periodo per poi diminuire più tardi.

Questi processi plastici e dinamici guidano lo sviluppo cerebrale dell'adolescente, creando la flessibilità che permette al cervello di ridefinirsi, specializzarsi, e formare le proprie funzioni in risposta a specifiche domande. Forti evidenze hanno mostrato che il cervello in sviluppo è molto vulnerabile agli effetti dannosi dell'etanolo. È possibile affermare, dunque, che l'esposizione all'alcol durante gli stadi critici di sviluppo adolescenziale può interferire con la plasticità cerebrale e avere un impatto negativo nei confronti dei processi di maturazione, causando gravi conseguenze cognitive e comportamentali a breve e a lungo termine.

Tuttavia, gli effetti dell'alcol sul cervello non sono uniformi: alcune aree o popolazioni di cellule cerebrali risultano più vulnerabili di altre agli effetti della sostanza. Ad esempio sono colpite le aree coinvolte nei processi di memoria e apprendi-

mento, come l'ippocampo e la PFC (volumi ippocampali minori negli adolescenti che iniziano a bere prima rispetto a coloro che iniziano più tardi). Alcuni meccanismi coinvolti nella genesi delle alterazioni sono comuni per il cervello adulto e in fase di sviluppo, altri invece dipendono dallo stadio di maturazione. In generale, si può affermare che l'alcol è in grado di danneggiare specifiche aree cerebrali tramite meccanismi che comprendono emotossicità, formazione di radicali liberi e danno neuroinfiammatorio risultante dall'attivazione del sistema immunitario.
Questi meccanismi potrebbero sottolineare l'ampia varietà di effetti indotti dal consumo di etanolo; inoltre, i cambiamenti neuro adattativi che affliggono i sistemi di neurotrasmissione risultano più sensibili agli effetti acuti dell'alcol piuttosto che a un consumo a lungo termine. Il mancato adattamento nel sistema mesolimbico dopaminergico indotto dall'alcol – ma anche le variazioni di plasticità anomale nelle aree cerebrali coinvolte nel meccanismo della gratificazione, nonché i fattori genetici ed epigenetici – può contribuire al rinforzo indotto dall'alcol e, quindi, alla dipendenza.

Influenze genetiche ed epigenetiche

Nonostante l'identificazione di diversi geni in grado di influenzare il rischio di sviluppare una dipendenza da uso di alcol, le basi genetiche dell'alcolismo restano ampiamente sconosciute. In particolare, il meccanismo d'azione o la comprensione della fisiologia di alcuni geni, così come le interazioni gene-ambiente, non si conoscono a sufficienza.
Evidenze sperimentali hanno dimostrato modificazioni epigenetiche nella dipendenza da alcol. Questi studi hanno scoperto nuovi marker conseguenza di modificazioni della cromatina nel cervello di soggetti alcolisti.

La sindrome feto-alcolica

La sindrome alcolico fetale (*Fetal Alcohol Syndrome*, FAS) è la più grave delle patologie del feto indotte dal consumo di alcol durante la gravidanza.
A parità di statura, il corpo delle donne contiene una minore percentuale di acqua rispetto agli uomini, per cui, dopo aver

bevuto un uguale quantitativo di una bevanda alcolica, la concentrazione di alcol nel sangue delle donne è maggiore rispetto a quella degli uomini. I tempi di eliminazione dell'alcol, già lunghi nella donna, sono per il feto ancora più dilatati. Se una donna incinta consuma bevande alcoliche, l'alcol e, soprattutto, l'acetaldeide (prodotto della metabolizzazione dell'alcol) giungono direttamente nel sangue del nascituro attraverso la placenta. Il feto, non essendo in grado di metabolizzare l'alcol come un adulto, viene di conseguenza esposto più a lungo ai suoi effetti nocivi.

Le donne fertili, sessualmente attive, che consumano più di sette bevande alcoliche a settimana e non usano contraccettivi efficaci, rischiano una gravidanza esposta all'alcol e di dare alla luce un bambino con deficit intellettivi, cognitivi e psicosociali. La probabilità di danneggiare il feto aumenta proporzionalmente al consumo di alcol da parte della madre: ad alto rischio sono i bambini la cui madre ha consumato almeno 80 grammi di alcol puro al giorno. Tuttavia anche l'assunzione abbondante, ma sporadica, di alcol rappresenta un pericolo per il feto, poiché tale consumo può influire sul suo sviluppo in ogni momento della gravidanza.

Il rischio di partorire un bambino con sintomi della sindrome fetale alcolica (FAS) è stimato attorno al 30-40 per cento delle gestanti con un forte consumo di alcol in gravidanza. Attualmente non è nota la ragione della diversa suscettibilità dei bambini agli effetti dell'alcol, ma è ragionevole pensare che la diversa risposta del feto sia dovuta alla combinazione di abuso di alcol, fattori genetici, deficit nutrizionali, fumo e/o abuso di droghe.

I fattori che sembrano concorrere maggiormente alla formazione dei danni pre e postnatali specifici sono la quantità di alcol consumato durante la gravidanza, la tipologia del consumo di alcol (cronico o occasionale), l'intensità dell'esposizione, l'interazione con altre sostanze (tabacco, droghe, medicinali), ma anche una predisposizione genetica e più in generale le condizioni di vita della madre.

I bambini affetti da FAS manifestano peculiarità fisiche specifiche, soprattutto della testa e del volto. Segni caratteristici nel viso sono pieghe agli angoli degli occhi, fessure oculari strette, strabismo, naso corto e piatto, labbro superiore sottile e vermi-

glio, solco naso-labiale allungato e piatto, fronte lunga e stretta, ipoplasia mascellare e mandibolare. Le anomalie oculari che si osservano nei bambini affetti da FAS indicano che gli occhi sono particolarmente sensibili all'alcol durante la fase dello sviluppo: ai segni visibili si associano ipoplasia del nervo ottico, aumentata tortuosità dei vasellini retinici e capacità visive ridotte.
Anche il sistema scheletrico subisce le conseguenze dell'esposizione all'alcol. La FAS solitamente viene diagnosticata tardi nell'infanzia, sebbene la diagnosi precoce risulti fondamentale.
La FAS è un'affezione invalidante permanente che debilita l'individuo sia a livello mentale che fisico, tuttavia è una sindrome prevenibile al 100 per cento se si evita di assumere alcolici in gravidanza.

Conclusioni

Il cibo può essere consumato molto velocemente, ma questa modalità di assunzione, insieme alla condizione di distrazione dell'attenzione durante l'atto del mangiare, indebolisce la capacità dell'organismo di regolare a livelli fisiologici l'assunzione del cibo. Questi due elementi del comportamento alimentare operano attraverso la perdita o la riduzione della sincronia tra la condizione di ripienezza e i messaggeri che devono comunicare al cervello tale condizione per sospendere l'assunzione di cibo. La conseguenza è l'iperalimentazione.

Sappiamo che non tutte le persone sono influenzate allo stesso modo dall'ambiente. Alcuni soggetti con un profilo genetico particolare riescono infatti senza fatica a tenere il bilancio energetico in equilibrio anche all'interno di un ambiente che spingerebbe verso il sovrappeso e l'obesità.

Durante gli ultimi decenni, la trasformazione delle fonti di approvvigionamento alimentare ha prodotto dei cibi che sono tanto facili da trovare, quanto veloci e convenienti da mangiare.

Ormai ci alimentiamo non solo a colazione, pranzo e a cena, ma anche mentre guardiamo la televisione o un film al cinema, quando siamo seduti in macchina o mentre passeggiamo per strada. Alcune pubblicità mandate in onda su una televisione olandese promuovevano addirittura cibi da consumare sotto la doccia.

L'abbondanza di stimoli a mangiare nella nostra società ci spinge ad assumere cibo anche in assenza di fame o mentre siamo distratti, e quindi quando i nostri segnali di sazietà vengono percepiti in ritardo. La maggior parte degli effetti di un eccessivo introito calorico provengono da cibi a elevato tenore energetico, bevande zuccherine, cibi raffinati a basso contenuto di fibre, ma anche da un'alimentazione che non conosce orari, luoghi prestabiliti (sala da pranzo, mensa di lavoro, refettorio scolastico, cucina) e moderazione nelle quantità. Porzioni sovrabbondanti, particolare appetibilità del cibo e velocità d'assunzione sono altri tre fattori che hanno come punto di arrivo l'obesità. Una grande sfida per l'industria alimentare nell'interesse della società sarebbe quella di progettare alimenti piacevoli, ma capaci di produrre una sensazione di sazietà abbastanza precoce per prevenire la sovralimentazione o per dare un senso di sazietà così lungo e forte da ritardare il pasto o lo spuntino successivo.

VI
Drogati di cibo

Esistono dipendenze chimiche legate all'uso di oppiacei (morfina ed eroina), psicostimolanti (cocaina e amfetamine), cannabinoidi (hashish e marijuana), nicotina o alcol.

Esistono poi dipendenze non chimiche come quelle legate al gioco d'azzardo patologico, all'esercizio fisico, alla navigazione su Internet, allo shopping, al sesso o al lavoro compulsivo.

Esiste infine una forma di dipendenza legata al cibo che, forse più di ogni altra, riguarda in modo più o meno diretto molti di noi. Nel corso di questo capitolo cercheremo di capire questo e altri argomenti correlati.

Dal punto di vista comportamentale come da quello neurobiologico, i dati scientifici in nostro possesso supportano la tesi che il cibo può indurre nell'uomo una condizione simile alle altre dipendenze. Le caratteristiche che connotano alcuni tipi di comportamento alimentare, infatti, ricalcano quelle tipiche di chi abusa di altre sostanze. In questi casi, la condotta del paziente è scandita da una sorta di rituale sempre uguale a se stesso: tutto scaturisce dall'idea di una compulsione, ovvero dalla necessità di compiere un determinato atto e, allo stesso tempo, dalla consapevolezza di essere incapaci di resistere a quest'impulso (compulsività). In seguito, compare una tensione emotiva crescente, tipica del momento che precede l'inizio dell'atto compulsivo (*craving*); il passo seguente è lo svolgimento di tale atto, con la tensione che si allenta progressivamente mentre viene raggiunto l'appagamento.

La conclusione del rituale è caratterizzata dalla consapevolezza di aver perso, ancora una volta, il controllo. La ripetizione ciclica di questo comportamento, nonostante le evidenti conseguenze negative, rappresenta l'elemento che collega la storia della vita del paziente alla sua dipendenza.

Numerosi studi di neurochimica hanno messo in risalto le similitudini che intercorrono tra *dipendenza da cibo* e *dipendenza da droghe*. L'uso di cocaina determina il rilascio di dopamina nei nuclei striati nel cervello: è stato dimostrato che lo stesso fenomeno accade anche dopo aver ingerito del cibo. I soggetti che consumano droghe presentano una ridotta sensibilità dei sistemi dopaminergici, la stessa che è stata riscontrata anche negli individui obesi.

La misurazione della densità dei recettori per la dopamina nelle zone del cervello che utilizzano questo neurotrasmettitore come messaggero ha reso evidente che c'è una proporzione inversa tra numero dei recettori della dopamina e valore dell'indice di massa corporea: un elevato indice di massa corporeo, come si riscontra negli obesi, corrisponde a una bassa densità di recettori per la dopamina.

Questa sostanza è, assieme agli oppioidi endogeni, il principale neurotrasmettitore di un particolare circuito nervoso del cervello denominato *circuito di Reward* (o circuito di ricompensa), il cui compito è raccogliere stimolazioni piacevoli, come quelle derivanti dall'assunzione di alcol o dolci, e condurle a livello di coscienza.

La dopamina gioca, al pari degli oppioidi interni, un importante ruolo nel sistema che regola la percezione del piacere, lo stesso che viene coinvolto durante l'assunzione delle sostanze d'abuso.

Il sistema si attiva tanto di più quanto maggiore è la dopamina mobilizzata. Il livello di attivazione del sistema dopaminergico determinato dal cibo è sicuramente molto meno elevato rispetto a quello messo in atto dalle droghe. Tra i cibi che danno una stimolazione dopaminergica particolarmente forte troviamo al primo posto gli zuccheri. L'importanza del loro ruolo nel processo evolutivo dell'uomo, come già accennato (vedi p. 44), è legato all'alto contenuto calorico e nutrizionale di queste sostanze, che le ha rese fondamentali per la nostra sopravvivenza.

Con l'attuale abbondanza di disponibilità alimentare, nei Paesi occidentali lo zucchero ha perso la sua originaria e sostanziale valenza di alimento necessario alla sopravvivenza, per conservare esclusivamente il suo valore «formale» di cibo piacevole e appetitoso.

Oggi il mercato alimentare è caratterizzato da un'enorme offerta di cibi zuccherini destinati a invadere le nostre tavole. Una serie di patologie anche gravi per la salute dell'uomo possono trarre la loro origine proprio dal consumo di questi alimenti.

Dipendenza e dipendenze

La dipendenza da droghe è un disturbo cronico, ricorrente, che si articola in tre fasi distinte: una prima fase caratterizzata da intossicazione acuta, una seconda fase di astinenza accompagnata da stati emotivi negativi, e una terza fase di anticipazione e preoccupazione, che prepara alla successiva assunzione della sostanza. Il neuroscienziato al quale si deve la pioneristica ipotesi che il consumo di zucchero, e probabilmente di altri cibi molto appetibili, risponda alle stesse tre fasi che caratterizzano la dipendenza da droghe è stato un medico, il professore di Psichiatria della Princeton University Bartley Hoebel. Il suo lavoro è stato mirato a diffondere una maggiore consapevolezza riguardo alcuni comportamenti alimentari difficilmente comprensibili e a dare una spiegazione scientifica, anche se impopolare e controversa, del fatto che si potesse diventare dipendenti dagli alimenti di cui ci nutriamo. Tra l'altro, proprio per spiegare e divulgare i concetti base della dipendenza da cibo negli Stati Uniti, è nata una fondazione: la *Food Addiction Institute and the Refined Food Addiction Research Foundation*, nota anche come FAI. Sebbene frequentemente l'obesità e l'alimentazione con caratteristiche di dipendenza si sovrappongano, la dipendenza da cibo è incapace di spiegare tutti i casi di obesità e le situazioni di quegli individui normopeso che frequentemente ricadono in situazioni di simil-dipendenza alimentare. Benché non esista un accordo tra gli studiosi sui criteri per diagnosticare la dipendenza da cibo, è stato messo a punto un test specifico per la sua valutazione: si tratta della *Yale Food Addiction Scale* (YFAS), che troverete in appendice al libro. La YFAS, che è stata introdotta come scala per la valutazione dei comportamenti alimentari di dipendenza, ricalca i criteri con cui viene misurata la dipendenza da sostanze, misurando il grado di dipendenza alimentare. Nel dettaglio, esiste un forte sospetto di dipendenza se un individuo mangia eccessive quantità di un cibo nonostante numerosi tentativi di limitarne il consumo; se il comportamento alimentare in questione determina un'interferenza con le attività sociali e professionali e se, quando ci si astiene da quel determinato alimento, compaiono sintomi di astinenza.

Le applicazioni preliminari di questi criteri suggeriscono come l'assunzione compulsiva e incontrollabile di quantità di cibo più elevate rispetto al fabbisogno giornaliero sia fondamentale per dimostrare che i criteri diagnostici utilizzati per la dipendenza da sostanze sono validi anche per la dipendenza da cibo.

Un altro elemento che accomuna la dipendenza da sostanze con i disturbi della condotta alimentare si manifesta, nel soggetto affetto, con una preoccupazione incessante riguardo alla sostanza oggetto di dipendenza. Anche i pazienti bulimici e quelli anoressici hanno il pensiero costante su quando, come e quanto mangeranno. Ciò accade nonostante le evidenti conseguenze sul metabolismo e sul peso, che comunque il soggetto, che si illude di essere perfettamente normale, puntualmente nega. Un ulteriore elemento, dimostrato sperimentalmente negli animali e clinicamente riscontrato nell'uomo, è una forma di astinenza che insorge, nel momento in cui l'assunzione del particolare alimento è ridotta o sospesa, come condizione di malessere e provoca la ricerca compulsiva del cibo agognato.

Irresistibili tentazioni

I cibi consumati durante un'abbuffata sono sempre molto appetibili e ad alto tenore calorico, con un elevato tasso di carboidrati come pane, pasta e dolci. Inizialmente questi pasti ricchi di carboidrati migliorano la condizione psichica perché riducono la rabbia, la tensione e danno un senso di calma che dura anche per una o 2 ore dopo il pasto. Consumare ripetutamente tali cibi produce comunque un adattamento nei circuiti di Reward (vedi box a p. 107), che a loro volta producono risposte ansiose o sintomi di depressione quando tali alimenti non sono più disponibili e non vengono, quindi, più consumati.

Dopo aver tenuto per un mese un regime alimentare a elevato tenore di grassi[1] (41 per cento), un gruppo composto di uomini e donne è passato a una dieta a basso tenore di grassi (25 per cento) e alto contenuto di carboidrati. Per tutto il mese successivo, i soggetti presi in esame hanno mostrato segni di rabbia e ostilità. L'incremento dell'irritazione era il risultato sia della riduzione dei grassi nella dieta sia dello sforzo di adattarsi al nuovo regime alimentare. Nello specifico, il consumo ripetuto e frequente di cibi altamente appetibili può

[1] Ahluwalia N.S. et al. (1998), «Alterations in Mood after Changing to a Low-Fat Diet», in *Br. J. Nutr.*, January; 79(1): 23-30.

abbassare la sensibilità del circuito di Reward attraverso i meccanismi che comunemente si osservano nella dipendenza da sostanze. Negli individui obesi, come abbiamo già visto, esiste una ridotta disponibilità del recettore della dopamina rispetto ai non-obesi, in maniera proporzionalmente inversa al valore del BMI (*Body Mass Index*). Recentemente dati sperimentali hanno dimostrato come, di per sé, l'aumento del peso – o un comportamento correlato all'aumento del peso, come l'aumentato introito di cibi iperappetibili – può progressivamente ridurre la sensibilità del sistema dopaminergico e rendere necessaria nel tempo una stimolazione progressivamente più forte per riuscire a raggiungere la medesima condizione di piacere. A riguardo, Bartley Hoebel e i suoi collaboratori hanno ipotizzato che esistano sostanze che hanno maggiore capacità degli zuccheri di promuovere la dipendenza da cibo.[2]

Elementi propri della dipendenza, come segni somatici simili all'ansia, sono stati osservati in seguito alla sospensione di una soluzione zuccherina o di cibo zuccherato solido. Sono meno chiari i sintomi di astinenza che seguono la sospensione di una dieta prevalentemente formata da una miscela di grassi o da grassi e zuccheri.

Esattamente come accade con la dieta a base di zuccheri, quando i ratti ricevono l'accesso a grasso puro come quello vegetale, o a una miscela di cibo con zuccheri e grassi, sviluppano un comportamento molto simile a quello assunto nelle abbuffate tipiche del *Binge Eating Disorder*[3] (o BED, disturbo della condotta alimentare che esamineremo più approfonditamente nella seconda parte del libro). I cibi appetibili possono determinare una sensazione di piacere e dare come esito un rinforzo positivo (il soggetto tende a ripetere l'esperienza perché ha sperimentato piacere) o un rinforzo negativo (il soggetto tende a ripetere l'esperienza perché è stato rimosso uno stimolo sfavorevole). L'aumento dell'ansia e dello stress che si verificano dopo un periodo di privazione da un certo alimento non è esclusivamente una conseguenza della dipendenza da un cibo gratificante, ma anche un fattore che motiva e promuove la nuova assunzione dell'alimento. Esistono poi dei cibi che hanno in sè un vero e proprio potere tran-

[2] Avena N.M. et al. (2009), «Sugar and Fat Bingeing Have Notable Differences in Addictive-Like Behavior», in *J. Nutr.*, March; 139(3): 623-628.

[3] Charny G. et al. (2008), «Binge-Type Behavior in Rats Consuming Trans-Fat-Free Shortening», in *Physiol. Behav.*, July 5; 94(4): 627-629.

quillizzante, come nel caso del latte. Nel latte materno è, infatti, contenuta la casomorfina , una proteina che stimola a livello intestinale il sistema oppioide. Il latte contiene inoltre il triptofano, un precursore della sintesi della serotonina, che, a sua volta, ha un effetto tranquillizzante. Bere quindi un bicchiere di latte prima di andare a letto può, stimolando sia il sistema oppioide che quello serotoninergico, ridurre la latenza del sonno e facilitare la fase di addormentamento.

Circuiti di reward e sistema dopaminergico

Il piacere, inteso come il complesso delle sensazioni conseguenti all'appagamento dei bisogni, è stato ed è tuttora un elemento indispensabile per la vita e l'evoluzione dell'uomo. Tutti gli esseri viventi perseguono due finalità essenziali dal punto di vista biologico: la propria sopravvivenza e la conservazione della specie. Per raggiungere queste finalità devono essere soddisfatti alcuni istinti come la fame, la sete, il sesso e la cura della prole, che è garantita dall'esistenza di meccanismi celebrali di gratificazione. Il piacere è quindi primariamente soddisfatto dal ritrovamento del cibo, dell'acqua e del partner per l'accoppiamento. Queste istanze rappresentano gli *stimoli gratificanti primari*, così chiamati perché posseggono un'intrinseca proprietà di determinare un rinforzo positivo. La gratificazione e la motivazione sono controllate dal sistema limbico, un insieme di aree celebrali implicate nella genesi delle emozioni e nei processi di apprendimento e di memoria. I sistemi neurotrasmettitoriali che entrano in gioco nei meccanismi della gratificazione sono quello dopaminergico e quello oppioide. Il primo controlla la spinta motivazionale per la ricerca dello stimolo gratificante, il secondo media i processi di gratificazione dopo che la situazione gratificante è stata consumata.

Gli stimoli primari come il cibo, l'acqua e il sesso, oltre a possedere una proprietà gratificante, ne hanno una cognitiva responsabile di comportamenti finalizzati alla ricerca, al riconoscimento e al consumo dello stimolo primario. La capacità degli stimoli primari di esercitare effetti è sempre dipendente dalla condizione del soggetto e dalla sua passata esperienza. In seguito alla vista di uno stimolo come il cibo, la trasmissione dopaminergica varia al mutare della sua appetibilità e novità. In condizioni di normalità il sistema dopaminergico si attiva solo per cibi particolarmente gustosi o nuovi. In condizione di digiuno però lo stimolo gratificante e l'attivazione del sistema dopaminergico si può avere anche per cibi né gustosi né nuovi. Una caratteristica della trasmissione dopaminergica nel sistema limbico è la rapida tendenza all'abitudine. L'attivazione viene ripristinata solo dopo un periodo di non esposizione allo stimolo o di deprivazione dallo stesso. Questo spiega perché tutti i nuovi stimoli sono percepiti dall'uomo come maggiormente appetibili. Le sostanze d'abuso sono surrogati potentissimi degli stimoli primari e sono in grado di indurre spiccate proprietà gratificanti. In altri termini, l'esperienza con le sostanze può diventare per l'uomo un fine primario dell'esistenza al pari, se non superiore, di quelli indotti da stimoli naturali come il cibo, l'acqua e il sesso.

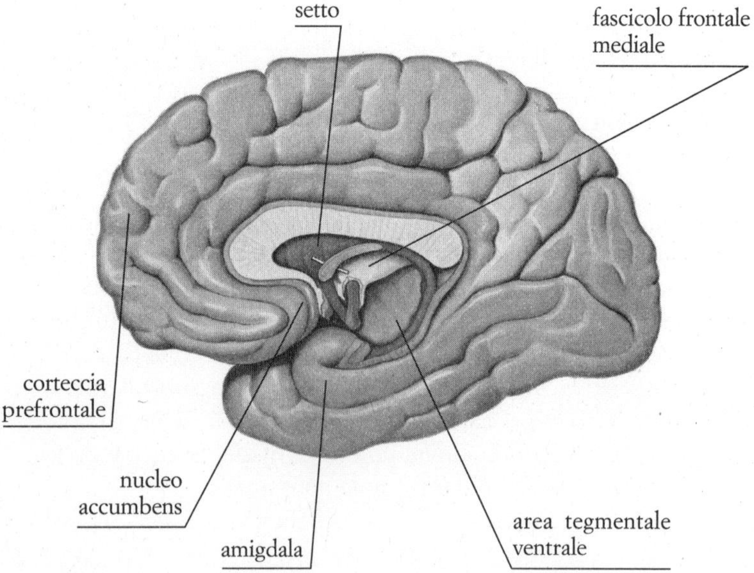

L'uomo è vulnerabile agli stimoli gratificanti in modo più o meno profondo in relazione alla struttura temperamentale e a innumerevoli altri fattori di ordine genetico e ambientale. La differente vulnerabilità determina a sua volta una gradazione di comportamenti che consentono al soggetto di mantenere il proprio controllo in quella situazione o di sperimentare un episodio di discontrollo verso quella specifica condotta. Quando qualcosa ci piace, i circuiti cerebrali di Reward si attivano e danno all'organismo la percezione della sensazione di piacere. Purtroppo, a fronte della sensazione di appagamento, da quel momento non siamo più del tutto liberi di scegliere autonomamente e, se non prendiamo coscienza della situazione che stiamo vivendo, corriamo il rischio di rimanere intrappolati.

I centri del piacere

I meccanismi che sono coinvolti nelle nostre attività piacevoli si muovono all'interno dei circuiti cerebrali di Reward, anche detti «centri del piacere». Si tratta di aree cerebrali che si trovano in alcune strutture del cervello come l'ipotalamo, il sistema limbico, il nucleo *accumbens*. Dal punto di vista della storia dello sviluppo umano, questo circuito ha la funzione di attivarsi in tutte quelle condizioni che consentono all'uomo l'accesso alle risorse essenziali della vita, garantendogli così la sopravvivenza. Per esempio, l'uomo primitivo aveva giornalmente la necessità di procurarsi cibo e acqua per sopravvivere. Tutte le sue energie erano dedicate a questo compito, e nel momento in cui reperiva ciò di cui aveva bisogno si attivavano dei meccanismi che evocavano una condizione di piacere. L'uomo cercava quindi continuamente tali sostanze per ricreare la stessa sensazione di benessere. Ai fini della continuazione della specie il meccanismo si riproponeva in modo identico anche nei confronti della ricerca del partner per l'accoppiamento.

Dopamina e oppioidi endogeni

I neurotrasmettitori principali dei circuiti di Reward sono la dopamina e gli oppioidi endogeni. Gli oppioidi donano al cibo la sua connotazione di gratificazione e piacevolezza, e ci spingono a mangiarne ancora. La dopamina invece è il neurotrasmettitore utilizzato per il comportamento che ci stimola alla ricerca del cibo, e quindi del piacere. In altri termini, la dopamina ci incoraggia a mettere in atto tutti quei comportamenti che sono necessari per ricercare e raggiungere il piacere del cibo che preferiamo.

La dopamina è anche il mediatore che governa il desiderio e attira l'attenzione del cervello verso eventi particolarmente significativi, in particolare verso ciò che può determinare benessere e gratificazione. È quello che gli scienziati chiamano *pregiudizio attenzionale,* definito come «la sproporzionata quantità di attenzione che riserviamo a uno stimolo altamente gratificante a spese di altri»,[4] che è la condizione che ci consente di focalizzare la nostra attenzione sulla cosa più importante dell'ambiente che ci circonda, trascurando tutto il resto. Maggiore è la gratificazione che il cibo ci potrà dare, maggiore sarà l'impegno con cui cercheremo di ottenerlo.

Per esempio, quando in laboratorio arrivava l'orario del cibo, le cavie affamate diventavano iperattive e assumevano comportamenti di ricerca:[5] somministrando loro un farmaco antagonista della dopamina, questo atteggiamento si affievoliva.

Altri esperimenti hanno messo bene in evidenza come gli animali d'esperimento siano in grado di avere comportamenti di ricerca e di compiere un duro lavoro pur di superare gli ostacoli che li dividevano dal cibo. La dopamina è fortemente coinvolta in quest'attività di ricerca, tant'è che gli animali cui vengono somministrati i farmaci antidopamina sono più svogliati, preferiscono i percorsi più facili e si accontentano di minori quantità di cibo. La dopamina aumenta quindi le capacità di effettuare gli sforzi e guida l'animale nelle azioni che gli faranno ottenere le maggiori gratificazioni possibili. La dopamina, però, svolge un ruolo non solo nella ricerca del cibo, ma anche nella ricerca dell'amore, promuovendo e sostenendo il legame di coppia in molte specie animali. È stato dimostrato che bloccando la dopamina si può interferire con i rituali di scelta del partner per l'accoppiamento. Anche gli esseri umani, quando sono presi da

[4] Albery I., Munafò M. (2006), *Cognition and Addiction,* Oxford University Press, NY.

[5] Correa M. et al. (2003), «Nucleus Accumbens Dopamine and the Regulation of Effort in Food-Seeking Behavior: Implications for Studies of Natural Motivation, Psychiatry, and Drug Abuse», in *J. Pharmacol. Exp. Ther.*, April; 305(1): 1-8.

una travolgente storia d'amore, subiscono infatti gli effetti della stimolazione da parte della dopamina.
Uno studio con la risonanza magnetica funzionale[6] ha scannerizzato il cervello dei partecipanti mentre venivano loro mostrate le fotografie di persone dello stesso sesso e della stessa età del partner insieme a quella del compagno. La visione della fotografia del partner rendeva più attive regioni del cervello caratterizzate da un'elevata concentrazione di neuroni dopaminergici, mentre le immagini di altri soggetti non davano alcuna attivazione.
In definitiva, il sistema dopaminergico, oltre a determinare i comportamenti di ricerca per le situazioni gratificanti, regola una serie di atteggiamenti, necessari al raggiungimento del piacere, recepiti dai circuiti celebrali di Reward.

Gli stimolanti

Solo alcune sostanze sono in grado di stimolare i centri del piacere e, come è facile intuire, sono proprio quelle di cui l'uomo tende ad abusare. Se difficilmente riscontreremo l'abuso di un alimento o di un farmaco come possono essere cavolfiori o antibiotici, diverso è il discorso per le torte o per le anfetamine. Quando il sistema dopaminergico in determinate condizioni riceve delle stimolazioni profonde, nel cervello scatta un allarme che dà a questi stimoli un valore di primo piano. La dopamina svolge quindi l'azione di un allarme che richiama l'attenzione del cervello su una sensazione di gratificazione, ne sottolinea l'importanza e pone le basi per una sua successiva ripetizione.

Cibo e dipendenza

Il cibo è per definizione tutto ciò che noi ingeriamo con lo scopo di sostenere la crescita, l'energia e la vita del nostro organismo. Parlare di dipendenza da cibo ci mette in una condizione di delicata gestione dei termini che dovremmo usare.

[6]Aron A. et al. (2005), «Reward, Motivation, and Emotion Systems Associated with Early-Stage Intense Romantic Love», in *J. Neurophysiol.*, July; 94(1):327-337.

In qualche modo siamo tutti dipendenti dal cibo. Banalmente, senza di esso smetteremmo di vivere. Esistono però dei modi di assunzione che deviano dal compito principale degli alimenti, ossia dalla nutrizione, e si modificano assumendo delle particolari modalità che divengono patologiche, e a loro volta sono in grado di generare ulteriori disturbi.

La terminologia utilizzata in questo ambito non è né chiaramente definita né unanimemente condivisa. Assegnare un preciso significato ai vocaboli *craving* e *addiction,* che impiegheremo nel corso del capitolo e che sono entrambi mutuati dal lessico delle dipendenze da sostanze d'abuso, è così abbastanza complesso, benché ambedue i termini abbiano in comune, oltre alle stesse basi neurobiologiche, anche altri elementi. Nel linguaggio delle dipendenze da sostanze, il termine *craving* è usato per descrivere un intenso desiderio per una varietà di sostanze, che posso andare dalle droghe al cibo, con perdita di controllo nel momento dell'assunzione e con incapacità ad autoregolarsi. *Addiction* invece indica una vera e propria dipendenza con fenomeni di astinenza alla sospensione e d'inarrestabile ricerca della sostanza desiderata.

Il craving e l'addiction

Cercare una definizione condivisa nel mondo scientifico per il *craving* è più facile rispetto a quella di *addiction*. Il *craving* è uno stato soggettivo che gli individui possono riconoscere e riferire. Secondo il dizionario inglese Collins si tratta della *bramosia* o del *desiderio intenso verso qualcosa*. Quest'ultima definizione è la più vicina al significato che viene attribuito alla parola nel momento in cui si utilizza il termine di *food craving.* Una terza definizione di *craving* indica invece un *grande o impellente bisogno*.

Negli ultimi tempi il concetto di *addiction* è stato oggetto di una profonda revisione. Comunemente, sebbene le definizioni correnti di *addiction* da sostanze spesso differiscano tra loro, con questo termine si indica la relazione dell'individuo con qualcosa – alcol e droga in primo luogo – di cui non si può fare a meno. Tutte le definizioni enfatizzano comunque la compulsione o la perdita di controllo sulla sostanza, e indicano come fattori importanti per operare una distinzione il disagio legato all'astinenza e il danno causato alla salute e al comportamento sociale ed economico. L'*addiction* è così ristretta a quella condizione di dipendenza patologica dove è stato perso il controllo sull'uso di una sostanza o su un comportamento. La dipendenza – che si riferisce alla necessità di eseguire il comportamento o assumere la sostanza per riuscire a vivere normalmente – viene associata al fenomeno della *tolleranza*, che indica la necessità di incrementare le dosi di sostanze o la frequenza dei comportamenti per tenere stabile l'effetto e i problemi relativi al fenomeno dell'*astinenza*, che compare alla sospensione delle sostanze e delle condotte.

Food craving

C'è chi non riesce a tranquillizzarsi fino a quando non addenta una barretta al cioccolato, non apre un pacchetto di biscotti o di patatine. In questo caso si parla di *food craving* che, secondo la definizione più comunemente usata, è proprio l'intenso desiderio di mangiare uno specifico cibo. Le caratteristiche distintive di questo fenomeno sono due. In primis, la forza con cui desideriamo qualcosa, una forza che ci impedisce di controllarci e ci fa perdere la testa. Un desiderio estremamente più forte rispetto a quello generato dalle ordinarie scelte di cibo che quotidianamente ci troviamo ad affrontare. L'altro aspetto caratteristico del *craving* riguarda la sua specificità, e questo serve a distinguere il *craving* per un alimento dalla normale fame.

Presumibilmente, qualsiasi cibo può saziare il soggetto, ma c'è solo uno specifico alimento in grado di tranquillizzarlo: quello desiderato. È come una serratura. Potenzialmente qualsiasi chiave potrebbe aprire la porta, ma soltanto una può effettivamente a riuscirci. Il *craving* per il cibo è interessante per la sua elevata prevalenza[7] e per l'impatto nutrizionale. Alcuni studi effettuati negli Stati Uniti, in Canada e in Gran Bretagna[8] hanno mostrato che il *food craving* è estremamente comune: circa il 100 per cento delle giovani donne e il 70 per cento dei giovani uomini hanno riferito di aver avuto una o più esperienze di *food craving* nell'ultimo anno. Il fenomeno si è rivelato

[7] Ovvero numero di soggetti affetti da un fenomeno patologico all'interno di una popolazione, in un determinato momento.

[8] Pelchat M.L. (1997), «Food Cravings in Young and Elderly Adults», in *Appetite,* 28: 103-113.

meno frequente negli adulti di età media di 65 anni. La frequenza del *food craving* sembra quindi ridursi con l'età o, quantomeno, sembra che gli anziani siano in grado di resistere maggiormente alle tentazioni o comunque appaiono in grado di controllarsi con più facilità, sostituendo il cibo desiderato con qualcos'altro.

Si ritiene che il *food craving* sia associato allo *snacking behavior*, altro termine inglese con cui si indica la necessità di fare continuamente spuntini. È un comportamento che compare frequentemente in soggetti che sono a dieta, e presenta numerosi rischi per la salute; nel momento in cui la quantità di cibo consumato raggiunge livelli elevati, possono manifestarsi dei disturbi della condotta alimentare come il *Binge Eating Disorder* (BED).

Come funziona il food craving

Sia il *craving* per il cibo che quello per la droga hanno in comune alcuni sistemi di neurotrasmettitori.[9]

Esistono delle evidenze sperimentali secondo cui, alla presenza dell'ingestione del cibo desiderato, aumenta la quantità di oppioidi endogeni secreti. Tale incremento determina, come hanno dimostrato dei recenti studi[10] basati sull'ingestione di dolci, un'attività analgesica. Somministrando a un gruppo di bambini del cioccolato, delle patatine e dei dolcetti si aveva un effetto calmante che non si riscontrava quando agli stessi bambini si offrivano alimenti da loro considerati scarsamente appetibili.

È stato suggerito che il *food craving* subisca un rinforzo dal rilascio delle endorfine.[11] Effettivamente i neuroni cerebrali deputati a questo compito ricevono le sensazioni gratificanti determinate dalla stimolazione oro-sensoriale mediante la via dopaminergica, ma

[9] Sono sistemi che utilizzano un unico neurotrasmettitore (come può essere la serotonina, la noradrenalina, la dopamina) per stabilire attraverso i fasci nervosi la comunicazione tra le varie aree del cervello.

[10] Mercer M.E., Holder M.D. (1997), «Food Cravings, Endogenous Opioid Peptides, and Food Intake: a Review», in *Appetite*, 29: 325-352.

[11] Sono sostanze chimiche prodotte dalla ghiandola pituitaria, dall'ipotalamo e, in misura minore, da altri tessuti. Si tratta di proteine con elevati poteri analgesici ed eccitanti le cui proprietà biologiche sono molto simili a quelle della morfina e degli oppiacei.

anche da quella del sistema degli oppioidi endogeni. Il risultato della stimolazione di questi circuiti è di ripetere l'esperienza piacevole appena esperita e continuare a mangiare. Si tratta di un vero e proprio circolo vizioso in cui l'alimento particolarmente appetitoso trasmette al cervello il messaggio di mangiarne ancora, ancora e ancora.

La comunicazione che viene inviata alla coscienza è quella di un'esperienza di gratificazione e di benessere, nonché di riduzione della sensazione di tensione. Ciò che accade dopo l'assunzione di una sostanza stupefacente, anche se in un ordine di grandezza nettamente più elevato, non è molto diverso.

Il craving specifico

È un aspetto molto controverso della psicologia dell'alimentazione mettere in relazione serotonina, umore e *craving* per i carboidrati. Questi elementi, nonostante la convinzione sia grandemente diffusa, hanno in realtà un legame fra loro abbastanza debole, contraddittorio e non unanimemente condiviso dagli studiosi.

Dopo aver mangiato uno snack, i soggetti con il *craving* per i carboidrati sono significativamente meno depressi, mentre i soggetti non affetti da *craving* sperimentano fatica e sonnolenza. È per questo che chi ha il *craving* per i carboidrati quando mangia uno snack ristabilisce la sua energia e vitalità, proprio come fanno alcune persone quando chiedono un'altra tazza di caffè perché sentono che la loro energia e il loro livello di attenzione stanno calando.

Questo si ricollega alla teoria secondo cui un pasto a base di proteine e carboidrati può influenzare la trasmissione serotoninergica nel cervello. Il primo effetto che compare è l'innalzamento della vigilanza. Un secondo elemento è che gli snack ricchi di carboidrati dovrebbero migliorare l'umore depresso, specialmente in pazienti con obesità e *craving* per i carboidrati, con la sindrome premestruale o con il disturbo affettivo stagionale: tutti pazienti caratterizzati da umore depresso e aumentata ingestione di carboidrati.

Un'altra caratteristica essenziale dei cibi frequentemente oggetto di *craving* è il loro elevato contenuto di grassi. Il desiderio per questi specifici cibi è stato collegato al sistema degli oppioidi endogeni, e l'iperfagia per questo tipo di alimenti potrebbe condividere un meccanismo comune con la dipendenza da oppiacei.

Quando un soggetto affetto da *craving* consuma l'alimento desiderato, si sente calmo, appagato e disteso. La differenza tra chi ama i cibi ad alto contenuto di zuccheri e particolarmente appetitosi e i soggetti affetti da *craving* per i carboidrati è che i primi si appagano con una modesta quantità di cibo, mentre gli altri hanno la necessità, per attenuare il *craving*, di un consumo smodato di alimenti. Ad esempio, una persona che ama i bignè al cioccolato si soddisferà con un unico dolcetto. Chi, invece, è affetto da *craving* comprerà un intero vassoio di bignè e non si fermerà fino a quando non li avrà terminati.

La differenza fra i due soggetti non sarà probabilmente solo nella quantità di cibo consumato, ma anche nel condizionamento inibitorio che il cervello dei soggetti con craving determina sulla sensazione di sazietà. Dopo l'assunzione, i soggetti normali si sentono talvolta appesantiti e sonnolenti anche dopo aver assunto piccole quantità. I soggetti con *craving* appaiono tonici e rinvigoriti anche dopo aver ingurgitato quantità ragguardevoli.

In definitiva, cibi e sostanze d'abuso agiscono in maniera similare sia sui sistemi celebrali di Reward che sulla condizione soggettiva di colui che è coinvolto nel *craving*.

La differenza tra cibo e sostanze d'abuso è legata alla diversità della potenza dello stimolo che riescono ad evocare. L'attività delle sostanze d'abuso è talmente violenta e sovramassimale che dà usualmente effetti più rapidi, più duraturi e devastanti nel tempo. In alcuni soggetti, però, questo tipo di vulnerabilità si può verificare anche per il cibo con modificazioni del comportamento che possono essere abbastanza simili a quelle che si osservano nella dipendenza da sostanze.

Come abbiamo esaminato in precedenza nel corso del capitolo sul rapporto fra cibo e stress, il consumo di dolci o di altri cibi golosi è motivato in buona parte anche dalla loro capacità di dare sollievo allo stress.

Questa idea è supportata dai dati della ricerca, che indicano come gli oppioidi siano rilasciati come risposta all'ingestione di dolci e altri cibi appetibili. Esistono anche conferme sperimentali del fatto che durante il pasto la risposta edonica sia mediata da oppioidei endogeni. La consapevolezza a livello di coscienza del piacere e dell'appagamento dopo aver mangiato un cibo prediletto è pertanto mediata dal sistema degli oppioidi endogeni.

Donne e craving

Il *craving* per i cibi è una condizione riscontrabile anche in situazioni fisiologiche. Durante il ciclo mestruale la donna, per esempio, è portata a incrementare il consumo di carboidrati e in particolare quello di dolciumi. Il desiderio inizia a salire circa una settimana prima dell'inizio delle mestruazioni, raggiunge il suo punto più alto nei 2-3 giorni precedenti il ciclo e scompare subito dopo. In questo periodo, il cioccolato sembra essere uno dei cibi più desiderati. Un'altra condizione in cui si manifesta il *craving* per frutta, gelati, latticini è la gravidanza. Si è cercato di dare una spiegazione a questi fenomeni di *craving* pensando che si trattasse di una sorta di «terapia sostitutiva» che l'organismo richiedeva per bilanciare delle carenze specifiche. Inizialmente si riteneva che il cioccolato fosse assunto per la sua quantità di magnesio, e i latticini per la loro quantità di calcio. Sostituendo i cibi preferiti con alcuni contenenti più magnesio del cioccolato e più calcio dei latticini, questi però non erano oggetto di *craving*. Si è così dedotto che tali alimenti non fossero preferiti per tale motivo, e che l'ingestione del cibo preferito per generare un effetto positivo debba essere necessariamente associata a una condizione di gratificazione che a sua volta sia in grado di stimolare il sistema cerebrale di Reward.

Addiction

Cinzia è una studentessa di 22 anni sovrappeso. Frequenta all'università il corso di giurisprudenza, ma ultimamente i suoi studi hanno avuto un forte rallentamento. «Penso solo al cibo», confessa sconsolata, raccontandomi di essere ossessionata, senza conoscerne il motivo, da un tipo di frollini. Pur avendo storie diverse, Cinzia condivide molto di più di quello che si possa pensare con Sandro, che invece si dice dipendente da una bibita energizzante al ginseng, con Marco, tossicodipendente da cocaina, o con Davide, alcolista, Tutti e quattro sono schiavi di sostanze che sanno essere, in modo più o meno grave, pericolose per la salute e per la loro stessa vita, eppure continuano a farne uso.

Una delle prime spinte all'assunzione di particolari sostanze dannose – droga, alcol, ma anche determinati alimenti e bibite – è infatti l'effetto euforizzante (uno stimolo molto potente nei confronti del quale il nostro cervello è particolarmente sensibile), che è la conseguenza dell'azione delle sostanze sui neurotrasmettitori, gli agenti chimici che servono per assicurare la comunicazione tra le varie aree del cervello. Il primo bersaglio delle droghe sono infatti proprio i neurotrasmettitori che, sotto l'azione dirompente delle sostanze, subiscono uno sconvolgimento della loro attività come messaggeri che aveva fino ad allora garantito comunicazioni ottimali con gli altri sistemi. La conseguenza è l'alterazione della comunicazione tra le diverse aree cerebrali. Le droghe determinano un cambiamento radicale del funzionamento di tutto il sistema nervoso, e quindi del comportamento, che si trasforma e si adatta cronicamente alle modificazioni che le sostanze hanno prodotto. Il risultato è che l'apprendimento, la memoria, la plasticità e le capacità di recupero di tantissime funzioni del cervello subiscono continui e violenti insulti, cui seguiranno inesorabilmente dei danni che nel lungo periodo si riveleranno di natura irreparabile.

Il nostro cervello è programmato per procurarsi stimolazioni che hanno primariamente un significato indispensabile per la nostra sopravvivenza. Le più forti, quelle che determinano impulsi gratificanti per il cervello, sono prodotte dal cibo, dall'acqua e dal sesso.

Le sostanze d'abuso eccitano in maniera artificiale e potente gli stessi circuiti che sono fisiologicamente e naturalmente attivati quando compiamo le nostre funzioni vitali. Il risultato della stimolazione massiva ricevuta sarà un'esperienza piacevole e pervasiva che progressivamente tenderà a catturare tutte le energie disponibili del soggetto, a impegnarlo a ripetere in maniera ossessiva l'assunzione dell'elemento desiderato con la finalità di rivivere l'esperienza passata, con l'idea che solo in quella condizione esista benessere e appagamento.

L'individuo, come racconta perfettamente Cinzia svelando il suo senso di disagio e di impotenza nei confronti dei biscotti, non penserà ad altro che a procurarsi le sostanze oggetto della sua dipendenza, a consumarle, a darsi da fare per reperire altro denaro per acquistarne di nuove e così via. Si tratta di un circolo vizioso cronico con altissima tendenza alla ricaduta, che pone il soggetto nella condizione di completa inconsapevolezza. La convinzione di poter uscire dalla situazione in qualsiasi momento è sempre molto forte e presente nel soggetto, sfortunatamente però si tratta solo di un'illusione.

FOOD ADDICTION

Con l'inglese *food addiction* si descrive quello che in italiano intendiamo più generalmente come *dipendenza da cibo*. Sebbene questo argomento sia da anni in primo piano, e non smetta di interessare anche il dibattito scientifico, è ancora molto controverso.

Verosimilmente alcuni alimenti, come quelli ricchi di grassi e zucchero, in certe condizioni sono in grado di promuovere comportamenti simili alla dipendenza da droga. Eppure essi, benché siano altamente appetibili, di per sé non sono causa di dipendenza.

L'obiezione più frequente è che tutti per vivere abbiamo bisogno di cibo e che l'etichetta di dipendenza non possa essere applicata a ciò che ci serve per restare in vita. La risposta degli studiosi è che non tutti i cibi danno dipendenza e che particolarmente dannosi si rivelano gli alimenti sconsigliati, quelli per i quali è più facile perdere il controllo, e che spesso si dimostrano estremamente calorici. Si tratta di cibi molto appetibili che, pur non essendo di per sé causa di dipendenza, sono simbolo di modelli di alimentazione restrittiva.

Per essere considerata dipendente da una determinata sostanza, una persona deve rispondere positivamente durante l'ultimo anno ad almeno tre dei sette criteri seguenti:

1. Tolleranza: per ottenere lo stesso effetto bisogna aumentare il dosaggio della sostanza.
2. Astinenza.
3. Prendere una quantità di sostanza sempre più elevata o per un periodo più lungo di quanto desiderato.
4. Sperimentare un desiderio persistente per la sostanza o un'incapacità a ridurre o a controllare il suo uso.
5. Trascorrere molto tempo ricercando o consumando la sostanza o cercando di ridurre i suoi effetti.
6. L'uso della sostanza interferisce in maniera importante con le altre attività.
7. L'uso della sostanza continua nonostante le conseguenze negative.

È da sottolineare che una caratteristica chiave per la diagnosi di qualsiasi dipendenza è la presenza della perdita del controllo sull'assunzione della sostanza; per fare però diagnosi di dipendenza psicologica è sufficiente che siano soddisfatti i criteri 1 e 2 che prevedono la presenza della tolleranza e della dipendenza.

In definitiva, nel tentativo di dare una precisa identificazione del fenomeno, la *food addiction* deve essere caratterizzata da tre elementi:

1. Dalla *compulsione a consumare con regolarità l'alimento oggetto di addiction*. La persona non riesce a iniziare la giornata se non dopo aver consumato una o più dosi dell'alimento delle sue attenzioni.
2. Dalla *perdita del controllo*. L'individuo giura che non ci saranno più episodi di discontrollo, e che andando al party mangerà soltanto una fetta di torta e riuscirà a contenersi. Invece, mangerà fino a quando non si sentirà male e la mattina dopo giurerà ancora: «Mai più». La sera seguente ripeterà però lo stesso comportamento. Anche se l'individuo sarà in grado di fermarsi o di moderarsi per un certo periodo di tempo, alla fine ritornerà sempre a perdere il controllo.
3. Dall'*uso continuativo della sostanza in questione nonostante le conseguenze negative*. L'individuo continuerà a mangiarne nonostante siano in aumento i problemi che lo riguardano, che vanno da un diffuso disagio sociale (senso di inadeguatezza, vergogna per il proprio aspetto fisico) a un peggioramento delle condizioni di salute, prime tra tutte l'obesità e le malattie metaboliche.

La sazietà gusto-specifica e il ruolo degli oppioidi

Al ristorante Cristina preferisce ordinare antipasti misti composti da tante piccole portate dal gusto diverso. Si comporta allo stesso modo con i primi: ordina un primo per sé e uno per il marito, e poi li divide. In questo modo è in grado di mangiare una quantità di cibo molto più elevata rispetto a quanto mangerebbe se ordinasse un solo antipasto e un solo primo. Il marito di Cristina, Aldo, preferisce invece ordinare un solo piatto che mangia fino a quando non si sente sazio. In seguito, non ha bisogno di ordinare altro. Cristina e Aldo hanno una sazietà specifica per ogni determinato gusto, più precisamente indicata come *sazietà gusto-specifica*, molto diversa. Cristina riceve dal cibo una maggiore gratificazione, e questo aumenta il tono dei sistemi oppioidi che la predispongono a ripetere l'esperienza gratificante; ha così bisogno di più portate per assecondare tale richiesta di gratificazione ripetuta. Quando Aldo finisce di mangiare la sua portata,

invece, i segnali di gratificazione che provengono dall'aver mangiato sono di un'intensità più bassa rispetto a quelli della moglie e non lo invogliano a ordinare qualcos'altro.
Una cosa molto simile si è verificata in laboratorio, dove delle cavie[12] potevano mangiare croccantini al cioccolato per un'ora; per l'ora e mezza successiva venivano messi a loro disposizione croccantini sia al cioccolato che alla banana. In questo intervallo di tempo, le cavie preferivano mangiare croccantini alla banana. L'esperimento era poi ripetuto, ma dopo la prima ora di croccantini al cioccolato, alle cavie venivano iniettati degli oppioidi. Come risultato, queste continuavano a mangiare croccantini al cioccolato, anche quando venivano loro presentati quelli alla banana. Il senso di sazietà gusto-specifica non esisteva più: la stimolazione dovuta agli oppioidi l'aveva eliminata. Ciò significa che il piacere dei croccantini al cioccolato elevava il tono di stimolazione degli oppioidi e consentiva ai topolini di ripetere l'esperienza gratificante conosciuta con i croccantini al cioccolato senza avere la necessità di essere stimolati da un nuovo gusto. In un altro esperimento, alle cavie venivano iniettati farmaci che antagonizzano l'azione degli oppioidi (naloxone e naltrexone). Il risultato era che le cavie mangiavano meno croccantini al cioccolato perché i segnali provenienti dal sistema oppioide venivano bloccati e questo toglieva all'alimento il suo valore di gratificazione. La conclusione è che gli oppioidi comunicano al centro del piacere ubicato nel *nucleo accumbens* che quella che stiamo vivendo è un'esperienza deliziosa che dobbiamo cercare, a tutti i costi, di ripetere. Inibire questo messaggio che viaggia dalla periferia verso i centri del piacere toglie la coloritura di piacevolezza e inibisce quindi la compulsione a ripeterla.

[12] Fields H.L. et al. (2007), «Nucleus Accumbens Opioid Signaling Conditions Short-Term Flavor Preferences», in *Neuroscience*, April 25; 146(1): 19-30.

SECONDA PARTE
I disturbi alimentari

I
Obesità

L'obesità è una condizione patologica cronica, evolutiva e recidivante che riconosce un complesso di cause di diversa natura e consiste in un eccesso di tessuto adiposo che peggiora la qualità della vita e ne riduce la durata. È associata a una serie di problemi di ordine fisico e psicologico, che esamineremo nel dettaglio nel corso di questo capitolo.

Ci sono numerosissimi studi che sono serviti a definire le caratteristiche cliniche dell'obesità. Un metodo per stabilire i confini tra peso inferiore alla media, peso normale, sovrappeso e obesità è quello del *Body Mass Index*, meglio noto come BMI (vedi p. 125). In ogni caso, il rischio per la salute è associato, più che al valore del peso in assoluto, alla maggiore quantità di grasso presente nell'individuo in esame.

I ricercatori hanno messo a punto dei sistemi per calcolare la percentuale di adipe in ogni soggetto. Un metodo impiegato di frequente – nel quale però il grasso addominale non viene considerato – consiste nell'utilizzo di un calibro in grado di misurare le pieghe che si formano sulla spalla, nella sua porzione superiore e inferiore, e intorno al braccio del soggetto. Un altro metodo è quello di usare l'impedenziometria, sfruttando il principio fisico per cui l'acqua lascia passare la corrente mentre il grasso si comporta da isolante. Poiché la massa magra è costituita prevalentemente da acqua, determinando il contenuto di acqua è possibile risalire a quello della massa grassa.

BMI, *Body Mass Index*

Il *Body Mass Index* è una delle modalità più frequenti per definire l'obesità. Si calcola usando l'equazione peso in kg diviso l'altezza al quadrato. Quest'equazione produce delle categorie in cui il peso normale è compreso tra 18,5 e 24,9, il sovrappeso tra 25 e 29,9, l'obesità tra 30 e 39,9, mentre l'obesità grave parte da 40. Il BMI non consente comunque di differenziare il peso tra muscoli e grasso. Un culturista, infatti, potrebbe essere definito obeso per l'elevata massa corporea, anche se prevalentemente costituita da muscolatura. Inoltre, esiste una particolare limitazione a valutare l'obesità nei soggetti con BMI che si trovano negli indici intermedi, e questo può avere un suo riflesso nell'ambito dell'associazione tra mortalità e obesità.

I DATI

Indipendentemente dalle classificazioni, il sovrappeso e l'obesità stanno avendo un notevole e preoccupante incremento in tutto il mondo occidentale.

In Italia nel periodo 2001-2009 è aumentata sia la percentuale di persone in sovrappeso (dal 33,9 per cento nel 2001 al 36,1 per cento nel 2009) sia quella degli obesi (dall'8,5 per cento nel 2001 al 10,3 per cento nel 2009). Nel nostro Paese le condizioni di sovrappeso e obesità sono più diffuse tra gli uomini che tra le donne: ben il 45,2 per cento degli uomini è in sovrappeso e l'11,3 per cento è obeso rispetto al 27,7 per cento e al 9,3 per cento delle donne. A livello territoriale si osserva che la condizione di sovrappeso e obesità è più diffusa nel Sud (50,9 per cento), in particolare in Molise (51,6 per cento), Campania (51,8 per cento) e Calabria (51,4 per cento). Particolarmente preoccupante è l'obesità infantile, che tratteremo in modo più diffuso nel capitolo dedicato (vedi pp. 209-212).

Molti studi hanno mostrato i pericoli dell'obesità, che sono principalmente malattie cardiovascolari, diabete e cancro. Circa l'80 per cento degli obesi adulti soffre di almeno una di queste patologie. È stato stimato che un soggetto con un valore di BMI uguale o superiore a 26 può vivere da uno a dieci anni in meno rispetto alle aspettative di vita di un soggetto di pari età ma di peso normale.[1]

[1] Heymsfield S.B., St-Onge M.P. (2003), «Overweight and Obesity Are Linked to Lower Life Expectancy», in *Nutrition Reviews*, 61: 313-316.

LE CAUSE DELL'OBESITÀ

Tutti rispondiamo a stimoli percettivi – vista, gusto, odore – che condizionano il nostro modo di alimentarci e ci spingono a mangiare di più o di meno.

Gli obesi, secondo anche quanto abbiamo detto nei precedenti capitoli, si alimentano in maniera differente rispetto alle persone con peso normale, rispondendo in maniera maggiore e talvolta incontrollabile a queste stimolazioni esterne.

Ciò è dovuto probabilmente al fatto che gli individui di peso normale si nutrono principalmente in risposta a una spinta interna («Ho fame e quindi mangio, sono sazio e allora smetto»), mentre gli obesi tendono a essere poco sensibili ai messaggi provenienti dall'interno dell'organismo e, allo stesso tempo, eccessivamente sensibili ai messaggi provenienti dall'ambiente circostante.

Con questa prospettiva i ricercatori hanno esaminato lo stile alimentare e il comportamento degli obesi e dei non obesi rispetto agli stimoli esterni (ora del giorno, vista e gusto del cibo, numero e importanza degli stimoli alimentari),[2] arrivando a elaborare le teorie che esamineremo qui di seguito.

L'OBESITÀ: UNA CONTINUA EVOLUZIONE

Gli psicologi evoluzionisti affermano che gli obesi, che appaiono oggi poco adattati e disfunzionali, nel passato hanno rappresentato un buon modello di adattamento. Questi studiosi ritengono che tutte le specie, inclusa quella umana, si siano modificate attraverso una rigida e continua selezione naturale. In questa logica, soltanto le caratteristiche che aggiungono vantaggi – o al limite non producono svantaggi – sopravvivono nella specie.

Un modello evoluzionistico dell'obesità potrebbe avere un senso alla luce delle condizioni alimentari in cui vivevano i nostri avi. Un lungo periodo del nostro passato è stato infatti caratterizzato da una notevole, a volte drammatica, scarsità di cibo. Una situazione impossibile da paragonare a quella che viviamo ai nostri giorni (perlomeno

[2] Schachter S. (1974), «Appetite Regulation in Obese Subjects», in *Horm. Metab. Res.*, Suppl. 4: 88-93.

nel mondo sviluppato), che però ci fa intuire come un essere umano in grado di immagazzinare risorse per i periodi di carestia potesse avere maggiori possibilità di sopravvivenza. In quest'ottica, è ragionevole pensare che la tendenza ad accumulare grasso dovesse avere una rilevante finalità funzionale. A tal proposito, alcuni studiosi hanno ipotizzato che in situazioni così poco favorevoli si fosse attivato un corredo cromosomico peculiare denominato *genotipo risparmiatore*, in grado di immagazzinare sotto forma di grassi le calorie ingerite in eccesso. Al contrario gli individui che avevano una maggiore efficienza energetica e potevano metabolizzare l'energia assunta in eccesso avevano la capacità di rimanere magri. I meccanismi evoluzionistici avrebbero penalizzato i soggetti magri, a favore di quelli in grado di conservare delle riserve caloriche sotto forma di depositi di grasso.

Oggi sono lontani i tempi di carestie e inondazioni. Attualmente il cibo è di facile reperibilità, la nostra vita è molto più sedentaria e gli obesi dal *genotipo risparmiatore* vivono in un ambiente dove essere grandi mangiatori non solo non serve più, ma predispone a una serie di complicanze che vedremo nel corso del capitolo.

Teorie genetiche

Il sovrappeso nei bambini è correlato al peso dei genitori. Una coppia formata da un genitore obeso e da uno normopeso avrà il 40 per cento delle possibilità di avere un figlio obeso, mentre il bambino di due genitori obesi nell'80 per cento dei casi sarà obeso. Al contrario, avere un padre o una madre magri riduce la possibilità di avere un figlio sovrappeso del 7 per cento.

Genitori e figli condividono, infatti, oltre alla stessa costituzione genetica, anche lo stesso ambiente. Allora, per separare l'influenza determinata dai due fattori, la ricerca ha esaminato figli adottivi e coppie di gemelli.

Gli studi sono stati compiuti su gemelli identici allevati separatamente – quindi con patrimonio genetico identico ma cresciuti in ambiente diverso – e su gemelli non identici allevati insieme, ovvero con patrimonio genetico diverso ma vissuti nello stesso ambiente. I risultati hanno dimostrato che i gemelli identici allevati in ambienti diversi sono più simili dei non identici allevati insieme, chiarendo come il patrimonio genetico abbia un ruolo più incisivo rispetto alle caratteristiche ambientali di natura sociale, economica e culturale in cui ci si sviluppa.

Uno studio condotto su entrambe le categorie di gemelli – eterozigoti cresciuti nelle stesse condizioni e omozigoti cresciuti in situazioni diverse – ha messo in evidenza che il fattore genetico contribuisce al peso nel 66-70 per cento dei casi. Questo suggerisce una fortissima componente genetica nel determinare l'obesità e stabilisce che l'influenza genetica sul BMI è sostanziale, mentre l'ambiente dove il bambino cresce ha un'influenza molto minore.[3]

Alcune ricerche effettuate sui bambini adottati hanno dimostrato una forte correlazione tra il peso dei piccoli e quello dei loro genitori biologici, e nessuna correlazione con i genitori adottivi. Questo suggerisce con ancora maggior chiarezza l'imprescindibile ruolo della genetica. È interessante sottolineare come la correlazione con il peso della madre biologica sia risultata maggiore rispetto a quella con il peso del padre. I bambini erano magri o grassi in modo notevolmente simile a quello della propria mamma biologica, pur non avendola mai conosciuta e non essendo cresciuti seguendo le sue abitudini alimentari o quelle proprie del suo ambiente di vita.

Non è ancora ben chiaro come questa predisposizione genetica si esprima, ma esistono tre fattori fondamentali che possono esserne influenzati: il metabolismo, il numero delle cellule adipose e la regolazione dell'appetito.

Di recente alcuni ricercatori hanno identificato dei geni specifici responsabili di certi tipi di obesità e sovrappeso. Sono anche stati individuati dei geni responsabili di alcune rare condizioni di obesità estrema. Per quanto riguarda le forme comuni di obesità pare, però, che i geni coinvolti siano numerosi e che nessuna porzione di patrimonio genetico sia in grado da sola di determinare la malattia. Anzi: sembra che il DNA che veicola questo carattere abbia bisogno, per attivarsi e diventare funzionante, dell'esposizione a determinate condizioni ambientali. In pratica, se abbiamo molti geni che concorrono a farci accumulare grasso sull'addome, ma il nostro ambiente ci mette a disposizione pochissimo cibo e ci fa praticare moltissimo esercizio fisico, non avremo mai eccessivi depositi di grasso.

[3] Harris J.R. et al. (1990), «The Body-Mass Index of Twins who Have Been Reared Apart», in *N. Engl. J Med.*, May 24; 322(21): 1483-1487.

Il rischio di sovrappeso non è quindi esclusivamente determinato dal patrimonio genetico, ma anche dagli stimoli provenienti dall'ambiente che influenzano con la loro attività questi geni e ne modulano l'azione facilitando o inibendo l'espressione delle loro potenzialità.

Considerando le molte differenze psicologiche su cui sono fondate l'iperfagia e l'obesità, per elaborare una teoria, se non universale almeno il più condivisa possibile, bisogna considerare l'attività delle cellule adipose. Queste cellule, che nel nostro corpo servono a immagazzinare il grasso, funzionano in modo semplice: quando sono «sazie» abbiamo meno appetito, mentre se sono «affamate» anche noi abbiamo necessità di rifocillarci. In questo modo, agendo tutte insieme come un unico organo, le cellule adipose contribuiscono alla regolazione del *set point* di cui abbiamo già parlato nella prima parte del libro, e nello specifico nel capitolo relativo all'omeostasi (vedi p. 53).

L'ereditarietà influisce sul numero e sulla distribuzione delle cellule adipose. Ognuno di noi nasce con un certo numero di adipociti e con una loro distribuzione prestabilita nelle differenti regioni corporee.

Gli adipociti hanno una caratteristica: quando acquistiamo peso aumentano di numero e si estendono in nuovi distretti somatici, quando invece dimagriamo e ritorniamo al peso precedente, essi però restano più numerosi di quanto non fossero prima che ingrassassimo. In questo caso, la riduzione del peso avviene solamente mediante una diminuzione della bolla di grasso che ogni adipocita contiene. In altre parole, gli adipociti diventano più «magri», ma se sono aumentati di numero quando siamo ingrassati, non diminuiscono.

Un altro aspetto da non sottovalutare è determinato dal fatto che, finché le cellule adipose non saranno ben piene di grasso, avremo fame. In altri termini, se siamo stati sovrappeso in qualche momento della nostra vita, la tendenza a riprendere chili e ad avere continuamente fame sarà sempre presente. Si tratta di una spiegazione fondamentale per aiutarci a capire come e quanto sia complicato dimagrire o conservare stabilmente, se nel passato si è stati sovrappeso o obesi, il nostro peso forma.

Teoria del metabolismo

L'energia chimica e biologica sono indispensabili per il nostro corpo, e gli permettono di mantenersi in vita fornendogli il «carburante» necessario per attività fondamentali quali la respirazione, il battito cardiaco, il funzionamento del tratto gastrointestinale. Questo dispendio energetico, di cui è stato dimostrato l'alto livello di ereditarietà, è caratterizzato da attività necessarie alla sopravvivenza e viene chiamato «metabolismo basale».

Una teoria sull'obesità ipotizza che il soggetto obeso possa avere un metabolismo basale più basso: quando è a riposo, sarebbe dunque in grado di bruciare meno calorie rispetto alla norma. Secondo questa ipotesi, chi è afflitto da obesità ha bisogno di meno cibo per vivere. Alcuni studi eseguiti su una popolazione di indiani Pima,[4] caratterizzati da un anomalo tasso di obesità che arriva a sfiorare l'80-85 per cento, hanno rivelato come i soggetti che avevano un metabolismo basale più basso riportavano un più elevato incremento di peso. Tali studi indicano così una possibile correlazione tra i modelli di metabolismo e la tendenza al sovrappeso.

Numerosi studiosi non supportano però questa teoria, sostenendo che non sussistono evidenze in grado di suggerire che gli obesi abbiano un tasso metabolico più basso rispetto a quello delle persone magre. Se mangiamo di meno, infatti, il metabolismo basale si abbassa e questa riduzione può continuare per mesi anche quando riprendiamo ad alimentarci normalmente. Questo è il motivo per cui, quando siamo a dieta, all'inizio è più facile perdere peso.

In seguito, con l'adattamento dell'organismo a un introito inferiore di cibo, il fabbisogno energetico necessario a sostenere il metabolismo basale si riduce e così il rapporto entrate/uscite, prima bilanciato, si squilibra perché incameriamo più energie di quelle che spendiamo. In questo assetto recuperiamo rapidamente il peso perduto. Nonostante le comprensibili differenze individuali, esiste comunque un modo per incrementare il metabolismo basale. Lo sport, infatti, può far accrescere il metabolismo basale[5] perfino al-

[4] Ravussin E. (1993), «Energy Metabolism in Obesity. Studies in the Pima Indians», in *Diabetes Care*, January; 16(1): 232-8.

[5] Dill D.B. et al. (1989), «The New England Journal of Medicine, Volume 213, 1935: The Energy Requirement in Strenuous Muscular Exercise», in *Nutr. Rev.*, May; 47(5): 138-141.

cune ore dopo che l'esercizio fisico è terminato, come ad esempio accade dopo un'intensa partita di calcio.

Molte persone ritengono però che facendo più sport saranno portate a mangiare di più. Degli studi per valutare se questo sia vero, hanno dato dei risultati controversi:[6] secondo alcune ricerche, dopo l'esercizio fisico si è portati a ingerire più cibo, secondo altre no.

Oltre all'energia spesa nell'attività fisica e nel metabolismo basale, non bisogna sottovalutare quella che il nostro corpo consuma per effettuare la digestione e la trasformazione degli alimenti ingeriti. In questo caso, la quantità degli alimenti assunti avrà sempre una discreta importanza: se mangeremo più del solito, anche l'energia utilizzata per la digestione/trasformazione sarà più elevata.

Mantenere regolare la quantità e la qualità del cibo e quindi, in modo indiretto, il proprio metabolismo basale, comporta un aumento delle probabilità di avere un peso costante.

Al contrario, se le percentuali dei grassi presenti nella nostra dieta subiranno un incremento,[7] le cellule adipose diventeranno più numerose e allora scomparirà l'effetto derivato dalla maggiore quantità di energia richiesta per svolgere le funzioni digestive. In questo modo, verrà però raggiunto un nuovo *set point* che, rispetto al precedente, sarà più elevato.

Teoria degli adipociti

Una tendenza generica all'obesità può anche essere espressa in base al numero di cellule adipose (adipociti). Una persona di peso medio ha dai 25 ai 35 miliardi di cellule adipose. Cellule che sono destinate a immagazzinare il grasso durante i periodi in cui esiste energia in eccesso, e a mobilizzarlo nei periodi in cui, invece, si verifica un deficit energetico.

Mediamente, gli obesi hanno lo stesso numero di cellule adipose di una persona normopeso, ma queste cellule sono più

[6] Blundell J.E. et al. (1998), «Uncoupling the Effects of Energy Expenditure and Energy Intake: Appetite Response to Short-Term Energy Deficit Induced by Meal Omission and Physical Activity», in *Appetite*, August; 31(1): 9-19.

[7] Corbett S.W., Keesey R.E. (1984), «Metabolic Defense of the Body Weight Set-Point», in *Res. Publ. Assoc. Res. Nerv. Ment. Dis.*, 62: 87-96.

grandi e hanno un peso superiore. In alcuni individui gravemente obesi, comunque, le cellule adipose arrivano a raggiungere i 125 miliardi.

Un tempo si credeva che il numero degli adipociti fosse determinato geneticamente, e che restasse costante per tutta la vita. Secondo quest'ipotesi l'aumento o la riduzione del peso corporeo sono una conseguenza della variazione della bolla adiposa contenuta nell'adipocita.

Attualmente, invece, si ammette che quando il numero esistente di cellule adipose è stato completamente utilizzato, se ne formano di nuove dai preadipociti, cellule a riposo che hanno la potenzialità di svilupparsi e trasformarsi in adipociti. In pratica, sembra che se un individuo nasce con un numero di cellule adipose più alte della media avrà nel corso della vita più cellule immediatamente disponibili all'incremento di peso, determinando così, più rapidamente di quanto non accada in altri soggetti, un accumulo di depositi adiposi.

Molto importante è sottolineare il dato secondo cui una volta che le cellule adipose si sono formate, ad esempio a seguito di aumentate richieste di immagazzinamento del grasso, queste possono negli anni riempirsi o svuotarsi, senza però scomparire.

Il soggetto che ha subito l'incremento del numero di adipociti avrà una tendenza maggiore a ingrassare e a diventare obeso di quanto non l'avesse in precedenza.

Nonostante questo, anche chi nasce con un basso numero di cellule adipose può crearne delle altre ritrovandosi così a convivere per il resto della vita con un bagaglio di adipociti più elevato. Questo aumento sposterà verso l'alto il valore del *set point* e determinerà una costante spinta verso l'incremento ponderale.

Regolazione dell'appetito

Come abbiamo già visto, esiste un grandissimo numero di indicatori biologici del grasso immagazzinato, che interagiscono con altri mediatori chimici in grado di influenzare il comportamento alimentare. La leptina è sicuramente il più interessante dei mediatori (per saperne di più vedi box a pag. 49). Quando i nostri depositi di grasso sono scarsi, c'è infatti meno leptina; quando invece sono abbondanti, la leptina aumenta. Anche la regolazione dell'appetito potrebbe quindi essere geneticamente correlata all'obesità, e in questo caso la leptina, con la sua capacità di inibire la fame e di regolare il dispendio energetico, potrebbe avere un ruolo importante.

Benché negli anni passati i ricercatori impegnanti nel trattamento dell'obesità abbiano nutrito grandi aspettative nei confronti della leptina, attualmente il ruolo di questo ormone proteico sembra più correlato ai meccanismi fisiologici coinvolti nella protezione dell'organismo durante la perdita di peso (ovvero quando i depositi calano) che alla sua protezione quando si verifica il contrario (quando cioè i depositi adiposi aumentano).

Molti ricercatori hanno focalizzato la loro risposta sulla mancanza di dispendio di energie fisiche. Un esempio significativo può essere lo studio effettuato su due popolazioni che abitano le latitudini estreme del Nord del Canada.[8] La prima, quella degli Oji-Cree, vive in piccole case completamente organizzate per l'inverno con stufe e pareti isolate, e utilizza gatti delle nevi e automobili. Sebbene il menù tradizionale sia costituito da animali selvatici e piante, attualmente la fonte di cibo primaria è un supermercato poco distante dalle abitazioni.

In media i membri di questo gruppo sono estremamente sedentari. Al contrario, l'altra popolazione presa in considerazione, gli Inuit, vivono una vita attiva secondo la tradizione dei popoli artici, continuando ad avere un'alimentazione a base di grandi quantità di pesce. Non a caso, il BMI medio degli Oji-Cree è 29 (sovrappeso al limite dell'obesità), mentre quello degli Inuit è decisamente più basso: 25 (soggetti normopeso).

L'incidenza di malattie cardiovascolari e di diabete è ovviamente superiore negli Oji-Cree, rispetto agli Inuit.

Alcuni ricercatori hanno poi dimostrato che i livelli di leptina sono correlati positivamente con il BMI, e con la percentuale di grasso corporeo. Questi livelli sono più alti nell'obeso, e più bassi in chi soffre d'anoressia. Quando un obeso dimagrisce, i livelli di leptina si abbassano. L'obesità potrebbe essere così il risultato di una resistenza alla leptina, in quanto gli elevati livelli di questa so-

[8] Hegele R.A. (1999), «Lessons from Genetic Studies in Native Canadian Populations», in *Nutr. Rev.*, May; 57 (5 Pt 2): 43-50.

stanza nell'obeso sarebbero ignorati dai meccanismi di sazietà. In contrasto con tale tesi, però, anche bassi livelli di leptina sono stati associati alla condizione di obesità. Quindi, con grande probabilità, la leptina svolge un ruolo nell'obesità sia quando è in eccesso che quando è in difetto.

Semplificando, potremmo dire che alcune persone consumano troppo cibo e acquistano peso perché hanno in eccesso i mediatori chimici che li portano a mangiare oltre la soglia di sazietà, e in difetto i mediatori chimici che invece li inducono a fermarsi.

Secondo recenti studi, il grasso corporeo potrebbe essere un organo attivo in grado di promuovere il senso di fame e il comportamento alimentare. E così, anche se il processo che conduce all'obesità non è direttamente legato all'attività dei mediatori chimici che regolano l'appetito, una volta che l'individuo ha acquistato un surplus di peso avvertirà in modo maggiore il senso di fame e diventerà meno sensibile ai normali segnali dei mediatori che indicano la sazietà.

Teoria emotiva

«Se sono triste, l'unica cosa che posso fare è mangiare. Se mi annoio, vado in cucina e apro il frigorifero. Quando sono agitata, soltanto un po' di cioccolato o qualche biscotto possono calmarmi.»

Le parole di Veronica, ventisettenne gravemente obesa, sono le stesse che ho già sentito centinaia di volte. Sono quelle che ha pronunciato durante il nostro ultimo incontro Franco, genovese normopeso con un importante incarico istituzionale che sfoga la sua ansia lavorativa su salatini e noccioline, o Michele, avvocato romano trentenne, che sta divorziando dalla moglie e reagisce alle frustrazioni sentimentali riempiendo, e divorando, la dispensa di casa.

Veronica, Franco e Michele soffrono – pur avendo forme fisiche diverse, ma tutte tendenti all'obesità – di un rapporto con il cibo compromesso, che li spinge a ricercare negli alimenti preferiti non semplice sostentamento, ma benessere, tranquillità e serenità. I loro tre casi raccontano quella teoria emotiva che venne proposta dallo psicologo statunitense Stanley Schachter, convinto che gli obesi non solo fossero maggiormente sensibili agli stimoli esterni, ma che mangiassero più dei non obesi in risposta a emozioni come ansia, paura, depressione e noia. Secondo Schachter, alcune persone interpretano la sensazione di emotività come un senso di vuoto simile alla fame dove il cibo è usato come un sostituto per altre forme di comfort emozionale. Gli obesi, così, oltre a mangiare per motivi diversi rispetto ai non obesi, complessivamente consumano più cibo, spesso operando la loro selezione fra alimenti ipercalorici e iperappetibili.

Un recente studio condotto su 3.610 soggetti di nazionalità svedese,[9] nel quale veniva preso in considerazione il BMI e il regime alimentare seguito, si è interrogato sugli orari dei pasti degli obesi, ipotizzando che questi fossero diversi rispetto a quelli dei non obesi. I risultati della ricerca hanno mostrato che gli obesi saltano con maggiore frequenza la colazione e il pranzo, ma mangiano notevoli quantità di cibo durante la notte. Un'altra particolarità è che si nutrono in modo differente rispetto alle persone normopeso: masticano più velocemente rispetto ai non obesi, ingoiano bocconi più grandi e in generale hanno un maggiore introito alimentare. Dallo studio è emerso che – pur consumando una quantità di cibo superiore rispetto a quella necessaria alla sopravvivenza secondo il fabbisogno calorico quotidiano – gli obesi non mangiano tanto di più dei non obesi come si potrebbe immaginare.

Alcuni studi si sono focalizzati sul comportamento alimentare degli obesi non in termini di calorie assunte o di quantità totale di cibo ingerito, ma andando a indagare più specificatamente il tipo di alimenti di cui questi soggetti si nutrono, con particolare enfasi sul rapporto tra carboidrati e grassi.

Una teoria elaborata recentemente prevede che, sebbene l'obeso assuma nel complesso una quantità di calorie leggermente superiori a quelle di un soggetto normopeso, tenda ad attingerle prevalentemente dai grassi. Come abbiamo già accennato in precedenza, non tutte le calorie sono uguali e le calorie che provengono da un pasto grasso possono portare a un maggiore incremento di peso rispetto a quanto non facciano le calorie provenienti dai carboidrati. A supporto di questa teoria, uno studio effettuato in Scozia su 11.500 persone ha dimostrato che nei soggetti il cui regime dietetico era caratterizzato da basse quantità di carboidrati,

[9] Berg C. et al. (2009), «Eating Patterns and Portion Size Associated with Obesity in a Swedish Population», in *Appetite*, February; 52(1): 21-26.

il rischio di sviluppare obesità era quattro volte maggiore rispetto a coloro che, invece, ne assumevano nell'ambito della dieta un'elevata percentuale.

Il consumo relativamente elevato di carboidrati è quindi correlato a un più basso livello di obesità.[10] A confermarlo sono stati anche altri studi, che hanno messo in evidenza come quanti attingono la propria energia per il 45 per cento da grassi hanno una possibilità 19 volte più alta di diventare obesi rispetto ai soggetti che fanno derivare dai grassi della loro dieta solo il 35 per cento dell'energia totale.

In conclusione, bisogna quindi sottolineare che gli obesi possono anche non mangiare molto di più dei non obesi, ma sono in grado di assumere un numero superiore di calorie, la maggior parte delle quali provengono dai grassi.

L'obesità e i cibi grassi

Come abbiamo appena notato, nella dieta degli obesi la proporzione tra grassi e carboidrati è sbilanciata: questi soggetti mangiano più frequentemente dei normopeso alimenti contenenti percentuali di grasso maggiori rispetto a quelle dei carboidrati.

Per chiarire per quale motivo lo squilibrio fra queste due componenti sia correlato all'obesità esistono tre tipi di spiegazioni.

1. *Il beneficio dei carboidrati complessi ai fini energetici.* È stato provato che è necessaria più energia per bruciare i carboidrati rispetto a quella necessaria per bruciare i grassi: mentre la metabolizzazione dei carboidrati richiede un elevato tasso di energia necessaria a effettuare un alto numero di reazioni ossidative, quella dei grassi ne richiede meno. Accade così che i carboidrati tendono a essere bruciati, mentre il grasso è portato ad accumularsi.
2. *I benefici dei carboidrati complessi al senso di fame.* È stato notato che i carboidrati complessi come pasta, patate e pane riducono la fame determinando una diminuzione dell'introito di cibo a causa della loro massa e della fibra in essi contenuta.

[10] Bolton-Smith C., Woodward M. (1994), «Dietary Composition and Fat to Sugar Ratios in Relation to Obesity», in *Int. J. Obes. Relat. Metab. Disord.*, December; 18(12): 820-828.

Inoltre i carboidrati diminuiscono il desiderio di mangiare, e fanno sentire sazi più velocemente.

3. *Il costo della fame.* È stato suggerito che i grassi non annullano il desiderio di mangiare, favorendo la tendenza a rimpinzarsi senza mai sentirsi veramente sazi.

Dove si sviluppa l'obesità?

I modelli fisiologici sottolineano una serie di meccanismi differenti per spiegare le soglie dell'obesità, ma non riescono a spiegare perché questa sia cresciuta così rapidamente nelle ultime decadi. I nostri meccanismi naturali e metabolici ci mettono molto tempo per modificarsi, ed è per questo che l'obesità, che si sta diffondendo con estrema rapidità, è oggi considerata endemica. I ricercatori hanno sottolineato l'impatto dell'industria alimentare sulla pubblicità sul cibo, e la facile disponibilità di alimenti ipercalorici, come quelli che vengono distribuiti nei *fast food.*

Sono stati identificati fattori ambientali che ci incoraggiano a vivere un'esistenza sempre più pigra e sedentaria, con la riduzione di quelle attività che prevedono un impegno fisico.

L'uso dell'auto, dell'ascensore, delle scale mobili, lo stare per ore davanti al computer e alla televisione, l'impiego di elettrodomestici come lavastoviglie, aspirapolvere, lavatrice, il consumo di cibi già pronti o precotti creano un ambiente in cui la consistente riduzione del dispendio energetico giornaliero pone le basi per un incremento del peso, che a lungo andare porta all'obesità.

Ma gli obesi mangiano davvero più degli altri?

Il comportamento alimentare degli obesi fa sorgere alcune domande: «Mangiano davvero di più delle persone normopeso?» e ancora: «Mangiano più rapidamente o a orari differenti delle altre persone?».

I numerosi studi che mettono a confronto obesi e non obesi evidenziano che non ci sono differenze consistenti.

Diverse ricerche hanno messo in risalto che sia gli obesi sia i non obesi che affermano di mangiare poco, mangiano di fatto molto di più di quello che dicono. La responsabilità è di un meccanismo che li porta a sottovalutare le quantità di cibo che consumano realmente.

Come abbiamo già detto, gli obesi preferiscono i sapori forti come il salato e il molto dolce, oppure cibo molto grasso o comunque altamente calorico.

Nel Paleolitico[11] la gente mangiava prevalentemente carne proveniente dalla caccia con un contenuto medio di grassi del 4 per cento. Al giorno d'oggi la carne ha un contenuto di grassi in media del 30 per cento e sono facilmente disponibili i dolci e moltissimi altri cibi ipercalorici e supergratificanti. Gli esperimenti sull'uomo e su tutti gli animali da laboratorio, al di là di qualsiasi altra valutazione, hanno dimostrato che quando è disponibile una grande quantità di cibo gustoso, tutti quanti stramangiano e rischiano con grande probabilità di diventare obesi.[12]

Un'altra caratteristica che ci fa mangiare di più – poco importa se siamo obesi, sovrappeso o normopeso – è la grande varietà di cibo a nostra disposizione che, peraltro, è un dato comune a tutti i Paesi economicamente più evoluti (vedi il paragrafo sulla *sensation seeking* a p. 15). Del resto, gli alimenti che si consumano nelle società industrializzate sono caratterizzati da un basso contenuto di fibre e questo verosimilmente determina un incremento della secrezione di insulina che, a sua volta, causa un aumento del peso.

Attività fisica

L'aumento dell'obesità coincide, oltre che con l'assunzione di calorie in eccesso, con la riduzione dell'energia che il nostro corpo spende quotidianamente. Una riduzione in atto ormai da lungo tempo: il passaggio da una società agricola a una società progressivamente basata sulla meccanizzazione e l'informatizzazione ha generato – insieme al continuo miglioramento del sistema di trasporto pubblico – una rivoluzione delle abitudini umane. I cambiamenti che hanno caratterizzato gli ultimi cinquant'anni sono poi

[11] Lichtenstein A.H. (1999), «Dietary Fat: a History», in *Nutr. Rev.*, January; 57(1): 11-14.

[12] Sclafani A., Springer D. (1976), «Dietary Obesity in Adult Rats: Similarities to Hypothalamic and Human Obesity Syndromes», in *Physiol. Behav.*, September; 17(3): 461-471.

legati – oltre alla già citata introduzione di elettrodomestici quali aspirapolvere, ferro da stiro, ma anche lavatrice e lavapiatti – alla diffusione della televisione.

Uno studio pubblicato nel 2011[13] su una delle riviste più importanti al mondo, *Jama*, ha analizzato gli effetti causati in 175.000 individui dalla visione di 2 ore di TV al giorno, evidenziando un incremento del rischio di diabete di tipo II, di malattie cardiovascolari e, in generale, delle cause di mortalità. Tali rischi si moltiplicano con l'aumentare delle ore trascorse davanti all'apparecchio televisivo. Attualmente, gli europei trascorrono davanti al piccolo schermo il 40 per cento del loro tempo libero, cioè circa 2 ore, mentre gli americani arrivano addirittura a passarne 5.

Secondo un recente rapporto Eurispes, l'8 per cento degli italiani trascorre più di 4 ore di fronte alla TV. Si tratta di un comportamento apparentemente innocuo, che invece nasconde dei gravi e insidiosi rischi. È stato infatti dimostrato che guardare la televisione può essere una delle concause dell'obesità.[14]

Per i genitori non è certamente una sorpresa: i bambini rimangono spesso incantati davanti all'apparecchio televisivo, non si muovono, non rispondono se si chiede loro qualcosa, si distendono in una condizione di abbandono. Inoltre, è stato dimostrato che i piccoli spettatori mangiano continuamente snack, cibi salati o dolci, e bevono tutto quello che viene pubblicizzato negli spot.

Uno studio condotto dall'Università Cattolica di Roma[15] su 20.000 bambini di 6-7 anni ha esaminato i rapporti tra obesità, attività fisica e abitudini alimentari che sembrano essere rilevanti per l'insorgere di affanno o di asma nei bambini.

Tuttavia, resta da definire se il ridotto esercizio fisico sia una causa o una conseguenza dell'obesità. È possibile che i molti chili di troppo siano motivo d'imbarazzo e d'impaccio motorio per l'obeso, e che la mancanza di esercizio fisico giochi un ruolo importante nel mantenimento dell'obesità, ma non ne sia una causa.

[13] Grøntved A, Hu F.B. (2011), «Television Viewing and Risk of Type 2 Diabetes, Cardiovascular Disease, and All-Cause Mortality: a Meta-Analysis», in *JAMA*, June 15; 305(23): 2448-2455.

[14] Dietz W.H. Jr (1987), «Childhood Obesity», in *Ann. NY Acad. Sci.*, 499: 47-54.

[15] Corbo G.M. et al. (2008), «Wheeze and Asthma in Children: Associations with Body Mass Index, Sports, Television Viewing, and Diet», in *Epidemiology*, September; 19(5): 747-755.

In ogni caso, è certo che l'attività fisica brucia calorie: 10 minuti di sonno equivalgono a una «spesa» di 16 kcal, stare in piedi per un ugual tempo aiuta a bruciare 19 kcal, correre 142 kcal, scendere le scale 88, salirle 229. Per questo motivo, l'esercizio fisico è stato sempre raccomandato come metodo per dimagrire. Le calorie che vengono bruciate durante l'esercizio fisico sono relativamente poche se confrontate con quelle che assumiamo in un pasto medio e, sebbene l'esercizio determini un'accelerazione del metabolismo, solo un'attività fisica intensa e prolungata sembra dare risultati concreti.

Le conseguenze dell'obesità

L'incremento della quantità di grasso corporeo proprio dell'obesità si accompagna a dei profondi cambiamenti nelle funzioni dell'organismo e a un maggiore rischio di sviluppare malattie come il diabete di tipo II, l'ictus e le coronaropatie, l'osteoartrite, i disturbi alla cistifellea e la steatosi epatica, comportando anche un notevole aumento dell'insorgenza di complicazioni durante la gravidanza. Queste patologie possono compromettere la qualità della nostra esistenza, e provocare una massiccia riduzione delle aspettative di vita.

L'obesità generalizzata determina un incremento del volume totale di sangue e un'alterazione della funzione cardiaca. La distribuzione del grasso intorno alla gabbia toracica e all'addome riduce le escursioni respiratorie, alterando così la funzione respiratoria. Il deposito di tessuto adiposo intraddominale che caratterizza l'obesità della porzione alta del corpo è il fattore che più contribuisce allo sviluppo dell'ipertensione, all'elevazione della concentrazione dell'insulina nel plasma, all'insulino resistenza, al diabete e all'incremento dei grassi nel sangue.

In particolare, l'obesità è caratterizzata da un'elevazione dell'insulina nel plasma, che provoca così una risposta esagerata di questo ormone dopo un'assunzione massiccia di glucosio. Infatti, generalmente, il grasso e la sua distribuzione nel corpo influenzano il metabolismo del glucosio.

L'Organizzazione Mondiale della Sanità ha identificato l'obesità come una delle malattie croniche in grado di incrementare il rischio di sviluppare altre patologie. Uno studio durato circa dieci anni teso a stimare l'incidenza del diabete, ha messo in risalto come, mentre il diabete di tipo I è rimasto relativamente costante durante tutto il periodo di studio, quello di tipo II (strettamente connesso con l'alimentazione) è aumentato dal 46 al 56 per cento.

Obesità e problemi psicologici

L'ossessione della cultura contemporanea per la magrezza, l'avversione per tutto ciò che evoca l'idea di grasso sia nell'adulto sia nei bambini, lo stato di continua pressione e vergogna provati dall'obeso possono determinare un abbassamento dell'autostima e dell'immagine di sé in tutti coloro che non sono conformi al fascino stereotipato dell'estrema magrezza.

Diversi studi hanno dimostrato che l'essere obesi può spingere alla depressione. Una ricerca ha documentato come in alcuni adulti affetti da obesità, con BMI superiore a 30, l'incidenza della depressione fosse 5 volte maggiore rispetto al gruppo di controllo normopeso.

È importante notare che gli obesi depressi ricercano con più frequenza di quelli non depressi un trattamento per perdere peso. Alcune ricerche effettuate su pazienti con elevati gradi di obesità, e in attesa di un intervento di chirurgia bariatrica, hanno evidenziato che i livelli di depressione in questi soggetti erano più elevati rispetto a quelli del gruppo di controllo con peso normale.

Uno studio portato avanti su 47 soggetti che avevano perso oltre 45 kg dopo il trattamento chirurgico di bypass gastrico ha sottolineato l'importanza per i soggetti obesi di non ingrassare nuovamente: tutti gli operati, nell'intervista effettuata dopo il dimagrimento, hanno ammesso che avrebbero preferito la sordità o la perdita della vista o il diabete o la dislessia o una cardiopatia o l'amputazione di una gamba piuttosto che ritornare al peso precedente. [16]

[16] MacGregor A.M., Rand C.S. (1991), «Successful Weight Loss Following Obesity Surgery and the Perceived Liability of Morbid Obesity», in *Int. J. Obes.*, September; 15(9): 577-579.

II
I disturbi della condotta alimentare

I Disturbi della Condotta Alimentare (DCA) sono condizioni patologiche in cui il malato ha un rapporto problematico con il cibo e risente di un condizionamento abnorme e negativo sul piano emozionale a causa del peso e della forma del corpo. Benché sull'argomento esistano esposizioni ampie ed esaustive, cui si rimanda il lettore che fosse interessato ad approfondire, e benché la descrizione dei disturbi della condotta alimentare non rientri propriamente tra i temi centrali di questo libro, per completezza sono state qui inserite delle spiegazioni sintetiche riguardo i più diffusi disturbi della condotta alimentare e sui relativi prodromi.

I disturbi della condotta alimentare (DCA), a partire dai più conosciuti come l'anoressia nervosa e la bulimia nervosa, sono molto diffusi fra la popolazione e, secondo una recente indagine del Ministero della Salute,[1] a soffrirne nel nostro Paese sono ben 3 milioni di soggetti. Tali disturbi vengono considerati di una certa gravità sia perché sono associati a serie complicanze mediche, sia perché sono tra i disturbi psichiatrici con più elevati indici di mortalità: fino al 19 per cento dei pazienti decede nei vent'anni successivi alla diagnosi.

Ogni anno 500.000 donne si ammalano di DCA, con maggior frequenza nella fascia d'età fra i 12 e i 35 anni. L'incidenza nella popolazione maschile e femminile è solitamente attribuita a cause culturali, anche se fattori biologici e sociali possono giocare un ruolo importante. In ogni caso, i DCA sono molto più frequenti tra le donne che tra gli uomini. Studi clinici hanno dimostrato come la percentuale maschile fluttui dal 5 al 10 per cento del totale dei soggetti ammalati.

[1] Dati diffusi nel gennaio 2012.

Passato e presente

I disturbi della condotta alimentare non sono patologie recenti, ma condizionano in modo più o meno invasivo l'uomo da migliaia di anni. A testimoniarlo sono le descrizioni di quadri clinici compatibili relativi a personaggi storici e religiosi vissuti in epoca medievale, quando la magrezza aveva un valore socioculturale del tutto diverso rispetto a quello odierno e veniva esaltata come il risultato di prolungati digiuni e di lunghe sofferenze del corpo tipiche della religione cristiana.

Le prime descrizioni di casi di anoressia nella letteratura psichiatrica risalgono alla seconda metà dell'Ottocento, mentre la bulimia è stata descritta per la prima volta dallo psichiatra Gerald Russell nel 1979. A partire dagli anni Cinquanta del secolo scorso si è comunque assistito a un sostanziale aumento dell'incidenza di queste patologie.

Bisogna attendere il 1980 e la terza edizione del testo internazionale di riferimento per la psichiatria, il *Manuale Diagnostico e Statistico dei disturbi mentali* (DSM), per avere una descrizione sistematica dei DCA e per la definizione di criteri diagnostici globalmente riconosciuti. La versione attuale del manuale, il DSM-IV TR distingue l'anoressia nervosa (AN), la bulimia nervosa (BN) e una serie di disturbi alimentari non altrimenti specificati (NAS), tra i quali viene incluso il disturbo da alimentazione incontrollata (*Binge Eating Disorder*, noto anche con l'acronimo BED).

Secondo alcuni autori, il crescente rilievo statistico dei DCA è in parte dovuto alla maggiore conoscenza delle patologie, e quindi al miglioramento della capacità di individuare i casi da parte delle strutture sanitarie.

Nonostante siano innegabili i progressi relativi all'inquadramento clinico, ancora oggi sussistono però delle difficoltà nel processo di identificazione di alcuni disturbi. Sovente, infatti, i pazienti si rivolgono a specialisti non psichiatri che possono non riconoscere la patologia. Solitamente, le prime richieste d'aiuto giungono a specialisti gastroenterologi per problemi digestivi o disturbi intestinali, a endocrinologi per il riscontro di deficit nutrizionali, a ginecologi per infertilità e perfino a dentisti per le carie e il deterioramento dentale causato dai ripetuti episodi di vomito.

Modelli e contromodelli

L'incidenza dei disturbi dell'alimentazione può essere difficilmente valutata al di fuori del contesto culturale. Negli ultimi decenni si è sviluppato un ideale di bellezza femminile che esalta una magrezza estrema – modello difficile, se non impossibile, da raggiungere con un sano regime alimentare – che è associato ad aspetti comportamentali ritenuti vincenti quali il controllo, il fascino, l'autodisciplina e un'alta autostima. Eppure, attraverso le riviste e la televisione ci giungono continuamente messaggi che pubblicizzano cibi molto appetibili, spesso proposti in smisurate porzioni. Si tratta di una sorta di *messaggio schizofrenico*: un conflitto tra la pressione culturale che ci spinge a perdere peso e la sovrabbondante e ipercalorica proposta alimentare. Un divario tra i nostri desideri di magrezza e la realtà biologica e genetica con cui dobbiamo quotidianamente fare i conti. Realtà che, rendendoci infelici e inadeguati per la forma del nostro corpo e per il nostro peso, ci fa diventare vulnerabili e fragili.

DCA: cibo, abuso e sport

Come abbiamo già visto nei capitoli sul *food craving* e sulla *food addiction* (vedi p. 112), esiste una stretta correlazione fra diversi tipi di abusi. Non c'è quindi da stupirsi se i disturbi della condotta alimentare e i disturbi da dipendenza hanno molto in comune.

È stato dimostrato che i pazienti con un disturbo della condotta alimentare, proprio come quelli affetti da abuso di sostanze, hanno una scarsa capacità di controllare gli impulsi. L'esperienza delle perdite di controllo è molto comune, in particolare tra coloro che cadono nella rete delle abbuffate e nell'uso di lassativi. I malati di DCA usano inoltre le sostanze d'abuso per fronteggiare lo stress e i sentimenti negativi, e mantengono il comportamento dipendente nonostante le evidenti conseguenze negative. Il modello della dipendenza è diventato il contesto dei *mangiatori anonimi*, uno dei programmi di auto-aiuto più popolari negli Stati Uniti, che da circa dieci anni opera anche in diverse città italiane.[2] Si tratta di un gruppo che si riporta alla filosofia già applicata con successo agli alcolisti anonimi e i cui

[2] Il sito di riferimento è htpp://www.overeatersanonymous.it.

programmi generalmente hanno lo scopo di portare all'astinenza il mangiatore compulsivo, che deve aderire ad alcune regole e rispettare delle tappe fondamentali per «disintossicarsi».

Per quanto il parallelo tra i disturbi della condotta alimentare e la dipendenza chimica presenti delle chiare similitudini, il confronto spinto a questo estremo mostra alcune limitazioni pratiche. Un primo problema è legato all'astinenza che, mentre è semplice da comprendere per l'alcol, è alquanto irrealistica quando è applicata al cibo. Se infatti è possibile sospendere l'alcol o le sostanze d'abuso, per ovvi motivi non è concepibile fare altrettanto con gli alimenti. In questo contesto non si può che raccomandare al paziente il controllo nel comportamento alimentare. Nonostante questo, ci sono altre evidenze per una relazione tra i DCA e i disturbi d'abuso di sostanze, e in particolare fra l'esercizio compulsivo e la rigida restrizione dietetica.

L'iperattività è una caratteristica saliente dell'anoressia nervosa e circa il 60 per cento delle anoressiche ha un periodo d'intensa attività fisica che precede l'esordio del disturbo. Tradizionalmente l'iperattività è vista come un metodo per bruciare le calorie indesiderate, ma secondo un gruppo di scienziati i due fenomeni, anoressia e iperattività, sono fra loro strettamente collegati.

Uno studio sperimentale[3] su dei topolini che venivano alimentati per 60, massimo 90 minuti al giorno, ha mostrato che gli animali cominciavano a correre su una ruota messa a loro disposizione e che incrementavano progressivamente la loro attività fisica. Più tempo passava, più i topolini correvano e riducevano il loro introito di cibo fino allo sfinimento e alla morte. L'iperattività motoria sosteneva così la restrizione dietetica e viceversa.

Dagli studi di confronto fra anoressia nervosa e pazienti che praticano esercizio fisico con intensità da moderata a elevata è stato rilevato che i tratti ossessivi-compulsivi, la preoccupazione per il peso e gli aspetti patologici dell'esercizio fisico sono significativamente correlati con i livelli di attività fisica. Questi dati potrebbero essere sintetizzati in un modello in cui l'attività fisica, la deprivazione di cibo e altri tratti ossessivi-compulsivi contribuiscono a un circolo

[3] Epling W.F., et al. (1995), «Diurnal Variation of Intensive Running in Food-Deprived Rats», in *Can. J. Physiol. Pharmacol.*, October; 73(10): 1519-1523. Fonte: Department of Surgery, University of Alberta, Edmonton, Canada.

chiuso distruttivo che è difficile interrompere e che può essere importante nello sviluppo e nel mantenimento dei disturbi alimentari.

Specie nella donna, la combinazione fra la preoccupazione per il peso eccessivo e la tendenza all'ossessività può portare a un aumento della frequenza e della durata dell'attività fisica. D'altro canto, l'attività fisica può incrementare la restrizione di cibo, incoraggiando e sostenendo la relazione tra la perdita di peso e il miglioramento delle performance, con un meccanismo di rinforzo reciproco che assomiglia di nuovo a un circolo vizioso: più esercizio, meno cibo; ancora più esercizio, ancora meno cibo.

Il concetto che l'attività fisica induca la restrizione alimentare è però controverso. Dopo un'intensa attività fisica è stato visto che gli atleti producono una notevole quantità di beta-endorfine, degli oppioidi endogeni che hanno un'attività di inibizione dell'appetito e danno un'elevata sensazione di benessere. In questo caso, il rischio è proprio che, a causa della condizione di appagamento e soddisfazione, lo sportivo possa diventare dipendente dagli allenamenti e andare in *superallenamento*. Così, però, pur continuando a fare sport, l'atleta andrà incontro a un declino della qualità delle sue prestazioni e a un regime alimentare completamente inopportuno e insalubre.

Attualmente il ruolo delle beta-endorfine, per molto tempo considerate dagli studiosi come fautrici di questa condizione, non è unanimemente accettato, poiché le concentrazioni nel sangue non correlano necessariamente con quelle presenti nel cervello. Per spiegare questo fenomeno bisogna tener conto che esiste una lamina di sbarramento (barriera emato-encefalica) tra sangue e cervello con dei fori che limitano il passaggio, dall'ambiente ematico a quello delle cellule nervose, di tutte le sostanze che hanno molecole troppo grosse.

In ogni caso, una delle categorie più a rischio tra gli sportivi per un disturbo della condotta alimentare sono le giovani atlete. Dovrebbe essere chiaro ad allenatori e insegnanti, nonché agli stessi sportivi, che l'eccessivo esercizio in combinazione con un regime dietetico troppo restrittivo – per quanto spesso venga percepito come perfettamente normale in un ambiente agonistico – può essere rischioso: il senso di successo che proviene dalla perdita del peso può creare infatti, come abbiamo appena sottolineato, una potente sensazione di dipendenza dalla condizione di magrezza.

Non bisogna poi sottovalutare il fatto che l'esercizio fisico possa diventare a sua volta causa di una vera e propria dipendenza. Un esempio è quello degli *obligate runners* – soggetti ossessionati dalla corsa, chiamati anche «corridori forzati» – che, superata una certa soglia, diventano sempre meno attenti agli eventi esterni all'attività atletica e sempre più preoccupati degli aspetti accessori dell'esercizio. Giunti a questo punto, gli *obligate runners* ricercano e acquistano continuamente equipaggiamento per il loro sport, aumentano il tempo trascorso in attività complementari – come la preparazione degli allenamenti, l'organizzazione degli eventi sportivi, ecc. –, riducendo in modo drastico l'attenzione rivolta alla quotidianità famigliare e alle attività professionali, spingendosi anche a modificare la vita relazionale e la motivazione verso stimoli in precedenza ritenuti gratificanti come il cinema, l'arte, i viaggi. In questo caso, lo sportivo si sente obbligato a correre per mantenere il suo stato di benessere e non si accorge che la sua esistenza, piegata da questa passione/ossessione, sta irreparabilmente cambiando.

Campanelli d'allarme

Una recente indagine sui giovani adolescenti a dieta nell'emisfero occidentale ha dimostrato come i soggetti compresi in un range tra il 60 e l'80 per cento segua per periodi più o meno prolungati un regime dietetico.

Sulle basi della ricerca clinica è stata identificata una certa quantità di sintomi che possono precedere l'esordio clinico dei disturbi della condotta alimentare. La loro influenza sull'individuo e sulla malattia avviene attraverso fattori ambientali, biologici e psicologici. Nell'anoressia, soprattutto nella forma *restrittiva*, è stasta evidenziata una tendenza spiccata all'attività fisica e una personalità incline all'inibizione emotiva, cognitiva e comportamentale, nonché un temperamento predisposto alla rigidità e al perfezionismo.

Al contrario, fattori che si ritrovano prima dell'esplosione della bulimia nervosa includono il sovrappeso dei componenti della famiglia, una tendenza famigliare verso i disturbi dell'umore e/o dell'abuso di sostanze, e un ambiente che incrementi il rischio di regimi dietetici.

Sebbene nessun precursore sia in grado da solo di anticipare l'anoressia o la bulimia, la combinazione di uno o più fattori contribuisce a creare una condizione in cui una predisposizione genetica può avere maggiore possibilità di esprimersi, e nella quale i fattori precursori determinano la disposizione alla malattia. Ad esempio, il rischio di ammalarsi di anoressia in soggetti che possono essere geneticamente suscettibili aumenta in presenza di un umore persistentemente negativo indotto dalla dieta e associato a una maggiore tendenza all'attività fisica. Questa predisposizione permetterà all'inizio il calo di peso desiderato, e procederà verso un dimagrimento sempre maggiore fino al manifestarsi del disturbo.

Il primo allarme dell'anoressia nervosa riguarda i fattori propri della patologia, come la mancanza di consapevolezza e la negazione di essere malati. I pazienti anoressici si identificano con la perdita di peso e affermano che è tutto normale e che loro stanno benissimo; purtroppo molto spesso l'assenza di consapevolezza è estesa a tutti i membri della famiglia, che si ostinano a non voler vedere il dramma che si sta consumando davanti ai loro occhi.

La restrizione alimentare combinata a un incremento dell'attività fisica è il secondo campanello d'allarme, ed è un comportamento prodromico all'anoressia nervosa. I pazienti bulimici sono anch'essi reticenti riguardo il loro anomalo comportamento alimentare: non ne vogliono parlare, lo negano, lo nascondono perfino a loro stessi.

Per il medico di famiglia la presenza di sintomi fisici come l'amenorrea nelle anoressiche o il rigonfiamento della ghiandola parotide[4] nelle bulimiche devono essere dei segnali forti. Uno studio sui medici di famiglia generici inglesi[5] per la valutazione della famigliarità con le diagnosi dei disturbi della condotta alimentare nell'infanzia ha riportato che il 31 per cento dei pediatri e solo il 3 per cento dei medici di famiglia formulavano una diagnosi corretta di anoressia nervosa quando venivano loro sottoposti 2 casi clinici di pazienti in età infantile. È quindi molto importante il coinvolgimento dei medici di famiglia nel riconoscimento precoce dei disturbi della condotta alimentare.

Il più diretto e semplice strumento per avere valutazioni riguardo le condotte anoressiche è l'*Eating Attitudes Test,* il cui punteggio riflette se un individuo è libero di scegliere cosa mangiare, è

[4] Gonfiore della porzione posteriore delle guance che si presenta come quella ordinariamente chiamata «faccia a gatto» (vedi p. 165).

[5] Lopez-Ibor J.J. et al. (2005), *Early Detection and Management of Mental Disorders*, John Wiley & Sons Ltd, Chichester (UK).

preoccupato per la dieta o ha tendenze o comportamenti anomali riguardo la condotta alimentare.

In conclusione, possiamo dire che allo stato attuale delle conoscenze, i disturbi della condotta alimentare sono condizioni in cui le espressioni del patrimonio genetico – un certo tipo di temperamento e una tendenza all'attività per l'anoressia, una tendenza al sovrappeso, ai disturbi dell'umore e all'abuso di sostanze per la bulimia – si manifestano in presenza di una particolare situazione ambientale e di una restrizione dietetica severa o ripetuta nel tempo.

L'importanza della diagnosi

È fondamentale sottolineare che bambini, adolescenti e giovani donne e uomini con anoressia o bulimia non vogliono essere visitati dai medici. Studi di confronto tra bulimici e bulimiche tra i 16 e i 24 anni[6] hanno mostrato che solo una minoranza degli individui accetta il trattamento.

La diagnosi precoce è invece importantissima e può orientare un trattamento tempestivo, aumentando così le possibilità di rendere più breve la durata della malattia e di portare il paziente a una completa guarigione. In caso di diagnosi precoce, però, è importante che venga effettuata una distinzione fra il comportamento caratteristico di una dieta temporanea e i sintomi d'esordio di un disturbo della condotta alimentare. Fin dalle prime fasi, infatti, i segni e i sintomi di un regime dietetico sospetto – come può essere il rifiuto di mangiare, la perdita di peso, la sensazione di perdere il controllo davanti al cibo e di iperalimentarsi – possono sovrapporsi ai sintomi dell'anoressia o della bulimia.

[6] Crawford P.B. et al. (2003), «Eating Disorders in White and Black Women», in *Am. J. Psychiatry*, July; 160(7): 1326-1331.

III
Anoressia nervosa

L'Anoressia Nervosa (AN) è un disturbo caratterizzato da una progressiva perdita di peso dovuta a una notevole riduzione dell'apporto alimentare, da un'ostinata ricerca della magrezza e da una patologica paura di ingrassare.

L'età media di comparsa del disturbo è tra i 15 e i 19 anni. Si calcola che l'anoressia sia dieci volte più frequente nel sesso femminile rispetto a quello maschile. Il disturbo colpisce dallo 0,5 all'1 per cento delle donne nel corso della vita e una percentuale molto inferiore di maschi. Ciononostante, recenti stime del *National Health Service* hanno calcolato che degli 1,6 milioni di persone che in Inghilterra soffrono di disturbi alimentari, una su 5 è di sesso maschile e che gli uomini ricoverati per disordini alimentari sono aumentati del 66 per cento negli ultimi dieci anni.

Anche in Italia la situazione non è molto diversa: su 3 milioni di malati, circa 670.000 sono uomini.[1] Dal 2000 i casi sono quasi triplicati, ma le percentuali riguardano perlopiù la fascia compresa fra i 19 e i 40 anni (il 55 per cento), seguita da quelle dei giovani con età tra 12 e18 anni (il 21,5 per cento), degli adulti oltre i 40 anni (il 16,5 per cento), e dei giovanissimi con meno di 12 anni (il 7 per cento).

La storia di Martina

Martina ha 14 anni e frequenta la prima liceo. È sempre stata una bambina diligente e attiva, perfezionista in ambito scolastico e molto disponibile con i compagni. Con il passaggio dalla scuola

[1] Dati forniti dall'ABA, l'Associazione per la ricerca sull'anoressia, la bulimia e i disturbi alimentari.

media al liceo, però, Martina è cambiata. Ha cominciato a essere più timorosa e meticolosa, ha iniziato a non voler uscire con i nuovi compagni di classe e ha lentamente abbandonato anche quelli vecchi.

Quando la incontro per la prima volta, Martina è molto diversa rispetto alla descrizione fisica che sua madre Luisa mi aveva fatto. Non ha più niente della bambina allegra e sorridente della fotografia in spiaggia, scattata pochi mesi prima in Versilia, che Luisa mi aveva mostrato.

Nonostante indossi un paio di pantaloni larghi e un maglione *oversize*, è impossibile non notare la sua estrema magrezza. Ha i capelli spenti e spezzati, la carnagione pallida, lo sguardo perso nel vuoto; è scontrosa e nervosa. È chiaro lo smarrimento che deve aver provato Luisa vedendo la figlia cambiare così radicalmente in pochi mesi, smarrimento che la mamma, disperata, mi spiega così:

> Martina ha cominciato a dimagrire subito dopo l'inizio del liceo. Prima non era assolutamente grassa, anzi. Aveva sempre avuto un buon rapporto con il cibo, e così non mi sono preoccupata quando, al rientro da scuola, mi chiedeva di pranzare in camera e se la sera mi domandava di accompagnarla in palestra perché aveva bisogno di scaricarsi. Vedevo che si stava impegnando tantissimo nello studio e i risultati non mancavano. Poi, però, come d'improvviso l'incantesimo si è rotto e Martina è crollata. Si è trasformata. Non voleva più uscire da casa né andare a scuola. Ha smesso di ascoltarmi, e l'unica cosa che le interessava era passare del tempo in palestra. Anche le sue abitudini alimentari erano cambiate senza che io me ne fossi accorta, e adesso non riesco a farle mangiare altro che verdure, insalata e ortaggi.

La trasformazione di Martina non è che un esempio delle distruttive metamorfosi che l'anoressia nervosa produce.

I fattori di rischio

I fattori di rischio determinati dall'anoressia nervosa sono di diverso tipo e riguardano sia la sfera socioculturale che quella familiare, ma nella maggior parte dei casi hanno una dimensione individuale.

Fra i fattori socioculturali ha un importante ruolo il contesto geografico. La frequenza dell'AN è infatti maggiore nei Paesi occidentali, e in modo particolare nelle aree urbanizzate. Un'adolescente italiana ha così più possibilità di ammalarsi rispetto a una coetanea indiana, e una ragazza cresciuta a Roma può essere più a rischio rispetto a una cresciuta nella campagna veneta. È stato poi verificato come anche fra gli immigrati in Paesi occidentali la frequenza sia molto simile a quella della popolazione locale, probabilmente a causa della rapida acquisizione dei modelli della cultura predominante da parte dei soggetti presi in esame.

Sembrano quindi giocare un ruolo fondamentale la pressione e la spinta verso la magrezza considerata come un indispensabile canone di bellezza, soprattutto in alcuni specifici gruppi sociali, come quello sportivo e artistico (atlete, ballerine, modelle, attrici), caratterizzati da tassi di frequenza del disturbo nettamente superiori alla popolazione generale.

Fra i fattori familiari non vanno sottovalutati la presenza nella storia familiare di casi di disturbi alimentari, ma anche di disturbi dell'umore, obesità o abuso di sostanze stupefacenti.

Nella storia personale del paziente malato di AN sono spesso rilevabili eventi vitali stressanti, quali la morte di un parente o di un caro amico, il divorzio dei genitori (soprattutto se questo si è verificato nel corso dell'adolescenza), la presenza di conflittualità o comunque di un ambiente familiare caratterizzato da elevati livelli di emotività espressa,[2] nonché un abuso sessuale in età infantile o adolescenziale.

Non bisogna poi dimenticare che l'AN è più frequente in individui dalla personalità introversa, timida, scrupolosa, perfezionista con tendenza al senso di colpa e con uno spiccato senso del dovere e della responsabilità. Si tratta sovente di adolescenti educate, impeccabili per quanto riguarda il rendimento scolastico, ma comunque insicure e con bassa autostima.

[2] L'emotività espressa (EE) è un indice della «temperatura emotiva» nell'ambiente familiare. Si tratta di un indicatore dell'intensità della risposta emotiva della famiglia nei confronti del componente malato, che viene deliberatamente considerato come il responsabile di tutte o quasi tutte le sue azioni, anche di quelle che chiaramente rappresentano i sintomi del disturbo. Riguarda famiglie ipercritiche, dai comportamenti ostili, con un eccessivo coinvolgimento emotivo nella situazione di malattia del congiunto.

Le cause biologiche

Nei pazienti affetti da AN sono state descritte alterazioni di alcuni neurotrasmettitori cerebrali come la serotonina, implicata nella regolazione dell'umore, dell'ansia e del dolore, ma anche del comportamento alimentare. Sono inoltre state rilevate anomalie nei livelli di alcune molecole cerebrali che regolano il senso della fame (come il neuropeptide Y e la galanina) e di altre sostanze che sono coinvolte nella percezione del piacere e della gratificazione (oppioidi endogeni).

Anche alcuni sistemi ormonali appaiono disregolati nella AN: i livelli di cortisolo, ormone coinvolto nelle risposte infiammatorie e in generale nelle risposte allo stress, sono più alti nelle pazienti anoressiche rispetto ai soggetti sani. Molte di queste alterazioni, tuttavia, sono reversibili quando la paziente, dopo un adeguato trattamento, riacquista un peso normale. Questo dato ha indotto alcuni ricercatori a ipotizzare che sia lo stato di denutrizione ad alterare i sistemi biologici. Le anomalie biologiche sarebbero pertanto secondarie e non precedenti all'AN.

Criteri diagnostici

Come abbiamo già accennato, lo strumento classificativo con cui gli psichiatri definiscono i criteri diagnostici dei disturbi della condotta alimentare sono indicati nel *Manuale Diagnostico e Statistico dei disturbi mentali* (DSM-IV-TR). I criteri richiesti per formulare la diagnosi AN sono i seguenti:

A. Rifiuto di mantenere il peso corporeo al di sopra o al peso minimo normale per l'età e la statura (per esempio, una perdita di peso che fissa il peso corporeo al di sotto dell'85 per cento rispetto a quanto previsto, oppure incapacità di raggiungere il peso previsto durante il periodo della crescita in altezza, con la conseguenza che il peso rimane al di sotto dell'85 per cento rispetto a quanto previsto).
B. Intensa paura di acquistare peso o di diventare grassi, anche quando si è sottopeso.
C. Alterazione del modo in cui il soggetto vive il peso o la forma del corpo, o eccessiva influenza del peso e della forma del corpo

sui livelli di autostima, o rifiuto di ammettere la gravità dell'attuale condizione di sottopeso.

D. Nelle femmine, dopo il menarca, amenorrea, cioè assenza di almeno tre cicli mestruali consecutivi.

I criteri in questione sono facilmente comprensibili e descrivono un quadro clinico dove l'ossessione per il cibo – intesa come paura di ingrassare e come rifiuto di ogni alimento considerato rischioso in quanto calorico – viene portata alle estreme conseguenze. Il peso corporeo raggiunto mette a rischio la salute e il corpo, e, nel caso della donna, manda segnali chiari come la scomparsa del ciclo mestruale. Il DSM-IV-TR distingue poi 2 sottotipi diversi del disturbo, classificando l'anoressia nervosa in anoressia con restrizioni (*restricter*) e forme con abbuffate/condotte di eliminazione (*binging-purging*).

L'anoressia con restrizioni prevede che «nell'episodio attuale di anoressia nervosa il soggetto non abbia presentato regolarmente abbuffate o condotte di eliminazione (per esempio vomito autoindotto, uso inappropriato di lassativi, diuretici o enteroclismi)». Nell'anoressia con abbuffate/condotte di eliminazione le manifestazioni cliniche sono caratterizzate dalla presenza «di abbuffate o condotte di eliminazione (per esempio vomito autoindotto, uso inappropriato di lassativi, diuretici o enteroclismi)».

Caratteristiche cliniche

L'esordio del disturbo è più spesso graduale e insidioso anziché acuto e improvviso. Con frequenza la paziente inizia in modo progressivo a rimuginare sul proprio peso corporeo, magari a seguito di una battuta o di un'osservazione scherzosa da parte degli amici o dei parenti.

In un primo momento – è questo il caso di studentesse liceali o universitarie – l'attenzione viene rivolta in modo quasi ossessivo allo studio, con risultati generalmente positivi.

Lentamente, i contatti sociali si riducono e la paziente inizia ad assumere complessivamente una quantità di cibo sempre minore, sopravviene anche una restrizione qualitativa delle pietanze con la scelta dei cibi in base al contenuto calorico (spesso il pretesto iniziale per non mangiare è costituito da lamentele su difficoltà digestive).

In seguito la situazione peggiora: il pasto diviene motivo di ansia, gli orari dei pasti sono sovvertiti, aumenta l'attività fisica che viene abbinata all'alimentazione secondo un criterio di «credito» o «debito» («Faccio due ore di corsa per poter mangiare il pane», oppure «Ho mangiato il pane e quindi devo correre due ore»). La fame, che si fa sempre più insistente, determina un turbine di pensieri rivolti al cibo o la raccolta di ricette culinarie o la frequentazione di corsi di cucina. Nel sottotipo classificato dal DSM-IV-TR come anoressia nervosa con abbuffate/condotte di eliminazione, dominano le abbuffate seguite dal vomito autoindotto o da abuso di lassativi e diuretici.

In una prima fase la paziente – a causa dell'effetto attivante del digiuno sul cervello – potrà apparire euforica, iperattiva e più estroversa, ricevendo il rinforzo positivo ambientale delle persone che apprezzano la perdita di peso. Con il passare del tempo, però, a causa di una diminuzione delle energie e di una serie di problematiche – oltre la scomparsa del ciclo mestruale, inizieranno a comparire i segni fisici della denutrizione, la flessione del tono dell'umore, mentre le preoccupazioni di parenti e amici si faranno sempre più pressanti – la situazione cambierà radicalmente. Ormai nel soggetto saranno invariabilmente presenti la distorsione dell'immagine corporea (la paziente si vedrà grassa anche quando è invece denutrita ed emaciata) e l'assenza di consapevolezza della malattia con una marcata tendenza a negare e nascondere il senso di disagio.

Nel sesso maschile il disturbo si manifesta, di solito, a seguito di una dieta motivata da una condizione di reale sovrappeso.

Tipica del maschio è poi la condizione nota come *Riverse Anorexia* – definita anche Complesso di Adone o Bigorexia Nervosa – che si sviluppa spesso nell'adolescenza ed è caratterizzata da una marcata distorsione dell'immagine corporea, che si esprime con la convinzione di essere piccoli e gracili, anche se in realtà il soggetto possiede una muscolatura normalmente rappresentata o addirittura è molto muscoloso.

Si tratta di una forma di dismorfofobia[3] riferita all'apparato muscolare caratterizzata dal fatto che i pazienti cercano di potenziare la propria muscolatura attraverso un'intensa attività ginnica mirando

[3] La dismorfofobia (dal greco *dismorphé*, «forma distorta», e *phóbos*, «timore») è la paura che nasce da una percezione distorta che si ha del proprio aspetto esteriore a causa di un'eccessiva preoccupazione per un supposto difetto fisico.

a raggiungere quello che considerano «il fisico perfetto». Ricorrono così a diete restrittive, a tentativi di mascheramento della presunta gracilità con indumenti larghi e sformati, arrivando a fare uso perfino di steroidi anabolizzanti.

I PRODROMI

Ci sono pochi studi riguardo ai precursori dell'anoressia nervosa. I dati elaborati dimostrano che il peso che precede l'esplosione della malattia non è significativamente alterato, e che solo il 12 per cento dei soggetti che svilupperanno l'anoressia nervosa sono sovrappeso dal primo anno di vita fino all'adolescenza.

Mediamente gli anoressici svolgono un'attività fisica più intensa e, contrariamente a quanto accade nell'obesità, in cui le diete costituiscono un fattore di sostenimento del peso in eccesso, il fatto di essere esposti a regimi dietetici ripetuti non sembra funzionare come precursore dell'anoressia. Anche il rischio correlato a fattori famigliari riguardanti il peso non sembra essere differente da quello della popolazione generale. Le caratteristiche della personalità di questi soggetti sono quelle di chi si aspetta molto da se stesso e ha un'elevata integrità morale, oltre a una certa rigidità comportamentale.

Le pazienti adolescenti vengono sovente descritte dai genitori come introverse e meticolose. Spesso hanno un disturbo ossessivo-compulsivo di personalità, con perfezionismo, inflessibilità, tendenza all'ordine, alla precisione e alla simmetria. Tendono a essere molto timide e a evitare i contatti sociali. Sono giovani che hanno un controllo emotivo, cognitivo e comportamentale molto forte.

Da bambine hanno spesso l'autostima bassa, anche in assenza di qualsiasi segno di umore depresso. La famiglia è spesso iperprotettiva, oppressiva e indirizzata a evitare i conflitti.

Esiste una differenza tra le famiglie da cui provengono i due tipi di anoressiche che abbiamo appena presentato. La famiglia delle anoressiche con restrizioni è calma, ordinata, perfetta, con elevati livelli di coesione. Nel caso delle anoressiche con abbuffate/condotte di eliminazione il padre tende al discontrollo affettivo e dà espressioni di ostilità. In entrambi i casi, comunque, le famiglie dimostrano una forte aggregazione.

Tra i prodromi dell'anoressia, che si presentano poco prima della manifestazione del disturbo, uno facilmente osservabile è costituito da una perdita di peso di circa il 15 per cento, che può essere o meno causata da una dieta, ma anche da una malattia fisica o da un calo dell'umore. In ogni caso, il dimagrimento è difeso dal paziente e fermamente negato.

Nell'84 per cento dei casi esiste,[4] come già detto, una condizione di iperattività fisica. Nei tre quarti dei soggetti anoressici, quando si riduce la perdita di peso legata al minor introito di cibo, si verifica un incremento dell'attività fisica che ha lo scopo di continuare a forzare il dimagrimento. Naturalmente negli atleti che gareggiano il rischio è più frequente che nelle persone che praticano sport a livello non agonistico.

Disturbi psichiatrici associati all'AN

Le pazienti anoressiche, soprattutto nelle fasi avanzate della malattia, si ammalano con elevata frequenza anche di depressione (fino all'80 per cento dei casi). Le pazienti che soffrono del sottotipo con abbuffate/condotte di eliminazione (che rappresentano il 50 per cento dei casi di AN) hanno un profilo di personalità diverso: sono in genere più instabili emotivamente, presentano sbalzi d'umore e alti livelli di impulsività. Queste pazienti hanno una maggiore familiarità con disturbi psichici e un'alta frequenza di associazione con altri disturbi mentali come il disturbo bipolare, i disturbi del controllo degli impulsi, il disturbo di personalità borderline e l'abuso di sostanze stupefacenti. L'insieme di queste caratteristiche rende queste pazienti più gravi.

Decorso e prognosi

Il decorso dell'AN è per lo più cronico o remittente, ovvero caratterizzato da periodiche remissioni e riacutizzazioni dei sintomi. La prognosi è peggiore quando il disturbo esordisce più avanti

[4] Gorzynski G. et al. (1978), «Hyperactivity in Anorexia Nervosa: a Fundamental Clinical Feature», in *Compr. Psychiatry*, September-October; 19(5): 433-440.

negli anni, cioè quando la paziente arriva alla diagnosi già in condizioni di grave sottopeso, mentre nel sesso maschile e nel sottotipo con abbuffate/condotte di eliminazione, quando sono presenti anche altri disturbi mentali.

I tassi di guarigione sono bassi: solo un 30 per cento delle pazienti guarisce e nel 50 per cento dei casi persistono sintomi residui del disturbo come un alterato rapporto con il cibo o atteggiamenti bulimici.

La mortalità può raggiungere il 20 per cento a causa delle gravi complicanze mediche e del rischio di suicidio, che sembra essere significativamente maggiore nel sottotipo con abbuffate/condotte di eliminazione.

Complicanze mediche

Sono numerose le complicanze mediche che si possono trovare nei soggetti che soffrono di anoressia nervosa. Alcune riguardano cute e annessi cutanei e sono più evidenti, come la perdita dei capelli o le alterazioni della pelle, che diviene secca, sottile e fragile, con comparsa di peluria bianca anche sul volto.

Altre sono di tipo gastrointestinale e comprendono carie ed erosione dello smalto dei denti, gonfiore delle ghiandole salivari o infiammazioni dell'esofago a causa dell'azione irritante del vomito ripetuto, ma anche stipsi e danni al fegato. Anche le ossa – con un aumento del rischio di osteoporosi precoce – e il sangue – in cui si ha una notevole riduzione del numero dei globuli rossi, dei globuli bianchi e delle piastrine – subiscono le conseguenze dell'AN.

L'apparato cardiovascolare può poi manifestare un rallentamento del battito cardiaco e alterazioni dell'attività elettrica riscontrabili mediante elettrocardiogramma, con rischio di morte improvvisa a causa delle aritmie causate dagli squilibri degli elettroliti nel sangue.

Nei pazienti affetti da AN sono anche presenti notevoli alterazioni ormonali che si manifestano con la riduzione degli ormoni sessuali (con scomparsa nelle donne dei cicli mestruali), con l'innalzamento dei livelli di cortisolo, alterazioni della tiroide e degli ormoni della crescita. Anche l'aumento del rischio di infezioni è notevole e da non sottovalutare.

TRATTAMENTI

Nei casi gravi con importante sottopeso, serie complicanze mediche, rischio di suicidio e altri disturbi mentali associati, è necessario ricoverare le pazienti per rialimentarle gradualmente sotto controllo medico coinvolgendo quindi anche altre figure specialistiche come il nutrizionista e il medico internista.

Studi recenti hanno evidenziato che il ricorso all'alimentazione forzata tramite sondino naso-gastrico nelle pazienti a rischio di vita non peggiora la prognosi e non ha ripercussioni psicologiche negative. Quando la paziente è stabile da un punto di vista medico è necessario un approccio integrato con combinazione di psicoterapia e trattamento farmacologico. Tale psicoterapia di tipo cognitivo-comportamentale è utilizzata sia per correggere i comportamenti alimentari abnormi sia per modificare gli schemi cognitivi distorti delle pazienti, secondo cui il peso e la magrezza costituiscono l'unico criterio per determinare il valore di sé.

Il trattamento farmacologico si avvale di farmaci antidepressivi che potenziano la trasmissione neuronale mediata dalla serotonina (inibitori selettivi della ricaptazione di serotonina – SSRI).

Se l'AN è associata a elevati livelli di impulsività e sbalzi d'umore, come accade spesso per il sottotipo con abbuffate/condotte di eliminazione, può rendersi necessaria l'associazione di farmaci che stabilizzano il tono dell'umore (soprattutto molecole che appartengono alla classe degli antiepilettici). Recenti studi hanno inoltre dimostrato che l'impiego clinico di farmaci antipsicotici a basso dosaggio sembra in grado di migliorare la consapevolezza di malattia nelle pazienti e l'accettazione delle cure, ridurre la distorsione dell'immagine corporea e facilitare il recupero del peso.

IV
Bulimia nervosa

La Bulimia Nervosa (BN) è un disturbo caratterizzato dalla presenza di impulsi incontrollabili a mangiare esageratamente, che vengono definiti come crisi bulimiche, seguiti da tentativi di controllare il peso indicati come condotte di eliminazione. La BN è stata a lungo considerata una variante dell'anoressia nervosa, e solo recentemente ha acquistato un'autonomia nel sistema di classificazione indicato nel *Manuale Diagnostico e Statistico dei disturbi mentali* (DSM-IV-TR). La BN interessa circa il 3 per cento della popolazione ed è fino a 20 volte più frequente nel sesso femminile rispetto a quello maschile. L'età di esordio va dai 12 ai 35 anni con un picco di frequenza intorno ai 18 anni.

La storia di Barbara

«Ogni volta che c'è qualcosa che mi fa stare male, vado in cucina e apro il frigorifero». È questa la confessione che mi fa Barbara, impiegata trentacinquenne con alle spalle un recente divorzio. Barbara è leggermente sovrappeso e nel corso della sua vita ha provato più volte a sottoporsi a svariati tipi di diete che, come ammette lei stessa, sono tutte «miseramente fallite». La storia del disturbo alimentare di Barbara è molto lunga, e affonda le sue radici nella prima adolescenza:

> Ricordo che già da bambina adoravo andare a fare la spesa con mia madre e poi in macchina, mentre tornavamo a casa, frugavo fra i sacchetti alla ricerca di qualcosa da mangiare. Mi piaceva mischiare i sapori: le barrette di cioccolato con le patatine, le merendine alla frutta con i salatini. Le cose sono cambiate intorno ai 15 anni. Non mi piacevo, mi trovavo grassa, eppure non riuscivo a smettere di

mangiare. Aspettavo di essere sola in casa e poi andavo in cucina, dove divoravo tutto quello che trovavo. Solitamente queste abbuffate duravano poco più di mezz'ora, e dopo stavo malissimo. Mi sentivo una stupida incapace di controllare le emozioni e il comportamento. Benché portassi una taglia 44, mi consideravo una cicciona debole.

Negli anni le cose per Barbara non sono migliorate, anzi:

Per un certo periodo ho preso anche dei lassativi e ho provato a vomitare, ma alla fine ho capito che non faceva per me e così ho cominciato a praticare sport. Ci sono giorni che per bruciare un'abbuffata passo fino a 3 ore in palestra. Ma, se ci rifletto, non è solo la paura di ingrassare a tormentarmi. Sapere che non mi riesco a controllare mi fa stare male.

Da quando mio marito mi ha lasciato, le cose sono ulteriormente peggiorate. Ormai pianifico la mia giornata soltanto in base a quello che mangerò.

La storia di Barbara è uguale a quella di Caterina, un'altra mia paziente bulimica che utilizza il vomito autoindotto per eliminare il cibo consumato in eccesso, o a quella di Simona, che ha abusato di lassativi e diuretici fino al ricovero. Le vite di queste donne bulimiche, ossessionate dal cibo e dalle abbuffate, hanno un solido *fil rouge* comune che esamineremo nel corso del capitolo.

Criteri diagnostici

Per parlare di bulimia nervosa è necessario che siano soddisfatti tutti i cinque criteri presenti nel DSM-IV-TR, che suddivide la BN in due categorie.

A. Ricorrenti abbuffate. Un'abbuffata è caratterizzata da entrambi i seguenti punti:

1. mangiare in un definito periodo di tempo (ad esempio un periodo di 2 ore) una quantità di cibo significativamente maggiore di quello che la maggior parte delle persone mangerebbe nello stesso tempo e in circostanze simili;
2. sensazione di perdere il controllo durante l'episodio (ad esem-

pio sensazione di non riuscire a smettere di mangiare o a controllare cosa e quanto si sta mangiando).

B. Ricorrenti e inappropriate condotte compensatorie per prevenire l'aumento di peso, come vomito autoindotto, abuso di lassativi, diuretici, enteroclismi o altri farmaci, digiuno o esercizio fisico eccessivo.

C. Le abbuffate e le condotte compensatorie si verificano entrambe in media almeno 2 volte alla settimana, per 3 mesi.

D. I livelli di autostima sono indebitamente influenzati dalla forma e dal peso corporei.

E. L'alterazione non si manifesta esclusivamente nel corso di episodi di anoressia nervosa.

Per quanto riguarda invece la distinzione tra i sottotipi di disturbo, questa viene fatta sul comportamento che il soggetto tiene dopo le grandi abbuffate:

– con condotte di eliminazione: nell'episodio attuale di bulimia nervosa il soggetto ha presentato regolarmente vomito autoindotto o uso inappropriato di lassativi, diuretici o enteroclismi.

– senza condotte di eliminazione: nell'episodio attuale il soggetto ha utilizzato regolarmente altri comportamenti compensatori inappropriati, quali il digiuno o l'esercizio fisico eccessivo, ma non si dedica regolarmente al vomito autoindotto o all'uso inappropriato di lassativi, diuretici o enteroclismi.

Caratteristiche cliniche

Nella maggior parte delle pazienti l'esordio è preceduto da una fase di AN di durata variabile da settimane a mesi, oppure da un periodo in cui la paziente attua ripetuti tentativi di restringere l'alimentazione motivati da insoddisfazione per il peso e per la forma del corpo. A differenza della paziente anoressica, la bulimica rivolge patologicamente l'attenzione ad alcune parti del corpo come gambe, glutei o girovita. Solo successivamente compare l'elemento centrale del disturbo, ovvero le crisi bulimiche che portano lo schema alimentare a essere ridotto a un continuo alternarsi di digiuni e abbuffate.

La crisi bulimica tipo viene vissuta dalla paziente in segretezza e può essere anticipata da stati d'animo spiacevoli (molte pazienti raccontano di sentirsi prima frustrate, tristi o nervose) o scatenata dalla semplice vista del cibo. L'ingestione degli alimenti è caotica, vorace, senza attenzione al sapore ed è caratterizzata dall'assunzione di quantità abnormi di cibo, il cui introito calorico può raggiungere durante un unico episodio le 20.000 kcal. In questi momenti, i pazienti non hanno il controllo di se stessi: mangiano avidamente, ingordamente, senza rendersi conto di quello che effettivamente stanno facendo. La crisi termina per cause estranee come l'arrivo di qualcuno, l'esaurimento del cibo o la comparsa di dolore provocata da un'eccessiva distensione dello stomaco, ed è seguita da sentimenti di insoddisfazione e di colpa. «Come ho potuto?», si chiedono insistentemente alcuni pazienti. «Per quale motivo non sono riuscito a trattenermi? Che cosa ho di sbagliato? Perché perdo il controllo in maniera così terribile?», si domandano altri. La conseguenza immediata dell'abbuffata, oltre al malessere psicologico in cui si trova il soggetto, è il tentativo di rimediare alla crisi attraverso il vomito autoindotto (riscontrato in alcuni soggetti fino a decine di episodi al giorno) o con l'assunzione di lassativi e diuretici.

L'attuale versione del *Manuale Diagnostico e Statistico dei disturbi mentali* (DSM-IV-TR) prevede un sottotipo di disturbo in cui mancano le classiche condotte di eliminazione, ma sono comunque presenti altri comportamenti compensatori quali il digiuno o l'esercizio fisico eccessivo. In alcuni casi la paziente arriva a pianificare gli episodi bulimici che divengono l'obiettivo principale della giornata con gravi ripercussioni sulla vita sociale e lavorativa. In questo modo, ogni occasione sociale che facilita l'accesso al cibo (cerimonie, feste, cene) è evitata, e una grande quantità di tempo viene impiegata per procurarsi le scorte di cibo, cambiando continuamente supermercati per evitare di provare imbarazzo nell'acquisto di grandi quantità di alimenti, o facendo la spesa a tappe, ovvero servendosi in più botteghe.

Disturbi associati

Nella BN l'associazione ad altri disturbi psichici è la regola. Frequentemente le pazienti soffrono di disturbi dell'umore, soprattutto di forme bipolari di differente ordine di gravità, di disturbi d'ansia, di disturbi del controllo degli impulsi, di disturbo di personalità *borderline* o di abuso di sostanze stupefacenti. Il profilo di personalità e i disturbi associati sono molto simili tra la BN e la AN sottotipo con abbuffate/condotte di eliminazione.

Decorso e prognosi

La bulimia nervosa diventa cronica nel 20 per cento dei casi, mentre nel restante 80 per cento di situazioni assume un andamento a remissione e riacutizzazione. Spesso, dopo la scomparsa delle crisi bulimiche, permangono nelle pazienti sintomi residui come la polarizzazione sul peso, sull'aspetto fisico o sull'alimentazione. Resta comunque alto il rischio di altri disturbi psichiatrici. La prognosi è migliore per i casi in cui la durata di malattia è breve e in cui non sono presenti in associazione altri disturbi psichici.

Complicanze mediche

I danni tipici della BN sono dovuti prevalentemente al vomito ripetuto, che causa corrosione dei denti e frequenti carie, infiammazione delle ghiandole salivari che spesso si gonfiano, conferendo al volto un aspetto «a gatto» per rigonfiamento delle regioni parotidee, infiammazione dell'esofago fino al rischio di rottura e perforazione, danni pancreatici e squilibri degli elettroliti nel sangue.

Trattamenti

L'ospedalizzazione è necessaria solo in presenza di elevato rischio di suicidio o di presenza contemporanea di uno o più disturbi psichiatrici. Anche in questo caso, come nell'anoressia nervosa, è importante la psicoterapia cognitivo-comportamentale finalizzata alla correzione dei pensieri distorti su peso-cibo-forma del corpo e dello schema alimentare. Spesso è utile iniziare con l'automonitoraggio dell'alimentazione da parte della paziente (diario alimentare) e con tecniche comportamentali per superare l'impulso all'abbuffata.

La terapia farmacologia si avvale di antidepressivi SSRI a dosi medio-alte che hanno dimostrato efficacia nel ridurre le crisi bulimiche. Più spesso, rispetto all'anoressia nervosa, è necessario aggiungere farmaci stabilizzatori dell'umore data la frequente presenza in queste pazienti di alti livelli di impulsività e di instabilità dell'umore.

I PRODROMI

Se delle persone normopeso senza problemi della condotta alimentare, dopo aver seguito per un lungo periodo una dieta molto rigida, avranno un accesso incondizionato al cibo, mangeranno fino a stare male, facendo vere e proprie abbuffate. Dopo questi pasti iper abbondanti, i soggetti, anche per alleviare il malessere legato alla distensione gastrica, potranno mettere in atto comportamenti compensatori come il vomito. Lo stare a dieta è stato identificato come un fattore di rischio per la bulimia nervosa. Al contrario di quanto accade nell'anoressia, nei bulimici il sovrappeso dei componenti della famiglia e i commenti negativi riguardo a peso, aspetto fisico e abitudini alimentari giocano un ruolo significativo come eventi precursori del disturbo. Un gran numero di pazienti riferisce d'aver sofferto di obesità infantile e di provenire da una famiglia obesa. Anche essere ossessionati dall'idea della magrezza e avere fluttuazioni del peso importanti appaiono come precursori del disturbo bulimico.

Vomitare dopo i pasti è una caratteristica molto frequente nella bulimia, fatta eccezione per i casi in cui un elevato esercizio fisico serve a bruciare le calorie assunte con le abbuffate. Sembra che la capacità di imparare a vomitare senza sforzo dei bulimici[1] abbia una stretta relazione con il disturbo da ruminazione nell'infanzia.

Un altro evento che preavvisa l'esordio della bulimia è la precocità rispetto alle coetanee del menarca, caratteristica molto di frequente collegata al peso. Durante la pubertà una tendenza alle variazioni del peso corporeo, associata al sovrappeso, determina con maggiore facilità un'insoddisfazione per il proprio aspetto e una spinta in più a intraprendere una dieta. I genitori dei pazienti che soffrono di bulimia sono di frequente affetti da disturbi come l'alcolismo, la depressione e l'abuso di sostanze stupefacenti.[2]

[1] Cooper P.J., Fairburn C.G. (1984), «Rumination in Bulimia Nervosa», in *Br. Med. J.* (Clin. Res. Ed.), March 17; 288(6420): 826-827.

[2] Davies B.A. et al. (1997), «Risk Factors for Bulimia Nervosa. A Community-Based Case-Control Study», in *Arch. Gen. Psychiatry*, June; 54(6): 509-517. Fonte: Department of Psychiatry, Oxford University, Warneford Hospital, United Kingdom.

V
Disturbo da alimentazione incontrollata

Binge Eating Disorder

Il *Binge Eating Disorder* (BED), noto anche come disturbo da alimentazione incontrollata, è definito come l'assunzione di una quantità di cibo maggiore del normale nell'arco di un breve periodo di tempo (circa 2 ore), durante il quale si ha la completa perdita del controllo sul cibo che si ingerisce. Un'altra caratteristica di questo disturbo è che, dopo le abbuffate, non si pongono in essere comportamenti compensatori quali il vomito autoindotto, l'uso di lassativi o l'esercizio fisico compulsivo.

In Italia è affetta da BED[1] circa l'1 per cento della popolazione, equamente suddivisa fra maschi e femmine. Soffrono quindi di *binge eating disorder* circa 600.000 italiani. Il disturbo è rilevabile nel 25 per cento dei pazienti che chiedono aiuto per un problema di obesità e nel 50-75 per cento dei pazienti con obesità grave (indice di massa corporea > 40). L'età di esordio è intorno ai 20 anni, mentre l'età in cui viene fatta la diagnosi va dai 30 ai 40 anni. Recenti studi hanno stimato che durante il periodo di esami dal 16 al 25 per cento delle studentesse universitarie incorrono in episodi occasionali di BED, e che tali episodi si verificano con frequenza settimanale in circa il 10 per cento dei soggetti analizzati. Spesso il BED è associato a problematiche psichiche e fisiche come depressione, ansia, abuso di sostanze stupefacenti, obesità, diabete e ipertensione.

Da alcuni anni il BED è stato incluso tra i criteri presi in esame per fare diagnosi di bulimia.

[1] Striegel-Moore R.H., Franko D.L. (2003), «Epidemiology of Binge Eating Disorder (Epidemiologia del Disturbo da Alimentazione Incontrollata)», in *International Journal of Eating Disorders*, 34 (Suppl.): 19-29.

La storia di Gianni e Stella

Gianni è un giovane creativo di 35 anni con moglie e un figlio. È gravemente obeso e vive un'insoddisfazione personale e lavorativa aggravata da abbuffate settimanali durante le quali perde il controllo e mangia qualsiasi cosa gli si presenti a tiro. «Mentre mi abbuffo penso solo che mi faccio schifo. Mi vergogno di me stesso e penso a mio figlio. Cosa direbbe se mi vedesse così?», sospira. «Mi sforzo di non pensarci, ma è più forte di me. E ogni volta che succede mi riprometto che non capiterà più», conclude. Gianni sa bene che continuerà ad abbuffarsi e che dopo 2, 3, massimo 4 giorni, ricadrà nel vortice di quella malattia che lo perseguita da quando era all'università.

Spiega Stella, 28 anni e un lavoro da segretaria, che ha da poco superato i 100 kg per un metro e sessanta d'altezza:

> Quando realizzo che rimarrò sola a casa perché Sara, la mia coinquilina, uscirà con i suoi amici, mi sento malissimo. So già quello che mi aspetta. È sempre il solito copione: esco prima dal lavoro, vado al supermercato, compro di tutto, arrivo a casa e mi butto sul divano. Anche se non ho fame, inizio a tirare fuori dai sacchetti, uno a uno, i prodotti che ho comprato e comincio a mangiare. Sono velocissima, non ho neanche bisogno di masticare. Innaffio tutto con litri e litri di succo di frutta o bevande gassate, e puntualmente mi sento male. Di solito accade una volta alla settimana, e quando Sara rientra mi trova ogni volta sul letto, che sto piangendo. Cerco di inventarmi scuse sempre diverse, ma la verità è che mi faccio troppo schifo, mi vergogno così tanto di me stessa da non riuscire neppure a dire la verità alla mia migliore amica.

Pur essendo diversi per sesso, età e situazioni personali e lavorative, Stella e Gianni raccontano lo stesso malessere. Quello di due persone obese che vorrebbero cambiare vita, ma sono prigioniere del medesimo disturbo alimentare: il *binge eating disorder*.

Criteri diagnostici

Nel DSM-IV-TR, il BED figura tra i disturbi dell'alimentazione non altrimenti specificati. Tuttavia, ai fini del suo riconoscimento, il manuale propone i seguenti criteri diagnostici.

A. Episodi ricorrenti di alimentazione incontrollata. Un episodio di alimentazione incontrollata si caratterizza per la presenza di entrambi i seguenti elementi:
1. mangiare, in un periodo definito di tempo (per esempio entro un periodo di 2 ore), un quantitativo di cibo chiaramente più abbondante di quello che la maggior parte delle persone mangerebbe in un periodo simile di tempo e in circostanze simili;
2. Sensazione di perdita del controllo nel mangiare durante l'episodio (per esempio la sensazione di non riuscire a fermarsi, oppure a controllare che cosa e quanto si sta mangiando).

B. Gli episodi di alimentazione incontrollata sono associati con 3 (o più) dei seguenti sintomi:
1. mangiare molto più rapidamente del normale;
2. mangiare fino a sentirsi spiacevolmente pieni;
3. mangiare grandi quantitativi di cibo anche se non ci si sente fisicamente affamati;
4. mangiare da soli a causa dell'imbarazzo per quanto si sta mangiando;
5. sentirsi disgustati verso se stessi, depressi, o molto in colpa dopo le abbuffate.

C. È presente un marcato disagio riguardo al mangiare incontrollato.

D. Il comportamento alimentare incontrollato si manifesta, mediamente, almeno 2 giorni alla settimana per un periodo di 6 mesi.

E. L'alimentazione incontrollata non risulta associata con con l'utilizzazione sistematica di comportamenti compensatori inappropriati (per esempio, uso di purganti, digiuno, eccessivo esercizio fisico), e non si verifica esclusivamente in corso di anoressia nervosa o bulimia nervosa.

Binge eating disorder, bulimia e anoressia nervosa

Le caratteristiche dell'abbuffata nel BED sono molto simili a quelle descritte nella bulimia nervosa, ma persistono alcune eccezioni. Il disturbo da alimentazione incontrollata, infatti, è caratterizzato da crisi iperfagiche in cui sono assenti regolari condotte di eliminazione o comportamenti compensatori. Tale disturbo conduce a livelli variabili di obesità e causa un marcato disagio soggettivo. La frequenza e la durata con cui le abbuffate si presentano sono inoltre molto maggiori rispetto a quelle della BN, tanto che possono durare da 2 ore fino a giorni interi. Forse, però, la differenza principale tra la bulimia e il BED è la presenza o l'assenza di consapevolezza riguardo al peso corporeo.

Diversamente dai bulimici e dagli anoressici, i soggetti affetti da BED mangiano quando non sono affamati; ciò significa che l'abbuffata non è una risposta fisiologica alla sensazione di fame. Inoltre, la sensazione di stress che viene vissuta dagli individui con BED non si manifesta dopo l'abbuffata, come avviene invece nella bulimia e nell'anoressia, bensì nel corso dell'abbuffata stessa. Ciò è probabilmente dovuto alla lunga durata dell'episodio, poiché un'abbuffata può protrarsi anche per un giorno intero. Anche per questo motivo, sia il peso che la dieta di questi soggetti sono altamente variabili.

Alcuni studi aneddotici suggeriscono che i pazienti affetti da BED tendono prevalentemente a essere obesi e, rispetto agli individui obesi che non fanno abbuffate, hanno una storia di oscillazioni di peso maggiori. Tale circostanza è attribuita ai numerosi tentativi dietetici portati avanti. Tentativi che puntualmente si concludono con un insuccesso e sfociano in periodi di BED altalenanti. Quindi, nel confronto con i soggetti obesi che non fanno abbuffate, i soggetti affetti da BED esprimono emozioni, attitudini e vissuti caratterizzati da un «più elevato tasso di disgusto per se stessi riguardo le proporzioni del proprio corpo, depressione, ansia, disturbi somatici e sensibilità interpersonale».[2]

Caratteristiche cliniche

Gli obesi con disturbo da alimentazione incontrollata presentano preoccupazioni maggiori per la propria condizione e una minore capacità di controllo sul cibo rispetto agli obesi senza il disturbo. La frequenza media delle crisi bulimiche è di 3-5 episodi a settimana, ma il comportamento compulsivo sembra peggiorare con l'aumentare dell'adiposità. Infatti, a differenza di quanto accade nelle pazienti bulimiche in cui la dieta ipocalorica peggiora il

[2] American Psychiatric Association (2000), *Diagnostic and Statistical Manual of Mental Disorders,* DSM-IV-TR 4th Edition, Am. Psyc. Ass. Publ., Arlington (VA).

disturbo, in questi soggetti una restrizione calorica e la perdita di peso migliorano i sintomi e riducono le abbuffate.

Attualmente, esistono numerose perplessità riguardo la distinzione tra il disturbo da alimentazione incontrollata e la BN senza condotte di eliminazione. È possibile che si tratti dello stesso disturbo con differenti conseguenze sul peso corporeo dovute a fattori di tipo genetico e metabolico individuali. Le condotte di eliminazione in questi pazienti, come evidenziato nella descrizione presente nel DSM-IV-TR, sono sporadiche, e non è presente alcuna tendenza a eccedere con l'attività fisica. Il comportamento è pertanto sedentario, come negli obesi.

Disturbi associati

L'associazione con altri disturbi mentali in questi pazienti è maggiore rispetto agli obesi, ma è minore rispetto a quanto non lo sia in individui affetti da BN. I disturbi più spesso associati sono disturbi dell'umore, disturbi d'ansia come il disturbo di panico e il disturbo post-traumatico da stress, ma anche disturbi di personalità.

Diagnosi e trattamento

Il decorso del BED è tipicamente cronico e la prognosi è tanto peggiore quanto maggiore è il comportamento bulimico. Le complicanze mediche sono legate all'obesità, che aumenta il rischio di malattie del cuore e dei vasi sanguigni, diabete, tumori e malattie delle articolazioni. Tuttavia un approccio psicoterapico è fondamentale per migliorare il controllo sui comportamenti bulimici e per impostare un regime di vita salutare. A riguardo è sicuramente importante la figura del nutrizionista, al fine di proporre al paziente una dieta dimagrante personalizzata.

Il trattamento farmacologico si avvale di medicinali in grado di favorire il controllo delle abbuffate e la perdita di peso: particolarmente indicati sono la fluoxetina, il primo SSRI introdotto nella pratica clinica, e il topiramato, un antiepilettico di nuova generazione usato anche nei disturbi dell'umore per la sua attività di stabilizzatore.

VI
Nuovi problemi alimentari

Esistono una serie di disturbi della condotta alimentare che non sono riconducibili ai quadri clinici maggiori quali l'anoressia nervosa, la bulimia nervosa e il *binge eating disorder*, ma che hanno comunque un'importante rilevanza clinica e determinano una sofferenza e uno stress da non sottovalutare nei soggetti che ne sono affetti.

In questo capitolo illustreremo brevemente proprio questi quadri clinici, che sono con sempre maggiore frequenza oggetto di studio da parte degli esperti e che, pur essendo poco conosciuti da parte dei medici di famiglia e del grande pubblico, hanno un'elevata incidenza. Le loro manifestazioni sono spesso sotto la soglia della diagnosi, in altre parole i sintomi e i segni clinicamente evidenti nei pazienti non sono tutti quelli che invece devono essere necessariamente presenti nelle patologie maggiori affinché possa essere formulata la diagnosi. Alcuni sintomi sono assenti, altri si manifestano per un periodo di tempo più breve, ma non per questo i soggetti che sono affetti dal disturbo provano minore sofferenza, anzi. Il malessere di questi pazienti, infatti, non viene inquadrato come un disturbo e di conseguenza non riceve alcun trattamento. Nasce così nel malato una spirale di sfiducia nei confronti del medico e delle cure. Un senso di abbandono e di impotenza che spesso apre la strada alla cronicizzazione di tali condizioni cliniche, che non di rado diventano ancora più gravi delle forme maggiori che, più facilmente riconosciute e più prontamente trattate, raggiungono il miglioramento e la guarigione.

I disturbi dell'alimentazione sottosoglia

Come abbiamo visto nel corso del capitolo precedente, l'anoressia nervosa, la bulimia nervosa e il BED sono associati sia a una compromissione funzionale, sia a una condizione di stress emotivo, sia ad altri disturbi psichiatrici, e sovente comportano un decorso cronico e un'elevata mortalità.

Sono molto pochi gli studi, specie se vengono considerati quelli effettuati sulla fascia d'età adolescenziale, che si sono occupati dello spettro dei disturbi della condotta alimentare – intendendo per spettro quelle manifestazioni che hanno caratteristiche tipiche del sottosoglia, perché si presentano attenuate, atipiche, con sintomi isolati.

Con *disturbi dell'alimentazione sottosoglia* solitamente ci si riferisce a individui che, pur sperimentando tutti i sintomi di quel particolare disturbo della condotta alimentare, sono affetti da un livello attenuato di uno o più sintomi. Queste sindromi sono associate a carenze riguardo lo svolgimento del corso normale della vita famigliare, sociale e lavorativa, nonché a tentativi di suicidio, complicanze per disturbi di carattere medico, aumento del rischio di disturbi psichiatrici immediati o futuri.

Adolescenza e disturbi sottosoglia

Uno studio molto importante condotto su circa 500 ragazzi di 12-15 anni che sono stati seguiti per un periodo di 8 anni aveva come obiettivo quello di analizzare le caratteristiche sottosoglia di anoressia, bulimia e BED.

Al termine del lavoro scientifico, il 12 per cento di tutti gli adolescenti esaminati risultò essere affetto da un disturbo della condotta alimentare. Non erano visibili delle differenze significative fra i soggetti malati di anoressia, mentre facendo un confronto tra le percentuali di ragazzi affetti dalla forma sottosoglia e dalla forma completa di bulimia e di BED esistevano delle notevoli diversità. I primi, infatti, erano in percentuale 5 volte superiore rispetto ai pazienti che soffrivano della patologia completa.

Lo studio metteva in evidenza come l'età in cui il rischio si presentava con la massima percentuale di soggetti era, per la bulimia e il BED, tra i 17 e i 18 anni. Non c'è da sorprendersi. La patologia dell'alimentazione tende infatti a emergere verso la tarda adolescenza, un'età in cui le esperienze caratteristiche dell'epoca dello sviluppo sono tipicamente focalizzate sulla socialità con i coetanei e con i primi partner sentimentali. In queste situazioni, il rischio di patologie dell'alimentazione è maggiore, perché prende piede la convinzione di dover aderire a modelli ideali di bellezza e a diktat fisici che esaltano l'estrema magrezza. Condizioni a loro modo stressanti, che possono incrementare il rischio di ammalarsi di un disturbo della condotta alimentare. È poi possibile che durante l'adolescenza aumenti la spinta a consumare cibi a elevato contenuto di grassi e di zuccheri, probabilmente a causa di alcuni processi biologici, come accade nelle variazioni legate agli ormoni.

Durante gli 8 anni di osservazione dello studio, in una percentuale di casi che varia tra il 13 per cento e il 17 per cento dei giovani affetti da bulimia o da BED, i disturbi di intensità sottosoglia si aggravarono, divenendo disturbi soprasoglia. Come non è raro che la situazione peggiori in soggetti sottosoglia e che il disturbo sfoci nella patologia completa, così può capitare che un malato passi da una condizione patologica a un'altra: nello studio che stiamo descrivendo tale fenomeno si verificò nel 42 per cento dei pazienti affetti da BED che divennero bulimici. Il passaggio inverso avvenne invece nel 29 per cento dei casi.

Come testimonia questa ricerca, il fatto che fra gli adolescenti esistano percentuali elevate di disturbi della condotta alimentare, e soprattutto che un'alta quota di disturbi sottosoglia rischi di essere misconosciuta e quindi non trattata, deve richiamare l'attenzione dei medici e dei genitori. Riconoscere le forme sottosoglia ha infatti una grandissima importanza per valutare il grado di gravità della patologia e, se è il caso, intervenire precocemente con il trattamento adeguato.

Anoressia nervosa atipica

L'Anoressia Nervosa Atipica è stata inclusa tra le forme dei disturbi della condotta alimentare che richiedono ulteriore studio e attenzione. È una forma non molto diffusa, che può però aiutare a capire come i disturbi dell'alimentazione possano assumere diverse forme cliniche e manifestarsi in modo diverso nella loro interazione con l'ambiente. Le prime descrizioni dell'anoressia nervosa atipica risalgono al 1973, quando la psichiatra americana Hilde Bruch la descrisse per prima in *Eating Disorders: Obesity, Anorexia Nervosa and the Person Within.*[1] Bruch riportò l'anoressia nervosa atipica come un'anoressia secondaria e specificò come alcune delle caratteristiche di questa condizione siano la presenza in entrambi i sessi, il frequente esordio dopo la pubertà, la mancanza di iperattività, spesso una componente depressivo-isterica e la consapevolezza da parte del paziente che il suo aspetto emaciato e il suo comportamento alimentare sono anomali.

L'anoressia nervosa atipica viene utilizzata dal paziente più per manipolare l'ambiente – e così ottenere dei benefici dalla propria condizione di ammalato – che per raggiungere la magrezza in sé. Sottolineando la loro condizione di estrema denutrizione, questi pazienti stabiliscono infatti un rapporto di dipendenza dagli altri, obbligandoli a prendersi cura di loro. Si tratta di un comportamento in forte contrasto con le caratteristiche primarie dell'anoressia nervosa tipica, nella quale è centrale la battaglia per l'indipendenza e per il raggiungimento della propria identità.

Nel 1997 anche lo psichiatra Anderson Erickson nel suo libro *Anorexia Nervosa*[2] dedicò un capitolo alla descrizione della forma atipica e suggerì che questi pazienti avrebbero potuto essere classificati in tre tipi a seconda di come la sindrome si fosse manifestata.

In un lavoro nel 1986, Anderson Erickson aveva già descritto un quadro di anoressia nervosa che però non soddisfaceva tutti i criteri indicati e generalmente accettati per diagnosticare questo disturbo. Erickson delineava un quadro diverso, dove la maggior parte dei malati aveva paura di diventare grasso, il 20 per cento soffriva di un disturbo dell'immagine corporea e il 60 per cento rifiutava di mantenere il peso normale. La media dell'età di questi pazienti era di 26,5 anni, un'età di esordio maggiore rispetto all'anoressia nervosa.

In un lavoro del 1989 l'età media di esordio risultò invece di 35 anni e le caratteristiche cliniche più evidenziate furono quelle legate a problematiche fisiche e ad alcuni problemi di distorsione dell'immagine corporea. Inoltre, i maschi avevano la stessa sintomatologia delle femmine, ma avevano un esordio più precoce (26 anni).

[1] *Basic Books, NY.*
[2] *Raven Press, NY.*

Anoressia tipica e atipica

Al contrario di quanto accade nell'anoressia classica, nella quale i pazienti devono essere forzati dalla famiglia a consultare un medico a causa del peso esageratamente basso, gli anoressici atipici hanno spesso una storia di disturbi fisici che hanno richiesto numerose visite dal medico, test di laboratorio e talvolta ricoveri ospedalieri. Questi pazienti tendono a canalizzare la loro necessità, perennemente insoddisfatta, di essere al centro dell'attenzione attraverso le lamentele su presunte malattie fisiche.

L'anoressia nervosa atipica è frequentemente non diagnosticata proprio a causa dei vari lamenti inerenti la salute fisica, l'umore depresso, l'età di esordio più elevata e l'assenza della percezione del proprio corpo come eccessivamente grasso.

È stato rilevato che, in confronto ai pazienti con anoressia nervosa tipica, la forma atipica ha nel 19 per cento dei casi la possibilità di diventare cronica ma anche di evolvere, più rapidamente della forma tipica, verso la guarigione. Al contrario, il rischio di evoluzione verso il BED è più basso. In definitiva, un esordio così tardivo del disturbo corrisponderebbe a un fenotipo[3] che non evolve verso la forma tipica della malattia.

Da segnalare è anche che il BMI (indice di massa corporea), che nella forma tipica della malattia tende a restare sempre basso, nella forma atipica tende a normalizzarsi.

Purging disorder

Due facce di una stessa malattia: Simonetta e Giada

Simonetta ha 30 anni, è normopeso e molto piacente. Fa molto sport e a un primo sguardo non è difficile considerarla come una persona sana e serena. Sfortunatamente, non è affatto così: da anni, almeno una volta alla settimana, ricorre a lassativi e diuretici per smaltire il cibo assunto, secondo lei, in eccesso. «Ho paura di ingrassare. Sono stata grassa, tanti anni fa, e non voglio che mi

[3] Ovvero l'espressione di un genotipo in un determinato ambiente, essendo il genotipo il depositario della totalità delle informazioni genetiche depositate nel DNA che caratterizzano ogni essere vivente.

succeda mai più», spiega disperata. «Non posso permettermi di diventare una taglia più grande. Non posso permettermi neanche di ingrassare un chilo di più», sospira. È evidente l'ossessione che Simonetta ha per il suo corpo e per il suo peso. Ossessione che la porta, esattamente come Giada, che ricorre al vomito autoindotto per eliminare il cibo che considera aver mangiato di troppo, a utilizzare delle condotte eliminatorie: incamerare quelle calorie sarebbe intollerabile, se non addirittura mortale. Simonetta e Giada sono due facce dello stesso disturbo, i *Purging Disorders* (PD).

Caratteristiche cliniche

I *purging disorders* sono disturbi con un significato clinico rilevante nell'ambito dei disturbi della condotta alimentare, anche se non sono ancora stati inseriti a pieno titolo nella classificazione ufficiale dei disturbi. Attualmente sono in corso ulteriori studi e approfondimenti per il loro inquadramento diagnostico e terapeutico. Questo non significa che i *purging disorders* siano malattie meno importanti rispetto a quelle già inquadrate dal DSM-IV-TR. I pazienti che ne soffrono, infatti, vivono una profonda condizione di malessere e hanno diritto, esattamente come tutti gli altri pazienti che soffrono di disturbi della condotta alimentare, di vedere la propria condizione prontamente riconosciuta ed efficacemente curata. Una traduzione in italiano di *purging disorders* potrebbe essere *disturbi da condotte eliminatorie,* ma spesso si usa la dizione inglese per farvi riferimento.

I soggetti affetti da *purging disorders*, pur non compiendo abbuffate, sono ossessionati dal controllo del peso e della propria figura, hanno la tendenza a indursi autonomamente il vomito, ad abusare di lassativi, a usare a sproposito diuretici e altri farmaci. Sono soggetti che hanno un'intensa paura di aumentare di peso o comunque di diventare grassi, e sono prevalentemente di sesso femminile.

Come evidenziato nel capitolo precedente, il sintomo fondamentale del BED è la presenza di abbuffate in assenza di comportamenti compensatori come le condotte di eliminazione. La caratteristica fondamentale del *purging disorder,* invece, è la presenza di condotte eliminatorie in assenza di episodi di abbuffate. Attualmente le caratteristiche cliniche della patologia, benché siano già state messe a fuoco, sono ancora oggetto di discussione. La maggior parte degli esperti sono d'accordo che per fare diagnosi di *purging disorders* devono esserci stati almeno 2 episodi di vomito la settimana per una durata minima di 4 mesi.

Uno studio effettuato su donne che non facevano abbuffate di cibo, ma presentavano condotte eliminatorie – praticando quindi il vomito e utilizzando lassativi e diuretici con una frequenza che oscillava da una sola volta fino a 7 volte al mese – mostrò come le pazienti soffrissero di una grave compromissione delle relazioni sociali e del funzionamento lavorativo, accompagnati da una condizione di malessere che richiedeva l'utilizzo di strutture sanitarie di igiene mentale.[4] Questo dimostra come anche una condizione clinica che comporti una modesta sintomatologia determini in pazienti affetti da *purging disorders* delle ripercussioni importanti sia rispetto all'adattamento sociale che alla qualità della vita in generale.

Nel tentativo di capire il significato culturale di questo disturbo, sono stati confrontati studi provenienti da diverse parti del mondo come Stati Uniti, Canada, Inghilterra, Portogallo, Italia, Australia e Tanzania. È emerso, fatta eccezione per uno studio condotto su delle ragazze provenienti dall'Est dell'Africa, che il *purging disorders* è un disturbo diffuso prettamente nella cultura occidentale.

In Tanzania, il disturbo riguardava prevalentemente le donne e le ragazze di livello culturale elevato, mentre sulle Isole Fiji la diffusione della televisione e di programmi televisivi di provenienza occidentale veniva accompagnata tra le giovani donne da un incremento della pratica del vomito con la finalità di controllare il peso, e dal 35 per cento delle ragazze oggetto dello studio di età compresa tra 15 e 20 anni veniva adottato anche l'utilizzo di erbe purgative. Si trattava di soluzioni che, oltre a determinare una riduzione del peso, generavano nelle ragazze una condizione di stress e una compromissione del funzionamento delle attività giornaliere.

[4] Bohon C. et al. (2007), «Relations of Bulimic Symptom Frequency and Intensity to Psychosocial Impairment and Health Care Utilization: Results from a Community-Recruited Sample», in *International Journal Of Eating Disorders*, vol. 40, Issue 6, September; 505-514.

Disturbi psichiatrici associati al PD

Esiste un marcata associazione tra il *purging disorders* con i disturbi dell'umore e in particolare con la depressione, i disturbi d'ansia, l'uso di sostanze stupefacenti e il discontrollo degli impulsi.[5]

Un recentissimo studio ha messo a confronto la personalità di soggetti di controllo sani con pazienti affetti da *purging disorders* e da bulimia nervosa. I pazienti con disturbi della condotta alimentare presentavano maggiore incidenza dei disturbi di personalità rispetto ai soggetti sani e, in particolare, i soggetti PD avevano tratti di rigidità della personalità – come ordine, meticolosità, perfezionismo, testardaggine, tendenza a prendersi sempre sul serio – e di ansia. Quest'ultima è stata interpretata come la tendenza ad amplificare la preoccupazione per tutto ciò che veniva ingerito, e proprio dall'ansia scaturirebbe la propensione ad assumere contromisure per la rapida eliminazione del cibo appena assunto mediante i meccanismi di vomito autoindotto, l'utilizzo di purganti o diuretici. Nella bulimia nervosa la caratteristica preminente è risultata l'impulsività, responsabile del comportamento del paziente durante le abbuffate.

Se si considerava esclusivamente la gravità delle rispettive malattie, il confronto tra bulimici e *purging disorders* rivelava che non esistevano importanti differenze di personalità tra i due gruppi affetti dalle due patologie. In altre parole, i disturbi di personalità si aggravavano con il peggiorare dei sintomi del *purging* e della bulimia, e consistevano soprattutto in una combinazione di sintomi di ansia e di impulsività. Tale combinazione pare sia una base biologica condivisa dalle due malattie che, secondo alcuni studiosi, in realtà hanno una vera e propria continuità. In un confronto tra PD e BED sono stati presi in considerazioni i disturbi d'ansia e le manifestazioni di depressione, e sono stati riscontrati risultati analoghi.

Nel complesso, i sintomi che incrementano il rischio di ammalarsi di un disturbo della condotta alimentare pare siano soprattutto la presenza di ansia e la difficoltà a controllare gli impulsi. A determinare se ci si ammalerà di questo o quel disturbo saranno la predisposizione genetica, l'influenza ambientale e altri fattori di natura psicopatologica.

[5] Crosby R.D. et al. (2011), «Clinical Significance and Distinctiveness of Purging Disorder and Binge Eating Disorder», in *International Journal Of Eating Disorders*, vol. 44, Issue 4, May 2011: 311-316.

Binge Drinking

Il *Binge Drinking* viene ufficialmente catalogato come un disturbo non diversamente specificato (*Eating Disorder Not Otherwise Specified* – EDNOS) ed è definito come il consumo consecutivo di bevande alcoliche in un periodo di tempo limitato, in una o più occasioni durante un intervallo di 6 mesi. Sebbene la definizione vari notevolmente riguardo a quante bevute alcoliche costituiscano il discontrollo, la definizione più comunemente usata prevede il consumo per episodio di 5 o più drink negli uomini, e 4 o più drink per le donne.[6]

La definizione di *binge drinking* fu coniata per descrivere la modalità di assunzione dell'alcol degli studenti universitari dei college americani. Attualmente, il *binge drinking* è associato a una serie di coincidenze negative come prestazioni scolastiche scadenti, problemi psicosociali, comportamenti antisociali, comportamenti sessuali ad alto rischio e aggressioni fisiche. Anche se il *binge drinking* non è incluso nei criteri per la formulazione della diagnosi di abuso o della dipendenza da alcol, gli esperti suggeriscono che circa un terzo degli studenti che soffre di tale malessere soddisfi i criteri diagnostici per l'abuso di alcol e, anche se in minor misura, per la dipendenza.

Il binge drinking in Italia

Sembra che anche nel nostro Paese l'alcol faccia parte di uno stile di vita universitario e che dal suo effetto derivi un aumento della socievolezza e una riduzione del senso di tensione. Uno studio italiano su 1000 studenti in quattro diverse università,[7] due del Centro Italia e due del Sud, ha valutato il consumo di alcol nel nostro Paese: i risultati hanno evidenziato che il *binge drinking* è diffuso tra un terzo degli studenti intervistati. Nelle università del Centro Italia bevevano il 40 per cento degli universitari, mentre in quelle del Sud il 30 per cento. Quelli che abitavano in casa con i genitori bevevano solo nel 3 per cento dei casi, i ragazzi che non vivevano in famiglia bevevano invece almeno 3-4 volte la settimana

[6] Brewer R.D. et al. (2003), «Binge Drinking among US Adults», in *JAMA*, Jan 1; 289(1): 70-5.

[7] Baiocco R. et al. (2006), «The Problem of Binge Drinking among Italian University Students: a Preliminary Investigation», in *Addict, Behav.*, Dec; 31(12): 2328-2333. Epub, 2006 Apr 19.

nell'11 per cento dei casi. Solitamente i più portati a consumare in dosi massicce l'alcol erano quelli che vi si erano avvicinati più precocemente dei 12-13 anni, l'attuale età cui gli adolescenti si avvicinano alle bevande alcoliche.

Un'indagine condotta nel 2009 dal Ministero della Salute[8] riportava che fra gli 8 milioni e mezzo di italiani affetti da *binge drinking* il 15,8 per cento dei ragazzi italiani sopra gli 11 anni – 6 milioni e 434.000 maschi e 2 milioni e 20.000 femmine – hanno avuto o hanno un consumo a rischio per quanto riguarda l'alcol. Anche se l'Italia ha un consumo procapite annuo di alcol tra i più bassi d'Europa – da noi si beve meno alcol di quanto non accada nei paesi nel Nord Europa, ma più di quanto non accada in altri paesi dell'Europa del Sud –, i dati allarmanti che emergono da questa indagine sono quelli che riguardano le donne, fra le quali il *binge drinking* appare in forte diffusione. Già a 18-19 anni la quota di consumatori è vicina a quella media della popolazione e il consumo di alcol pare molto diffuso tra i giovanissimi al di sotto dell'età legale per la somministrazione (16 anni).

Un'altra indagine sugli adolescenti del nostro Paese ha dimostrato che il *binge drinking* comincia intorno ai 13 anni e si incrementa durante l'adolescenza con un picco fra i 18 e i 22 anni, mentre in seguito si riduce gradualmente. Si tratta soprattutto di studenti maschi sotto i 24 anni di età, di buona famiglia e con un'attiva vita sociale, spesso fumatori di sigarette e di marijuana. Il loro temperamento è orientato al *sensation seeking* (vedi p. 15), infatti preferiscono assaggiare più tipi di drink che berne uno solo.

Binge drinking e binge eating

Le due condotte hanno varie caratteristiche in comune. Entrambi i comportamenti fanno il loro esordio nella tarda adolescenza e si registra un'elevata frequenza tra i giovani in età universitaria. Inoltre, sia il *binge eating* che *binge drinking* sono di frequente caratterizzati da una dipendenza e dalla preoccupazione di consumare eccessivamente la sostanza oggetto del desiderio, rispettivamente cibo e alcol.

Naturalmente ci sono delle conseguenze dirette della sovralimentazione, compresi numerosi problemi fisici legati al sovrappeso,

[8] http://www.corriere.it/salute/nutrizione/11_febbraio_21/alcol-giovani_7fd16264-3dbe-11e0-8c41-24e78bec137b.shtml

nonché problemi finanziari dovuti all'eccessiva spesa per gli alimenti. Inoltre, le conseguenze negative associate con il *binge drinking* includono aggressività fisica e condotte sessuali rischiose. Nonostante queste notevoli compromissioni rappresentino un peggioramento della vita, i soggetti persistono nel non abbandonare tali comportamenti. Entrambi i disturbi interessano soggetti impulsivi, e hanno in comune sintomi di depressione e di ansia.

Body checking

La storia di Nicoletta

Nicoletta ha 29 anni. È una ragazza attraente e magra, con alle spalle una forte comorbidità per i disturbi della condotta alimentare. La madre di Nicoletta è infatti anoressica e la sorella, di 2 anni più giovane, soffre di una grave forma di BED. A 20 anni Nicoletta ha iniziato a controllare ossessivamente il suo corpo, passando ore e ore davanti allo specchio e concentrando la sua attenzione sulle cosce e sui glutei, tormentata dal fatto che fossero ingrossati. Per anni, ogni giorno ha così esaminato il suo corpo, studiandolo con attenzione morbosa e arrivando perfino a misurarlo.

Negli ultimi mesi, benché il suo peso sia invariato da anni, si è convinta di essere diventata grassa e così ha provato attraverso sfiancanti attività sportive e una rigida dieta a perdere peso. Senza accorgersene, è arrivata a raddoppiare le ore di sport e a seguire un misero regime alimentare a base di verdure e carne bianca. I risultati adesso sono disastrosi: il controllo morboso del corpo, il *body checking*, si è trasformato per Nicoletta nell'esordio di una malattia molto più grave, l'anoressia nervosa.

Body checking: caratteristiche cliniche

Il *Body Checking* (BC) è una manifestazione comportamentale in cui vi è una sopravvalutazione del peso e della propria figura. Questo meccanismo, che ha un ruolo di centralità nell'ambito dei Disturbi della Condotta Alimentare, prevede un controllo del proprio aspetto in generale e di specifiche parti del corpo per stimare peso e silhouette. Si tratta di una condotta estremamente frequente tra le donne con un disturbo della condotta alimentare, è infatti molto più rara nelle donne senza problemi di DCA. Nel breve termine può essere valutata come un modo per ridurre l'ansia e dare sicurezza, ma nel lungo termine ha un effetto opposto perché determina un aumento dell'angoscia e dell'agitazione, generando anche una notevole distorsione della valutazione del peso e dell'aspetto.

Il *body checking*, alla cui base c'è la necessità di autorassicurarsi, è un esercizio che si alimenta da solo, ma che con il tempo diventa tanto ripetitivo da essere sgradito.

Alcuni recenti studi hanno mostrato come chi soffre di *body checking* abbia un alto indice di perfezionismo, che sovente si associa ai disturbi dell'alimentazione. Spesso, infatti, il *body checking* viene associato con indicatori dei disturbi alimentari quali restrizioni dietetiche, peso, condizione fisica, preoccupazione per l'alimentazione, ma anche con aspetti più specifici come vomito autoindotto e abbuffate.

Campanelli d'allarme

Uno studio ha dimostrato che esiste una forte associazione tra i problemi legati all'alimentazione e il *body checking*. In un gruppo di donne senza disturbi dell'alimentazione clinicamente evidenti il BC è risultato predittivo di tendenza a compiere abbuffate, utilizzare lassativi, essere dediti all'esercizio fisico eccessivo.

Trattandosi di donne senza disturbi dell'alimentazione, questo studio ha il significato di fornire dei marker che possono funzionare da campanello d'allarme rispetto alla possibilità che il disturbo compaia in forma completa.

L'attività fisica intensa, in assenza di altri elementi di diagnosi, è una modalità socialmente accettata di contenere il peso, ovviamente se praticata entro certi limiti. Nel momento in cui tale pratica dovesse assumere le caratteristiche dell'esercizio fisico compulsivo, vissuto quindi come bisogno irrazionale e irrinunciabile, sarà stato compiuto un altro passo verso la condizione di malattia della condotta alimentare.

Se il campanello avrà già suonato l'allarme, perché il *body checking* lo aveva fatto squillare e attivare con la morbosa attenzione nei confronti del proprio corpo, sarà possibile un intervento terapeutico precoce che consenta un decorso di malattia più breve e una maggiore possibilità di guarire.

Disturbi notturni della condotta alimentare

Dal punto di vista alimentare, la notte è caratterizzata per l'uomo da un periodo prolungato di digiuno associato al sonno. Tenendo conto delle naturali variazioni culturali riscontrabili fra i diversi Paesi, il sonno inizia da una a 4 ore dopo il pasto e la sua durata, che normalmente si attesta tra le 7 e le 9 ore, è correlata a diversi fattori come quelli genetici e quelli legati alla volontà del soggetto. In condizioni fisiologiche di normalità, esiste così un periodo di digiuno per approssimativamente metà delle 24 ore. Un lasso di tempo durante il quale l'omeostasi è comunque mantenuta attraverso la regolazione del glucosio nel sangue e la modulazione dell'appetito. La ridotta attività motoria che caratterizza il sonno contribuisce alla riduzione del metabolismo basale, mentre il calo dell'utilizzo del glucosio è principalmente correlato alla riduzione dell'attività cerebrale e del suo metabolismo. Tale dato, dimostrato all'esame PET,[9] evidenzia che il cervello risparmia il 40 per cento dell'energia passando dalla condizione di attività a quella di riposo.

Oltre all'insulina, anche l'ormone della crescita (GH) è correlato all'addormentamento e aumenta i livelli di zucchero nel sangue. Un altro mediatore importante dell'appetito è la leptina che è secreta dalle cellule adipose ed è il mediatore della sazietà perché inibisce i centri della fame. La leptina ha un innalzamento notturno all'atto dell'addormentamento, al contrario della grelina che, prodotta dallo stomaco a seguito del digiuno, si mantiene invece a livelli alti durante il sonno. Dall'equilibrio tra l'aumento di questi due ormoni deriva la soppressione del senso di fame. I disturbi che determinano l'alimentazione notturna sono principalmente due. La NES, *Night Eating Syndrome*, e la SRED, *Sleep-Related Eating Disorder*. Nel corso di questo capitolo le esamineremo più nel dettaglio perché, anche se si tratta di sindromi nuove e non del tutto conosciute, esse creano nei pazienti che ne sono affetti un profondo senso di disagio e impotenza, dovuto alla loro incapacità di controllarsi.

[9] PET indica *Positron Emission Tomography*, una tecnica di medicina nucleare che produce un'immagine tridimensionale dei processi fisiologici che avvengono nel nostro corpo. In questo specifico caso, le immagini vengono prodotte da glucosio marcato che in organi come il cervello, che utilizzano il glucosio per il loro metabolismo, permette di visualizzare l'attività metabolica mediante la trasformazione in immagini.

NES (Night Eating Syndrome)

La storia di Giovanna

Giovanna ha 40 anni e da quasi un anno è stressata dagli obblighi famigliari e dal lavoro. Si presenta all'osservazione dallo psichiatra riferendo di avere attraversato nell'ultimo periodo dei momenti di profondo malessere:

> Non dormo più bene e durante la giornata sono stremata e annoiata. Mi stanco subito, e non riesco più a provare entusiasmo per niente. Prima non ero così, assolutamente. Ero una persona sorridente e sempre pronta a fare cose nuove.

La sua voce è pacata, lo sguardo fisso:

> Negli ultimi mesi sono ingrassata moltissimo. È tutta colpa delle vacanze. Quest'estate, mentre ero al mare, a volte mi alzavo e andavo in cucina. Cercavo qualcosa da sgranocchiare per allentare la tensione. Con mio marito le cose andavano male, e dopo qualche mese abbiamo deciso di separarci. Mangiavo per sentirmi meglio, ma gli appuntamenti notturni con il frigorifero erano una cosa saltuaria, che succedeva ogni tanto, una volta la settimana, non di più. Poi, però, le cose sono cambiate e ho cominciato a farlo sempre più spesso. Adesso, mi alzo ogni notte e in pochi mesi ho preso 10 kg.

Da 6 mesi la vita di Giovanna è completamente cambiata. Adesso non si piace più, si sente grassa, eppure non riesce a fare a meno di assecondare la routine che tutte le notti la porta ad alzarsi, andare al frigorifero e mangiare. Anche i ritmi della sua alimentazione sono cambiati. Se prima Giovanna amava fare delle colazioni abbondanti, che condivideva con il marito, adesso le basta una tazzina di caffè per arrivare al pranzo senza neppure avvertire la minima sensazione di fame. Un altro problema è il sonno, ormai Giovanna dorme poco e male: «La mia vita si sta trasformando in un incubo».

Giovanna soffre di *night eating syndrome,* una malattia che prima l'ha portata a modificare leggermente le sue abitudini alimentari – quella cui accenna riferendosi all'appuntamento che aveva con il frigorifero durante l'estate – e poi le ha completamente stravolto la vita.

Night eating syndrome: caratteristiche cliniche

La *night eating syndrome* è stata descritta per la prima volta dallo psichiatra americano Albert Stunkard nel 1955.[10] Fu studiata inizialmente su 23 donne e 2 uomini obesi, e le caratteristiche principali messe in evidenza furono l'iperfagia notturna, l'insonnia e l'anoressia al mattino. L'autore descriveva i criteri in questo modo:

> Il primo e di più grande importanza è il consumo di una grande quantità di cibo durante la sera e la notte. Non deve essere presa in considerazione la diagnosi di NES fino a quando il paziente non mangia durante il pasto notturno e dopo il pasto serale almeno un quarto del totale delle calorie totali assunte per quel giorno e gli episodi non sono almeno due la settimana. Il secondo criterio è l'insonnia che li tormenta per almeno metà della notte e non li fa dormire prima della mezzanotte. Per terzo, c'è l'inappetenza mattutina con l'assunzione di una quantità di cibo trascurabile a colazione che deve comprendere al massimo una tazza di caffè, o di un piccolo bicchiere di succo d'arancia.

Stunkard notò che questa sindrome avrebbe anche potuto essere studiata come un modello per lo sviluppo dell'obesità. Inoltre, riportò che la presenza della NES influenzava sfavorevolmente il risultato del trattamento di gravi condizioni di ansia o di depressione.

In questo primo lavoro, Stunkard ipotizzò così che la NES fosse «in alcuni pazienti obesi una risposta allo stress di un peculiare tipo, intimamente correlato all'iperfagia, che portava alla loro obesità».

La possibilità era, dunque, che il regime alimentare notturno rappresentasse un'alterazione riconducibile allo stress provato durante i ritmi diurni. Per diverse decadi, questa prima descrizione della NES ricevette però scarsa attenzione nella comunità scientifica, come molto scarso fu l'interesse riguardo la descrizione e il trattamento della malattia da parte degli altri esperti dell'obesità. È da notare che l'iperfagia notturna era concettualizzata come appartenente a un comportamento generale di eccesso dell'introito di cibo negli obesi, ed era quindi considerata come una precisazione: gli obesi mangiavano troppo in ogni momento della giornata, e anche durante la notte.

[10] Grace W.J. et al. (1955), «The Night-Eating Syndrome; a Pattern of Food Intake Among Certain Obese Patients», in *Am. J. Med.*, Jul; 19(1): 78-86.

L'attenzione su quello che negli Stati Uniti viene chiamato *over eating*, ovvero «mangiare in eccesso», ha prodotto nella letteratura contemporanea un'enfasi sul cambiamento tra un modello normale di alimentazione e un modello deviato. Per il mondo anglosassone, cui fanno riferimento questi criteri, il primo prevede 3 pasti durante il giorno e un piccolo spuntino dopo il pasto serale, mentre il secondo è un modello dove non si comincia a mangiare prima di mezzogiorno e si continua fino a notte inoltrata. In questo tipo di iperfagia ciò che è patologico è il tempo in cui il cibo viene consumato, e non la quantità totale di alimenti assunti. Non bisogna quindi sottovalutare le circostanze, di cui si deve tenere conto nella valutazione dei criteri per formulare una diagnosi.

Dopo un lungo periodo di silenzio, nel 1999 fu pubblicato un articolo sulle caratteristiche comportamentali e neuroendocrine di pazienti con NES e così il disturbo, fino a quel momento poco considerato, tornò a riscuotere interesse fra gli studiosi. Secondo ricerche fatte prevalentemente in Stati Uniti, Australia e Danimarca, sembra che la NES sia più comune negli uomini e nelle ragazze di colore.

La cultura mediterranea e la NES

Secondo uno studio italiano,[11] in una popolazione con uno stile di vita mediterraneo, più del 25 per cento dei soggetti in buona salute e normopeso dovrebbero essere considerati come affetti da NES. Questo perché le abitudini culturali di alcune regioni italiane, in modo particolare quelle meridionali, sono in forte contrasto con i criteri elaborati da Stunkard e poi aggiornati nel corso degli anni.

Per valutare la presenza della NES in una popolazione con stile di vita e alimentare di tipo mediterraneo dovrebbero quindi essere impiegati dei criteri diversi rispetto a quelli utilizzati nel mondo anglosassone. Ovvero: nessun alimento o soltanto pochissimo cibo per colazione, disturbi del sonno e abituale consumo di alcuni cibi proprio prima di andare a dormire o durante le alzate notturne. Secondo questi criteri, soltanto il 3,5 per cento dei soggetti normopeso dovrebbero essere considerati come affetti da NES senza

[11] Adami G.E. et al. (1997), «Night-Eating Syndrome in Individuals with Mediterranean Eating-Style», in *Eat. Weight Disord.*, Dec; 2(4): 203-6.

nessuna relazione tra lo stress psicologico e la tendenza a perdere il controllo sull'alimentazione. È quindi fondamentale modificare i criteri in base alle abitudini locali, che subiscono delle notevoli variazioni anche nello stesso Paese. Basti pensare agli orari in cui si cena a Milano, e a quelli in cui si mangia in Sicilia o in Puglia.

I sintomi

Guardando nello specifico la sintomatologia, e analizzando la letteratura, il sintomo dell'anoressia al mattino è abbastanza variabile, e alcuni studiosi della NES hanno di recente concluso che questa mancanza d'appetito sia un sintomo non di primaria importanza per la definizione della NES.

Riguardo l'iperfagia serale, anche in questo caso esistono una notevole varietà di opinioni, e un ulteriore aspetto controverso appare quello della soglia percentuale di cibo ingerito rispetto all'introito giornaliero. L'alimentazione notturna è sicuramente il sintomo principale della NES, anche se per alcuni lo è insieme all'iperfagia serale. In ogni caso, l'alimentazione notturna è associata alla depressione e alla riduzione della qualità della vita. Fanno eccezione gli individui con BED in cui è presente anche la NES, per i quali l'insonnia pare essere comunemente accettato tra i sintomi principali.

Criteri diagnostici

Attualmente la NES non è citata in nessun sistema di classificazione delle diagnosi psichiatriche, ma un gruppo internazionale di esperti ha raggiunto un accordo su un insieme di criteri diagnostici che sono stati proposti per la pubblicazione sulla prossima edizione aggiornata del DSM[12] nella sezione che riguarda la nutrizione e le condizioni dell'alimentazione non altrove classificate[13] (vedi box alla pagina a fianco).

Il fatto che un disturbo venga accolto in una classificazione molto diffusa e ampiamente accettata dalla comunità scientifica è molto importante. In questo modo gli studiosi che vorranno fare

[12] Il manuale americano usato dagli psichiatri di tutto il mondo come riferimento per le diagnosi

[13] Other Specified Feeding or Eating Disorder, Feeding and Eating Conditions Not Elsewhere Classified, American Psychiatric Association DSM-V.

delle ricerche sulla patologia avranno dei limiti chiari del disturbo, mentre i medici che si vorranno occupare del trattamento possiederanno un'importante guida per comprendere con precisione quale disturbo stanno curando. Per ultimo, dal punto di vista assicurativo, un disturbo globalmente riconosciuto può avere una valutazione che diversamente non avrebbe.

Riconoscere la *night eating syndrome* è importante perché, mentre l'obesità è una condizione che segnala l'assunzione di troppe calorie rispetto a quelle spese senza nessuna indicazione su quando queste calorie sono ingerite, la NES fa un collegamento tra il mangiare in eccesso e la necessità di farlo di notte.

Criteri diagnostici proposti per l'inclusione della diagnosi di NES nel DSM-V

A. Il modello giornaliero di alimentazione dimostra un significativo incremento dell'assunzione del cibo di sera o notte, come si manifesta in uno o in più dei seguenti casi:
1. almeno il 25 per cento del cibo è consumato dopo il pasto serale;
2. almeno 2 episodi di consumo notturno di cibo per settimana

B. Consapevolezza e ricordo degli episodi serali e notturni del consumo di cibo.

C. Il quadro clinico è caratterizzato da almeno 3 delle seguenti caratteristiche:
1. mancanza di desiderio di mangiare al mattino e/o rifiuto della colazione per 4 o più mattine per settimana;
2. presenza di un forte stimolo a mangiare tra il pasto serale e il momento dell'addormentamento e/o durante la notte;
3. difficoltà a prendere sonno o a mantenere il sonno sono presenti 4 o più notti a settimana;
4. presenza della convinzione che è necessario mangiare prima di iniziare o di ritornare a dormire;
5. l'umore è frequentemente depresso e/o l'umore peggiora la sera.

D. Il disturbo è associato a una significativa condizione di stress o di compromissione del funzionamento.

E. Il disturbo dell'alimentazione è presente da almeno 3 mesi.
F. Il disturbo non è secondario alla dipendenza o all'abuso di sostanze, a disturbi di natura medica, a farmaci o ad altri disturbi psichiatrici.

Il criterio A ricalca la descrizione classica del disturbo; qualche perplessità potrebbe nascere per la collocazione del pasto serale che, mentre per il mondo anglosassone significa «dopo le 17» (*after dinner*), nella cultura mediterranea, dove la cena è molto tardi, potrebbe creare qualche problema.
Il criterio B, ovvero la necessità che chi mangia di sera o di notte sia consapevole del suo comportamento, e soprattutto ricordi l'assunzione del cibo il giorno seguente, è fondamentale per distinguere la NES dalla *Sleep-Related Eating Disorder* (SRED, vedi p. 192), un disturbo dell'alimentazione che si manifesta durante il sonno, e in cui il giorno seguente i soggetti hanno un'amnesia completa o parziale riguardo gli episodi di alimentazione (non ricordano di aver mangiato).
Ci possono essere delle sovrapposizioni fra i due disturbi. I soggetti con NES non hanno problemi a ricordare esattamente cosa succede durante l'alimentazione notturna, mentre gli altri hanno una coscienza ristretta e riferiscono che il loro comportamento è come «automatico» o «robottizzato». Comunque, quando viene chiesto con maggior forza di ricordare l'ingestione di cibo notturno, sono in grado di farlo e la loro consapevolezza riguardo questi episodi si accresce.

NES e altri disturbi della condotta alimentare

Anche se ha ricevuto una certa attenzione da parte dei ricercatori solo negli ultimi anni, dei recenti studi hanno indicato che i soggetti con NES sono obesi e mangiano di notte più della metà delle calorie assunte nelle 24 ore.

In media, nell'arco di una giornata questi malati mangiano 600 kcal in più rispetto agli obesi non affetti da NES. I soggetti con NES hanno anche una grande difficoltà a dormire, si svegliano circa 3-4 volte per notte e tendono a essere più depressi degli obesi senza NES.

Gli studi indicano poi che ci sia una frequente associazione tra NES e BED.[14] L'esperienza clinica suggerisce che gli individui con problemi di peso spesso iniziano la giornata con la decisione di ridurre la quantità dei cibi mangiati. Rimandare la colazione, così come succede agli individui con il NES, potrebbe essere l'espressione comportamentale di questa condizione, piuttosto che un sintomo unicamente specifico della NES. Bisogna dire che i pazienti affetti da BED che soffrono anche di NES mangiano molto di più di notte rispetto ai NES. L'alimentazione notturna è stata primariamente osservata nei soggetti con già una diagnosi di disturbo della condotta alimentare come la bulimia o il BED.

In uno studio[15] su pazienti che soffrivano di NES, è stato trovato che anche il 15 per cento di soggetti affetti da BED avevano degli episodi di alimentazione contenuti, nei quali le calorie consumate di notte variavano da 140 a 1000. Si può così arguire che non tutti gli episodi notturni sono delle abbuffate, e che il soggetto può anche mantenere un certo controllo sull'introito alimentare. La percentuale di associazione[16] tra BED e NES è maggiore negli uomini rispetto alle donne. Anche un notevole numero di pazienti affetti da bulimia hanno un elevato tasso di alimentazione notturna, mentre riguardo all'associazione tra NES e anoressia non esistono lavori strutturati, ma solo casi clinici isolati.

NES e disturbi mentali

La NES è abbastanza comune tra i pazienti che soffrono di disturbi mentali. Un'indagine su centri ospedalieri e universitari condotta negli Stati Uniti nel 2006 ha mostrato che su 49 pazienti il 12,3 per cento soddisfaceva i criteri per la diagnosi di NES. Questi avevano un'associazione significativa con l'obesità e l'uso di sostanze. Tra i pazienti obesi, i soggetti con NES hanno un livello di depressione più elevato.[17]

[14] Harkins P. et al. (2010), «Night Eating Patterns of Individuals with Eating Disorders: Implications for Conceptualizing the Night Eating Syndrome», in *Psychiatry Res.*, Mar 30; 186(1): 103-8. Epub 2010 Sep 9.

[15] Greeno e coll., 1995.

[16] Grilo e Masheb, 2004.

[17] Geliebter A. et al. (2001), «Night Eating Syndrome is Associated with Depression, Low Self-Esteem, Reduced Daytime Hunger, and Less Weight Loss in Obese Outpatients», in *Obes. Res.*, Apr; 9(4): 264-7.

SRED (Sleep-Related Eating Disorder)

La storia di Davide (42 anni, giornalista sportivo)

> Non ricordo mai niente. Quando la mattina vado in cucina per preparare il caffè e trovo il frigo svuotato, mi sento un mostro. All'inizio pensavo fosse mia moglie, Cecilia; solo dopo ho scoperto che il responsabile ero io. Quando Cecilia mi ha detto che mi aveva visto mentre mi alzavo, andavo in cucina, aprivo il frigo e con gli occhi sbarrati mangiavo tutto quello che mi capitava a tiro non riuscivo a crederle. È stato un tremendo shock. Non potevo pensare di fare qualcosa, e di non ricordarmelo affatto. Quello non potevo essere io!

Effettivamente, il Davide che mangia in stato di trance tutto ciò che si trova davanti – compresi cibi crudi e ghiacciati – non è la stessa persona che si stupisce delle proprie azioni. A trasfigurare Davide e le sue abitudini è lo *sleep-related eating disorder,* patologia ancora poco conosciuta, ma la cui incidenza nella quotidianità ha effetti devastanti.

Sleep-related eating disorder: caratteristiche cliniche

Nel 1991 Carlos H. Schenck, psichiatra e professore presso l'Università del Minnesota, pubblicò il primo articolo che descriveva lo SRED, concentrando la sua attenzione sul sonnambulismo e sui mangiatori notturni. In seguito furono pubblicati altri studi, fra cui il più celebre è quello che registrava come alcuni pazienti, dopo aver mangiato di notte cibi solitamente consumati cotti come la pancetta, al risveglio non ricordavano niente del loro comportamento.

Questi episodi, caratterizzati dalla perdita del controllo, erano messi in atto da soggetti che non potevano essere svegliati facilmente, ed è per questo aspetto che i malati di SRED assomigliano ai sonnambuli. Solitamente, però, gli episodi dell'alimentazione notturna avvengono al di fuori delle fasi REM del sonno (*Rapid Eyes Movements*) e, per la sua associazione con il sonnambulismo, lo SRED è stato etichettato da alcuni studiosi della materia sia come una variante del sonnambulismo, sia come una patologia che può essere evocata da una serie di altri disturbi del sonno o da farmacoterapie.

Dalle indagini epidemiologiche è risultato che lo SRED è un disturbo abbastanza diffuso tra i pazienti affetti da altri disturbi della condotta alimentare. Uno studio americano ha riportato[18] che il 16,7 per cento dei malati ricoverati e l'8 per cento dei pazienti ambulatoriali ricoverati per DCA soffre anche di SRED. La maggioranza dei casi riportati (60-83 per cento) sono pazienti di sesso femminile.

Naturalmente lo SRED è associato con un incremento del peso che può portare all'obesità. A volte, nell'anamnesi farmacologica di questi pazienti è presente l'assunzione di sedativi e in particolare di un ipnotico, lo zolpidem.[19]

I sintomi

Lo SRED è una grave malattia cronica, ed è caratterizzato da almeno un episodio di alimentazione notturna, spesso di lunghissima durata. Oltre a mangiare cibi ipercalorici, con elevato tenore di carboidrati e grassi, i soggetti affetti da SRED si abbuffano di frequente.

Lo *sleep-related eating disorder* è così particolarmente pericoloso perché, oltre l'incremento ponderale dovuto all'assunzione di grandi quantità di cibo, è caratterizzato dall'assunzione di combinazioni di cibi non commestibili, da preparazioni pericolose che comportano bruciature (più di un paziente ha riferito di essersi bruciato mentre provava a cucinare una bistecca o a mettere dell'acqua sul fuoco) e ferite (rimediate mentre i malati provavano ad affettare pane, salumi, formaggi). Da non sottovalutare è poi il disagio provato al risveglio, spesso accompagnato da un doloroso senso di distensione addominale e da una profonda anoressia mattutina.

Durante gli episodi notturni, la maggior parte dei malati riferisce di mangiare pane, torte, gelati, cioccolato e biscotti. Ma alcuni ammettono di consumare cibi ancora surgelati, spaghetti crudi,

[18] Fava M. et al. (1999), «The Prevalence of Sleep-Related Eating Disorder in Psychiatric and Non-Psychiatric Populations», in *Psychol. Med.*, Nov; 29(6): 1461-1466.

[19] Chesson A.L. Jr., Hoque R. (2002), «Amnestic Sleep-Related Eating Disorder Associated with Zolpidem», in *Sleep. Med.*, Jul; 3(4): 323-327; Morgenthaler T.I., Silber M.H. (2009), «Zolpidem-Induced Sleepwalking, Sleep Related Eating Disorder, and Sleep-Driving: Fluorine-18-Flourodeoxyglucose Positron Emission Tomography Analysis, and a Literature Review of Other Unexpected Clinical Effects of Zolpidem», in *J. Clin. Sleep. Med.*, Oct 15; 5(5): 471-476.

cibo per animali, gusci di uova, chicchi di caffè, colla e detersivi. Le conseguenze, che possono essere sia mediche che odontoiatriche, sono moltissime e il sovrappeso, che spesso si aggrava rapidamente, può scompensare un diabete mellito preesistente o generare un'alterazione dei grassi, del colesterolo e della pressione arteriosa. Il sovrappeso, inoltre, può essere correlato all'insorgere di disturbi dell'umore.

NES o SRED?

Può non essere sempre facile distinguere lo SRED dalla NES. Il criterio diagnostico principale che li separa è la natura e il contenuto del cibo consumato durante la notte. Lo SRED è caratterizzato da episodi ricorrenti di alimentazione involontaria durante il sonno principale, mentre la NES prevede sia l'iperfagia serale sia il mangiare notturno, questa volta però portato avanti in piena consapevolezza. Lo SRED è classificato come una parasonnia, in cui l'atto del cibarsi è ricordato in maniera scarsa poiché avviene durante il sonno. Peraltro, nello SRED sono stati riportati la preparazione pericolosa di cibo e anche il consumo di cibo inusuale o non commestibile. Frequentemente i pazienti con SRED soffrono anche di disturbi del sonno come sonnambulismo, sindrome delle gambe senza riposo, sindrome dell'apnea ostruttiva del sonno o insonnia. Sembra inoltre che l'assunzione di farmaci, e in particolare di ansiolitici, abbia una certa capacità di indurre lo SRED.

VII
Disturbi dell'alimentazione nell'infanzia e nell'adolescenza

I disturbi della condotta alimentare nel giovane non solo determinano una notevole sofferenza nell'ambito delle famiglie, ma a causa di deficit alimentari gran parte delle potenzialità di sviluppo dei ragazzi non vengono raggiunte.

Un pesante carico di cure ricade così sia sulle famiglie, sia sui sistemi di assistenza sanitaria.

In questo caso, diventa perciò ancora più importante saper riconoscere prontamente i disturbi per formulare una diagnosi e procedere con una terapia tempestiva. Tanto più veloce sarà infatti l'inquadramento diagnostico, quanto maggiori saranno le possibilità di guarigione dei soggetti.

Nell'infanzia e nella prima adolescenza i disturbi della condotta alimentare, formalmente riconosciuti dalle classificazioni ufficiali del DSM-IV-TR, sono tre.

La *Pica*, che è l'atto persistente di mangiare sostanze non nutritive, e il *disturbo da ruminazione,* che consiste nel persistente rigurgito del cibo ingerito con il successivo atto di rimasticarlo, sono spesso associate a disturbi dello sviluppo del bambino.

Il terzo disturbo, ovvero il *disturbo della nutrizione dell'infanzia e della prima adolescenza*, si riferisce invece alla difficoltà del bambino o dell'adolescente di crescere bene a causa di un'alimentazione insufficiente.

Nel corso di questo capitolo esamineremo nel dettaglio queste patologie, e ci concentreremo anche su disturbi che, pur non essendo ancora stati inquadrati dal DSM-IV-TR, generano un grave sconvolgimento nel bambino e nell'adolescente che ne sono affetti, e condizionano la serenità e la routine famigliare.

ANORESSIA NERVOSA NEL BAMBINO E NELL'ADOLESCENTE

In tutti i sistemi classificativi, la diagnosi di anoressia nervosa viene utilizzata per indicare una sindrome caratterizzata dal rifiuto di mantenere il peso corporeo conforme a quello atteso rispetto all'età e all'altezza. Come abbiamo visto nel capitolo dedicato all'AN nell'adulto, gli studiosi distinguono tra un sottotipo di anoressia in cui i pazienti controllano il peso esclusivamente mediante la restrizione delle calorie assunte (anoressia con restrizioni) e un sottotipo dove gli anoressici, dopo aver perso ogni inibizione ed essersi abbuffati, per mantenere sotto controllo il peso utilizzano il vomito autoindotto o i lassativi (anoressia con abbuffate/condotte di eliminazione). Tra i pazienti giovanissimi la forma più comune è quella in cui, oltre a un esercizio fisico eccessivo e non salutare, viene applicata una forte restrizione del cibo, quindi l'anoressia con restrizioni.

Attualmente, i criteri diagnostici relativi all'anoressia nervosa sono al centro di moltissime discussioni e dibattiti nell'ambito dei disturbi della condotta alimentare. Dibattiti cui corrisponde una realtà clinica caratterizzata da un'elevata percentuale di pazienti che frequentemente migra da un disturbo della condotta alimentare a un altro, dall'anoressia alla bulimia, alle diverse forme atipiche dei disturbi che abbiamo esaminato precedentemente e che esamineremo anche adesso.

L'anoressia nervosa nel bambino

L'anoressia nervosa si presenta nel bambino a partire dall'età di 8 anni, e si riscontra sia nei maschi che nelle femmine. Sebbene le peculiarità cliniche e l'aspetto fisico di questi giovanissimi, quando sono in uno stato emaciato, presentino molte similitudini, le differenze dettate sia dalle circostanze di vita che dalle modalità d'esordio sono spesso rilevanti.

La caratteristica più frequente e visibile con cui si presenta l'anoressia nervosa è chiaramente il peso basso. La maggioranza dei bambini affetti da questa patologia dichiara che vorrebbe perdere peso, ma ogni bimbo suggerisce motivi differenti per il suo dimagrimento. Alcuni non vorrebbero crescere ma restare sempre piccoli, mentre altri sono più indirizzati verso il disturbo dell'immagine corporea e si descrivono come grassi e bisognosi di perdere peso. Altri ancora, dopo aver superato un periodo di malattia in cui hanno perso alcuni chili, non vogliono riacquistarli una volta guariti. Ci sono poi quelli che negano di avere un peso basso, e riferiscono di conoscere tantissimi altri coetanei molto più magri di loro.

L'idea incrollabile del bambino o della bambina, che di certo non considerano il peso come una causa di preoccupazione, è decisamente contrapposta alla consapevolezza del medico, che invece vede il calo ponderale come uno degli aspetti più importanti dell'esordio dell'anoressia nervosa. In pratica, il nodo di questo primo periodo consiste proprio nel rifiuto del trattamento da parte dei ragazzi che, nonostante quello che viene detto loro dai genitori e dai dottori, non riescono a vedersi come malati, non vogliono aumentare di peso, e non vogliono essere coinvolti in una cura che ha come principale scopo quello di farli ingrassare.

In genere, i ragazzi hanno difficoltà ad accettare di soffrire di una malattia che si chiama anoressia nervosa, le loro idee relative al concetto di guarigione sono piuttosto confuse e possono ostacolare sia l'inizio che lo sviluppo del trattamento.

I soggetti di qualsiasi età che soffrono di anoressia nervosa sono spesso impauriti o hanno atteggiamenti ambivalenti in rapporto alla possibilità di iniziare un trattamento. Solitamente tendono a mostrare resistenza, a essere manipolativi o oppositivi. Manifestano una serie di comportamenti che, in una condizione difficile come l'anoressia, aumentano le già numerose difficoltà presenti per effettuare una diagnosi e stabilire un trattamento medico.

Il controllo dell'alimentazione

È sempre molto difficile individuare i campanelli d'allarme che predicono l'anoressia nervosa nei bambini e negli adolescenti. Nella maggior parte dei casi la perdita di peso è raggiunta mediante la restrizione del regime alimentare, che può presentarsi in modo inaspettato, esattamente come un'esplosione, oppure può verificarsi con un processo lento e graduale del quale è comunque difficile identificare un punto di partenza. A volte i ragazzi decidono di cambiare le loro abitudini alimentari, e di mangiare in maniera più salutare, spinti da quanto hanno appreso a scuola riguardo la dieta, il peso e l'esercizio fisico; talvolta seguendo le indicazioni degli altri membri della famiglia; altre volte a causa delle provocazioni che hanno subito (prese in giro a scuola, commenti negativi da parte di terze persone), o a causa di difficoltà o eventi spiacevoli della loro vita di bambini.

C'è un'ampia varietà di stimoli che possono innescare un miglioramento della condotta alimentare. Nessuno di questi, pur generando un processo positivo nella scelta della qualità dei cibi e della loro quantità, deve però essere confuso con la causa del miglioramento del regime dietetico.

Se in apparenza scelte di tipo salutare possono sembrare esclusivamente positive, in realtà nascondono qualcos'altro. Spesso, per questi ragazzi mangiare in modo sano significa infatti eliminare il più possibile i carboidrati, o quelle componenti che in una dieta normale e bilanciata sono comunemente considerati alimenti benefici e che loro vedono come ipercalorici o grassi.

Alcuni bambini cercano così di non far vedere ai loro genitori che si stanno impegnando a mangiare di meno, e nascondono o gettano via il cibo. Altri richiedono porzioni più piccole o si lamentano dicendo che sono troppo pieni, che non vogliono il dolce e così via. Il genitore difficilmente si accorge di questi meccanismi di digiuno, e molti descrivono il mutamento delle abitudini del proprio figlio come un evento improvviso, verificatosi senza che se ne rendessero conto.

Il risultato di questi espedienti è sempre lo stesso: i bambini finiscono invariabilmente per presentare un deficit energetico e uno squilibrio alimentare.

L'attività fisica

Spesso, i bambini e gli adolescenti mettono in atto una serie di altre strategie per gestire il loro peso. I comportamenti più comuni delle fasce d'età più basse sono l'esercizio fisico eccessivo e il vomito autoindotto.

L'esercizio fisico eccessivo può prendere la forma di allenamenti eseguiti di nascosto, ma può anche includere la corsa e la partecipazione entusiastica ad attività sportive e di fitness. Tra i bambini che ricevono il trattamento ambulatoriale per l'anoressia nervosa è frequente trovare giovanissimi che hanno raggiunto elevati livelli nello sport, come ballerini, atleti, ginnasti e podisti.

Ci sono anche ragazzini che non hanno mai praticato sport a livello agonistico, ma che hanno sviluppato una compulsione a correre o a fare esercizio fisico come parte della loro malattia.

È estremamente complesso, e in alcuni casi può essere pericoloso, gestire l'esercizio fisico eccessivo nei pazienti anoressici. Sono infatti stati descritti svenimenti autoindotti in adolescenti anoressici, impegnati in esercizi isometrici, che hanno dimostrato come spesso questo tipo di pazienti non ricorra esclusivamente alle forme di training più comuni.

Il personale medico che appartiene ai reparti in cui vengono curati questi giovani pazienti conosce bene la varietà dei comportamenti che essi mettono in atto per bruciare calorie, come ad esempio contrarre i muscoli rapidamente e ripetutamente, stare sempre in piedi, muoversi senza sosta, ecc.[1]

Il vomito autoindotto

Il vomito autoindotto in alcuni casi può far parte del quadro clinico fin dall'esordio, in altri viene invece utilizzato per espellere il cibo che si è costretti a ingerire durante il trattamento, in altri ancora è una vera e propria risposta fisiologica all'incremento di stress dovuto al regime alimentare forzato. Se è presente nelle fasi iniziali della patologia, è probabile che inizi in modo occasionale e che in seguito divenga un comportamento stabile per l'aggravarsi del disturbo.

Il vomito è quasi sempre tenuto nascosto, e spesso non è nemmeno sospettato dai genitori che sembrano quasi offesi quando viene domandato loro se il figlio tiene questo tipo di comportamento. Sicuramente è molto difficile per una mamma e un papà immaginare il proprio bambino come disperato e infelice per aver consumato ciò che a chiunque altro potrebbe sembrare una normale cena di famiglia, eppure la presa di coscienza dei famigliari è fondamentale per inquadrare e curare la patologia.

Alcuni giovanissimi pazienti praticano il vomito autoindotto per sbarazzarsi del cibo e delle calorie indesiderate. Sono però numerosi i bambini che dicono di aver cercato di rimettere ma non ci sono riusciti, o hanno trovato l'esperienza così spiacevole che non lo hanno più fatto. Per alcuni la perdita del controllo sul proprio fisico, caratteristica del vomito, sembra essere, per ironia, la cosa che impedisce di usare questo metodo per contenere il peso.

In termini di comportamenti, la restrizione dietetica, l'eccessivo esercizio fisico e il vomito autoindotto sono quindi i sintomi prin-

[1] Buchowski, K. et al. (2004), «Inducible Syncope in Anorexia Nervosa: Two Case Reports», in *International Journal of Eating Disorders*, 35: 359-362.

cipali con cui si presenta l'anoressia nervosa. Altri comportamenti possono essere l'abuso di lassativi e di diuretici, ma questi, come abbiamo già detto, sono abbastanza rari nell'infanzia e nella prima adolescenza. Altrettanto rare sono le abbuffate, solitamente considerate come degli episodi durante i quali il soggetto è portato a «mangiare una quantità oggettivamente elevata di cibo accompagnato dalla sensazione di perdere il controllo sull'alimentazione». Più comunemente i bambini sono affetti da iperfagia, ma spesso questi episodi non costituiscono vere abbuffate perché le quantità di cibo ingerite sono di rado obiettivamente elevate.

Come si diagnostica l'anoressia in un bambino?

Gli attuali criteri diagnostici per l'anoressia nervosa sono difficili da applicare ai soggetti giovanissimi. Per esempio, il criterio dell'assenza del ciclo mestruale (amenorrea) non è evidentemente applicabile nelle bambine prima della pubertà.

Il peso atteso dei bambini è normalmente calcolato sulla base dell'età, dell'altezza e del sesso utilizzando i valori normali per quella popolazione, così come sono previsti nelle tabelle dello sviluppo standard per la crescita. Quando un bambino perde peso, o non ha un incremento ponderale sufficiente perché mangia meno, il tasso di crescita può essere compromesso.

Il criterio del BMI utilizzato per gli adulti (vedi box a p. 125), secondo cui un valore di BMI uguale o minore di 17,5 comunemente identifica il limite oltre il quale viene formulata la diagnosi di anoressia, è in assoluto inutilizzabile per bambini e adolescenti.

Per loro sono così usate delle tabelle di BMI progressive (tabelle che tengono conto dell'età, dell'altezza e del peso), che consentono l'interpretazione di tali valori in relazione alla popolazione delle rispettive fasce d'età. Sfortunatamente, troppo spesso i medici che si dedicano a bambini e adolescenti applicano in maniera sbagliata il limite del BMI di 17,5 o riportano in assoluto il valore di BMI, non utilizzando le esclusive tabelle che invece garantiscono un significato reale rispetto ai valori presi in esame.

Come abbiamo appena spiegato, nei sistemi attualmente più utilizzati per la classificazione delle malattie non esistono criteri diagnostici specifici per l'anoressia del bambino. Gli esperti sono però abbastanza critici sul fatto che si utilizzino gli stessi criteri impiegati nella diagnosi per i pazienti adulti. È stato proposto allora l'uso di semplici norme che ben si adattano alla popolazione infantile e adolescenziale. Si tratta della *Great Ormond Street Checklist* per l'anoressia nervosa:[2]

1. Perdita del peso raggiunta attraverso uno o più dei seguenti comportamenti:
   a) evitamento del cibo o dieta restrittiva;
   b) vomito autoindotto;
   c) eccessivo esercizio fisico;
   d) abuso di lassativi.
2. Distorsione cognitiva circa il peso o il proprio aspetto corporeo.
3. Preoccupazione morbosa riguardo il peso o il proprio aspetto corporeo, il cibo o l'alimentazione.

Formulare una diagnosi di anoressia nervosa seguendo questo elenco è abbastanza lineare, anche se continua a essere complesso identificare i bambini che sono in procinto di sviluppare un disturbo completo. Spesso alcuni degli elementi che possono precedere il disturbo della condotta alimentare del bambino sono atteggiamenti di tipo depressivo o di tipo oppositivo, ma anche di controllo sull'ambiente che possono poi focalizzarsi sul peso o sulla forma fisica. Ciò che accade nella pratica clinica è che, anche quando in questa fascia d'età il disturbo completo viene correttamente identificato, ci sono spesso dei ritardi nell'iniziare un trattamento appropriato. Questo può essere abbastanza problematico per i pazienti più giovani che, proprio in quel periodo, si trovano prossimi all'esplosione della pubertà. Anche se può apparire strano, si sa poco riguardo i primi stadi dell'anoressia nervosa, specie in rapporto ai bambini e agli adolescenti.

È bene comunque sottolineare che, in presenza di bambini o di adolescenti, anche una singola consultazione incentrata sulla perdita del peso o sulle difficoltà alimentari, in mancanza di qualsiasi causa di carattere medico, debba allarmare il dottore di famiglia circa la possibilità di un disturbo della condotta alimentare.

[2] Bryant-Waugh R. (2000), «Overview of the Eating Disorders», in *Anorexia Nervosa and Related Eating Disorders in Childhood and Adolescence*, 2nd edition, ed. Lask, B. & Bryant-Waugh, R. Hove, Psychology Press, Cambridge: 38.

Principali disturbi cognitivi dell'anoressia nervosa

Riguardo ai più importanti sintomi dell'anoressia nervosa, è stato dimostrato che l'esordio che avviene durante l'infanzia e quello che si verifica durante l'adolescenza sono molto simili in termini di livello di preoccupazione e distorsione cognitiva legata all'alimentazione, al peso e all'aspetto corporeo.

Nel caso dei bambini, però, può essere estremamente difficile rintracciare in modo affidabile e preciso la presenza dei sintomi principali, e può essere ancora più complesso chiedere agli stessi bambini un'autovalutazione rispetto al peso corporeo o all'aspetto fisico.

La maggior parte dei ragazzi non si è mai imbattuta nel concetto di autovalutazione di queste variabili e così, per conoscere realmente i comportamenti del bambino e dell'adolescente, e avere un quadro più affidabile rispetto a quanto valutabile attraverso i criteri diagnostici del peso corporeo e dell'aspetto fisico, diventa molto importante compiere una valutazione dei rispettivi pensieri: cosa pensa il bambino di sé? Che idea ha l'adolescente di se stesso?

Conclusioni

Il riconoscimento precoce dell'anoressia è dunque fondamentale per il trattamento e per il miglioramento del decorso e del risultato finale dei trattamenti.

Diagnosticare con anticipo questa patologia è oggettivamente un compito difficile, ma sono in corso numerosi studi, benché costosi e complicati da realizzare, per cercare di avanzare nella conoscenza della patologia. Ad oggi, infatti, l'anoressia del bambino rimane un problema molto serio che si sviluppa ben prima della pubertà – nel caso dei bambini da 8 a 14 anni, a causa della riduzione dell'introito energetico e dal conseguente calo di peso, addirittura la posticipa – e che può avere effetti devastanti lungo l'intera vita dell'individuo.

Bulimia nervosa e Binge Eating nel bambino e nell'adolescente

La bulimia bervosa e il *binge eating* sono due patologie la cui conoscenza si è sviluppata negli ultimi anni. Nonostante le ricerche sui ragazzi affetti da BED siano poco numerose, le statistiche dicono che ne soffrono l'1-2 per cento dei bambini e degli adolescenti nella fascia d'età compresa tra 10 e 19 anni.[3]

La bulimia nervosa, descritta per la prima volta da Russel nel 1979, è presente nell'1 per cento della popolazione di adolescenti e sintomi parziali o sottosoglia incidono nel 3-6 per cento della popolazione.[4] L'età d'esordio è descritta classicamente come la tarda adolescenza, sebbene ci siano esposizioni di condotte eliminatorie in bambini in età prepuberale.[5] I ragazzi costituiscono circa il 10 per cento della popolazione che soffre di questo disturbo, e il tasso di mortalità oscilla tra lo zero e il 6 per cento. I criteri per l'adolescente sono identici a quelli dell'adulto, già ampiamente riportati nel capitolo specifico riservato all'argomento.

A caratterizzare il disturbo, oltre agli episodi di abbuffata che sono vissuti con un senso di perdita del controllo, sono le condotte compensatorie ricorrenti e inappropriate al fine di prevenire l'incremento ponderale. Condotte che includono il vomito autoindotto, i lassativi, i diuretici e altri farmaci, ma anche il digiuno e l'esercizio fisico eccessivo. Le abbuffate e gli altri comportamenti compensatori devono essere presenti almeno 2 volte alla settimana per 3 mesi e non devono verificarsi durante un episodio di anoressia nervosa. La bulimia nervosa è descritta nella forma *purging* quando c'è vomito autoindotto, abuso di lassativi, diuretici e clisteri, e nella forma *non purging* quando le modalità compensatorie non sono regolarmente attuate e sono sostituite dall'eccessivo esercizio fisico e dal digiuno.

Per il *binge eating disorder*, descritto per la prima volta nel 1959,[6] i criteri per la diagnosi includono episodi ricorrenti di abbuffate che sono associati con tre o più dei seguenti sintomi:

1. Mangiare più rapidamente del normale.
2. Mangiare fino a sentirsi male.
3. Mangiare grandi quantità di cibo anche senza avere fame.

[3] Johnson W.G. et al. (2002), «Prevalence and Correlates of Binge Eating in White and African American Adolescents», in *Eating Behaviours*, 3(2): 179-189.

[4] Carlin J.B. et al. (1999), «Onset of Adolescent Eating Disorders: Population Based Cohort Study over 3 Years», in *British Medical Journal*, 318: 765-768.

[5] Katzman D.K. et al. (2003), «Early-Onset Eating Disorders», in *Canadian Pediatric Surveillance Program Annual Report. Result.*

[6] Stunkard A.J. (1959), «Eating Patterns and Obesity» in *Psychiatric Quarterly*, 33, 284-292.

4. Mangiare da soli per l'imbarazzo di mostrare le quantità di cibo ingurgitato.
5. Sentirsi disgustati di se stessi, depressi o in colpa dopo aver mangiato.

Nel BED, come abbiamo descritto in modo approfondito nel capitolo dedicato, è presente un profondo stress legato al comportamento alimentare. Le abbuffate avvengono almeno 2 giorni alla settimana per 6 mesi di seguito, e non sono associate a comportamenti compensatori inappropriati per il controllo del peso.

Il ruolo dei genitori

Nei campioni clinici di pazienti affetti da bulimia nervosa,[7] le disfunzioni famigliari – esaminate utilizzando strumenti standardizzati per la valutazione del funzionamento famigliare – sono tipicamente elevate. Alcuni studiosi hanno indicato che le famiglie in cui vivono i bulimici hanno un funzionamento peggiore rispetto alle famiglie da cui provengono gli anoressici. Secondo altri i livelli disfunzionali sono simili per entrambi i disturbi.

Studi sulla popolazione generale[8] hanno anche chiarito le relazioni tra il funzionamento delle famiglie e i modelli caratteristici del BED e della bulimia nell'ambito dei disturbi della condotta alimentare. Un maggiore rischio di sviluppare disturbi della condotta alimentare si riscontrava tra coloro che percepivano come insoddisfacenti la comunicazione con i genitori e che consideravano basse sia le aspettative che le cure da parte della famiglia.

Lo stesso studio ha messo in evidenza che il 7 per cento degli adolescenti aveva comportamenti di controllo eccessivo sul peso, assumeva abitualmente lassativi, diuretici, pillole dietetiche e vomitava. Questi comportamenti sono stati associati a fattori famigliari di protezione come:

- alte aspettative dei genitori;
- rapporti con amici e altri esterni alla famiglia (per i ragazzi);
- presenza della mamma;

[7] Fornari V. et al. (1999), «Perception of Family Functioning and Depressive Symptomatology in Individuals with Anorexia and Bulimia Nervosa», in *Comprehensive Psychiatry*, 40: 434-441.

[8] Beuhring T. et al. (2000), «Disordered Eating among Adolescents: Associations with Sexual, Physical Abuse and other Familial/Psychological Factors», in *International Journal of Eating Disorders*, 28: 249-258.

- rapporti della famiglia con amici e parenti;
- comunicazione positiva della famiglia;
- supervisione e monitoraggio da parte dei genitori (per le ragazze).

Un gruppo di 662 ragazzi di età compresa tra 11 e 13 anni[9] sviluppava una sintomatologia bulimica a seguito di due fattori: essere presi in giro a causa del loro peso e avere una madre con un cattivo rapporto con il cibo.

In conclusione, le famiglie in cui sono presenti bambini e adolescenti con bulimia avevano un funzionamento alterato. Non è ancora chiaro, però, se avere una famiglia con problemi di funzionamento sia il risultato o la causa per la predisposizione ad ammalarsi di disturbi alimentari.

Decorso della malattia

Non esiste una grande letteratura né rispetto alla bulimia né rispetto al BED durante l'adolescenza. Secondo i dati, la guarigione completa dalla bulimia[10] è del 33 per cento dopo due anni, del 48 per cento dopo cinque, del 71,1 per cento dopo sei anni e del 69,9 per cento dopo undici anni. Non è nota con precisione l'età d'esordio, che è comunque nella tarda adolescenza, solitamente intorno ai 18-19 anni. Bisogna sottolineare che la diagnosi precoce è fondamentale: una più breve durata della malattia coincide più facilmente con un risultato positivo. Il decorso della guarigione non è ben chiaro, anche se in soggetti seguiti per due anni i sintomi di abbuffata e di eliminazione scomparivano prima dei sintomi psicologici come la paura di ingrassare. Le ossessioni per il peso e la distorta percezione del proprio corpo impiegano invece più tempo a sparire anche se, solitamente, a venire meno per ultimi sono i comportamenti compensatori non eliminatori, come l'attività fisica e il digiuno.

Il BED compare secondo due differenti modalità, o prima dell'esordio del regime dietetico o dopo di questo.[11] Nel primo gruppo, i problemi di peso cominciano a circa 12 anni, le abbuffate tra gli 11 e i

[9] Demos S. et al. (2004), «The Role of Family of Origin in Food Related Experiences in Bulimic Symptomatology», in *International Journal of Eating Disorders*, 30: 149-160.

[10] Cooper A.M. et al. (2000), «The Natural Course of Bulimia Nervosa and Binge Eating in Young Women», in *Archives of General Psychiatry*, 57: 659-665.

[11] Grilo C.M., Masheb R.M. (2000), «Onset of Dieting vs Binge Eating in Outpatients with Binge Eating Disorder», in *International Journal of Eating Disorders*, 24: 404-409.

13 anni e il regime dietetico inizia tra i 14 e i 17. Questo gruppo risulta anche più compromesso dal punto di vista dei disturbi psichiatrici, e spesso comprende una storia di bulimia e di disturbi dell'umore. Nel secondo gruppo, nel quale le abbuffate seguono la partenza della dieta, i problemi di peso arrivano a un età media di 19 anni e mezzo, l'inizio della dieta a 20 anni e mezzo, le abbuffate a circa 28.

In uno studio della durata di cinque anni su adolescenti e donne adulte soltanto l'8 per cento riceveva un trattamento adatto, e solo il 9 per cento rispondeva ai criteri di diagnosi per il BED.

Sintomi e complicanze

Sia per la bulimia nervosa sia per il BED sono stati identificati un certo numero di fattori di rischio.[12] Le ragazze a dieta potrebbero sviluppare la bulimia, ma anche la precocità del menarca e delle prime esperienze sessuali sono fattori da non sottovalutare.

Al contrario, il pericolo di sviluppare bulimia nervosa si manifesta fra i ragazzi durante la pubertà – o molto precocemente o tardivamente –, e in concomitanza con le prime esperienze sessuali.

In confronto a quanto accade nelle famiglie con componenti adulti che soffrono di disturbi della condotta alimentare, c'è una scarsa informazione riguardo il funzionamento delle famiglie in cui vivono i bambini e gli adolescenti con bulimia nervosa. Ancora meno si sa riguardo le famiglie dei bambini o degli adolescenti affetti da BED.

I sintomi della bulimia e del *binge eating* nei bambini e negli adolescenti non sono affatto chiari e percepibili, perché spesso questi ragazzi appaiono fisicamente in buona salute. Uno dei segnali più caratteristici della bulimia è il *segno di Russel*,[13] un'abrasione singola o multipla con piccole lacerazioni o callosità sul dorso della mano, in corrispondenza dell'articolazione tra le falangi o tra le falangi e le ossa del metacarpo, cioè al limite tra le dita e il dorso. È causato dal contatto ripetuto degli incisivi centrali con la pelle durante l'induzione del vomito o del *gag reflex*, il riflesso faringeo costituito

[12] Kaltiala-Heino R. et al. (2001), «Early Puberty and Early Sexual Activity are Associated with Bulimic-Type Eating Pathology in Middle Adolescence», in *Journal of Adolescent Health* (2001), 28: 346-352.

[13] Russell G.F.M. (1979), «Bulimia Nervosa: an Ominous Variant of Anorexia Nervosa», in *Psychological Medicine*, 9: 429-448.

dalla contrazione della porzione profonda della gola che si evoca toccando il palato molle.

Altri aspetti associati alla bulimia sono minuscole emorragie sulla cute della faccia o del collo, o emorragie oculari (sotto la congiuntiva) che appaiono subito dopo l'episodio di vomito e sono dovuti all'aumento della pressione per lo sforzo. Fare frequenti abbuffate e vomitare spesso determinano anche l'ipertrofia delle ghiandole salivari.

La prevalenza nei bambini e negli adolescenti è sconosciuta così come le cause. Quando sono stati compiuti degli esami sui tessuti delle ghiandole salivari di questi pazienti sono stati trovati sia tessuti normali che infiammati. L'ingrandimento delle ghiandole è generalmente intermittente, tipicamente bilaterale, non è doloroso e può presentarsi pochi giorni dopo un'abbuffata o un episodio di vomito. È una condizione medica benigna che si risolve alla cessazione del vomito.

Un'ampia serie di sintomi riguardanti la bocca e i denti è stato riportato nei soggetti affetti da *binge eating* e bulimia. I dottori devono essere a conoscenza degli arrossamenti e delle lesioni sul palato dovute al traumatismo generato da strumenti come lo spazzolino da denti e le posate usati per indurre il vomito. Nei bambini e negli adolescenti non è molto frequente un segno come l'erosione dello smalto dentario causato dall'acido cloridrico contenuto nel materiale vomitato, che invece si ritrova comunemente nell'adulto a causa della maggiore durata di questa pratica.

Gli adolescenti affetti da *binge eating* e bulimia hanno, rispetto ai soggetti sani, un maggior rischio di carie dentali legato all'eccessivo carico di carboidrati durante le abbuffate. A causa delle restrizioni alimentari si crea un deficit di vitamina B che determina la chelite angolare, una fessurazione tra il labbro superiore e inferiore. Spesso in questi pazienti la mucosa della bocca è secca a causa della disidratazione secondaria al vomito, all'uso di lassativi e diuretici, nonché alla ridotta introduzione di liquidi.

Un'altra conseguenza del vomito può essere l'abbassamento della concentrazione di potassio e di cloro nel sangue (ipokaliemia, ipocloremia) che possono associarsi ad aritmie cardiache, debolezze muscolari e al rallentamento del transito intestinale o alla diarrea. A causa dell'abbassamento della pressione arteriosa ci possono essere anche svenimenti, fiacchezza, sensazioni di stordimento e confusione.

In questi giovani pazienti l'atto del vomitare può portare a una polmonite legata all'aspirazione di parte del materiale vomitato, che passa dal tubo gastroenterico all'albero respiratorio.

A livello gastrico ci possono essere fenomeni di dilatazione dello stomaco, di irritazione dello stomaco e dell'esofago con fenomeni di sanguinamento e di reflusso gastro-esofageo (inversione della progressione del contenuto gastrico a forte contenuto acido che, invece di avanzare verso l'intestino, va verso l'esofago).

L'utilizzo di lassativi a lungo termine può determinare il cattivo funzionamento del colon a seguito del danno del plesso nervoso mioenterico che garantisce i movimenti intestinali. Inoltre, le complicanze legate alla stimolazione cronica da lassativi possono portare alla perdita di grassi e proteine per fenomeni di malassorbimento, nonché alla riduzione dell'assorbimento del calcio e del magnesio. Una spia delle condotte abituali di vomito è l'elevazione dell'enzima amilasi[14] dovuta alla quota di amilasi proveniente dalle ghiandole salivari.

Nelle adolescenti con bulimia nervosa è frequente la disfunzione delle mestruazioni inclusa la oligomenorrea (riduzione della frequenza del ciclo mestruale) o amenorrea (blocco del ciclo mestruale). Uno studio ha preso in considerazione due gruppi di pazienti affette da bulimia – uno formato da ragazze con irregolarità delle mestruazioni, uno da giovani con mestruazioni regolari – dimostrando che il primo gruppo aveva più frequentemente vomito e una più bassa concentrazione di ormone tiroideo (tiroxina o T_4). Spesso queste pazienti presentano anche fenomeni di osteoporosi.

Complicanze cardiache

Le complicanze cardiovascolari determinano negli adolescenti con bulimia una condizione patologica che può portare alla morte. Generalmente l'instabilità cardiovascolare è dovuta alla riduzione del volume di sangue circolante e allo sbilanciamento degli elettroliti come il potassio e il cloro. Queste problematiche possono essere evidenziate da un controllo dell'elettrocardiogramma.

Uno studio[15] effettuato su una popolazione di pazienti affetti da bulimia ha evidenziato che quasi uno su 3 usava lo sciroppo di Ipe-

[14] L'amilasi è una proteina che determina la degradazione degli zuccheri e degli amidi.

[15] Herridge P.L. et al. (1986), «The Epidemiology of Ipecac Abuse [letter]», in *New England Journal of Medicine*, 314: 245-246.

cacuana, una sostanza in grado di indurre il vomito che contiene l'emetina, un alcaloide che ha un'attività tossica sul cuore e che, dopo un uso ripetuto, può portare a una cardiomiopatia irreversibile e può dare morte improvvisa. Un altro effetto legato al consumo dello sciroppo di Ipecacuana è legato alla tossicità epatica di questa sostanza che determina anche una debolezza sulla muscolatura.[16]

Obesità infantile

Rispetto a quanto detto nel capitolo dedicato all'obesità negli adulti, per quanto riguarda il bambino la migliore modalità per determinare il grado di obesità è espressa dai percentile di BMI (vedi box a p. 125). Utilizzando questo metodo per la valutazione dell'incidenza dell'obesità, tra i bambini non era mai stata raggiunta una proporzione così elevata come quella attuale.

In base al BMI, una deviazione del peso dalla norma di più del 20 per cento è considerato sovrappeso. L'obesità del bambino è rappresentata da una varietà di forme: bambini moderatamente obesi (20-40 per cento di sovrappeso), bambini obesi (40-60 per cento di sovrappeso) e bambini gravemente obesi (più del 60 per cento del sovrappeso).

Quando lo stato di sovrappeso è definito come l'85° percentile di BMI,[17] circa il 26-31 per cento dei bambini americani e il 14-22 per cento dei bambini europei sono sovrappeso. Se diciamo che sopra il 95° percentile di BMI sono obesi ci riferiamo al 9-13 per cento dei bambini americani.[18]

Un bambino obeso in età pediatrica ha un rischio più elevato di essere un adulto obeso, inoltre l'obesità del bambino è associata a svariate complicanze, come l'elevazione della pressione del sangue, l'intolleranza al glucosio e l'aumento dell'insulina circolante, nonché ad anomalie della funzione respiratoria.

[16] Tolstoi L.G. (1990), «Ipecac-Induced Toxicity in Eating Disorders», in *International Journal of Eating Disorders*, 9: 371-375.

[17] Frederiks A.M. et al. (2000), «Body Index Measurements in 1996-1997 Compared with 1980», in *Archives of Disease in Childhood*, 82: 107-112.

[18] Flegal K.M., Troiano, R.P. (2000), «Changes in the Distribution of Body Mass Index of Adults and Children in the US Population», in *International Journal of Obesity,* 24: 807-818.

Valutando gli effetti dell'obesità del bambino – rispetto sia alla possibilità di ammalarsi sia alle possibilità di morte – è fondamentale un intervento di prevenzione. Non vanno però sottovalutati i problemi psicologici legati all'obesità.

I bambini obesi che ricorrono alle cure per l'obesità mostrano infatti con maggiore frequenza problemi psicologici rispetto ai bambini obesi che non si sottopongono ad alcun trattamento. I soggetti obesi sono stigmatizzati a causa del loro aspetto e vengono considerati come poco attraenti, stupidi, pigri e ostili.[19] Sono ritenuti gli unici responsabili della loro condizione, che provoca antipatia negli altri. Di conseguenza, i giovani obesi spesso hanno pochi amici, e questo può ostacolare lo sviluppo delle loro abilità sociali. Il carico psicologico dei bambini obesi è significativo e può portare all'isolamento sociale e alla depressione. Le conseguenze dell'obesità possono influenzare il decorso della vita: è infatti probabile che il giovane obeso, da adulto, raggiungerà livelli di istruzione meno elevati, guadagnerà meno e con meno frequenza riuscirà a sposarsi.

Perché i bambini diventano obesi?

Nel mondo scientifico c'è abbastanza accordo sia sul fatto che i meccanismi dello sviluppo dell'obesità nel bambino e nell'adulto siano gli stessi, sia sulle cause dell'obesità, intesa come l'accumulo di grasso corporeo che si ha a seguito di uno sbilanciamento tra l'introito di energia e il dispendio energetico. In alcune persone, quando l'energia introdotta eccede le richieste del fisico, il surplus energetico viene trasformato in grasso, che nel tempo può produrre riserve sempre maggiori fino all'obesità.

Diversi studi americani[20] hanno mostrato una correlazione tra tempo trascorso a guardare la televisione e condizione di sovrappeso (per un approfondimento vedi p. 75). Lo stile di vita moderno comporta infatti una riduzione del dispendio energetico generata da un incremento delle attività sedentarie, un maggiore uso dell'auto e degli altri mezzi di trasporto; in generale, una riduzione del dispendio energetico nelle attività giornaliere.

[19] Forehand R. et al. (1985), «Personal and Interpersonal Characteristics Associated with Childhood Obesity», in *Journal of Pediatric Psychology*, 10: 337-343.

[20] Dietz W.H., Gortmaker S.L. (1985), «Do we Fatten our Children at the TV Set? Obesity and Television Viewing in Children and Adolescents», in *Pediatrics*, 75, 807-812.

A un determinato livello, la sicurezza dell'ambiente può incoraggiare o scoraggiare un bambino a essere fisicamente attivo.[21] Non bisogna poi dimenticare che il cibo è attualmente molto più attraente e gratificante rispetto a prima, viene pubblicizzato in maniera intensiva, reperirlo e approvvigionarsi nel mondo occidentale è divenuto molto semplice.

Cibi con un elevato tenore calorico sono spesso anche abbastanza economici, e così tali alimenti meno costosi, ma anche molto più ricchi di grassi, sono con facilità acquistati da famiglie a basso reddito, dove il costo del cibo è uno degli elementi più importi nel definire le scelte alimentari. Attribuire l'obesità esclusivamente alle abitudini alimentari o al basso livello di esercizio fisico può però essere una dannosa semplificazione. Studi sui gemelli e sui bambini adottati hanno dimostrato che esiste una suscettibilità genetica all'obesità.

I fattori genetici hanno ricevuto molta attenzione nella letteratura medica e nella stampa non specializzata dopo la scoperta del gene della *leptina* (vedi p. 49). Da allora, numerosi altri geni – che sarebbero in grado di spiegare il 30 per cento della condizione di sovrappeso – sono stati segnalati come corresponsabili dell'obesità.[22]

Finora, queste nuove acquisizioni nel campo della genetica non hanno portato a nuovi trattamenti, anche se la leptina è stata usata con successo in casi selezionati. Al di là della predisposizione genetica, resta comunque il fatto che il sovrappeso si trasforma in obesità solo dopo che si sia verificata, per un periodo di tempo, una condizione di sovralimentazione.

Una speranza per il futuro trattamento dell'obesità nell'infanzia è che possa realizzarsi, attraverso l'utilizzo di nuove tecniche, il bilanciamento tra l'introito e la spesa calorica in modo tale da prevenire la sovralimentazione.

Anche il regime dietetico è una condizione di alto rischio per la sovralimentazione, come dimostra uno studio effettuato su un gruppo di ragazze obese che, in un periodo di restrizione dietetica,

[21] Broyles S.L. et al. (1995), «Childs Home-Environment in Relation to the Mothers Adiposity», in *International Journal of Obesity*, 19, 190-197.

[22] Bouchard C. (1995), «Genetic Influences on Body Weight and Shape», in *Eating Disorders and Obesity. A Comprehensive Handbook*, ed. Brownell, K.D. & Fairburn, C. New York: Guilford Press, pp. 21-26.

in circa il 30 per cento dei casi riportarono abbuffate alimentari.[23] C'è quindi una specifica relazione paradossale tra l'iperfagia e un regime alimentare restrittivo. Una delle spiegazioni proposte per questo tipo di comportamento alimentare è che il tentativo di mantenere basse le calorie della dieta porti inevitabilmente alla ricaduta in forma di abbuffata incontrollata. In questo modello, si assume che la frequente condizione di restrizione dietetica faccia scivolare la soglia biologica tra la fame e la sazietà. Questi due poli, da cui nasce l'equilibrio, non vengono più guidati dalle necessità energetiche, ma da processi cognitivi. Tali processi, però, sono facilmente vulnerabili e smettono con facilità di essere efficienti. In accordo con questo modello, i soggetti sovrappeso corrono con la dieta un alto rischio di andare incontro a problemi di iperfagia.

Oltre alla questione della restrizione dietetica e delle abbuffate, nei soggetti obesi ci sono una serie di altre problematiche. Gli obesi hanno l'abitudine di mangiare in macchina, davanti alla televisione, al lavoro o quando si sentono soli. Quindi, troppe situazioni sono associate ad «alimentarsi» e ciò può spiegare la vulnerabilità che il bambino obeso ha nei confronti degli stimoli esterni che veicolano messaggi sul cibo.

Il ruolo dei genitori è molto importante per correggere ed eliminare le cattive abitudini nel bambino. Il cibo è spesso utilizzato come una merce per rinforzare un comportamento o per scoraggiarne un altro. Alcune volte i genitori, ricompensando il loro bambino con i dolci, che vengono usati come premi, aumentano l'attrazione dei loro figli per questo genere di alimenti. Altre volte le mamme e i papà adottano metodi per stimolare il bambino a mangiare di più e a finire tutto quello che ha nel piatto.

In alcuni bambini obesi la perdita del controllo sul cibo può essere contestualizzata all'interno di una perdita generale dell'auto-regolazione. I genitori di questi bambini spesso trovano difficile raggiungere un punto d'equilibrio e degli accordi concreti che possano aiutare il bimbo a non cercare nel cibo risposte che non riceve dai genitori.

[23] Berkowitz R. et al. (1993), «Binge Eating Disorder in Obese Adolescent Girls», in *Prevention and Treatment of Childhood Obesity*, ed. Williams L.C. & Kimm S., Y.S. Annals of the New York Academy of Sciences, (1993). 699: 200-206.

Pica

La pica è un enigma nutrizionale che dura da millenni. Già Ippocrate nel V secolo a.C. la descriveva come «il desiderio di mangiare la terra»; in epoca più recente, nel XIX secolo, le donne affette da clorosi soffrivano di varie forme di Pica o appetiti di tipo morboso per sottaceti, magnesia, cenere e altro.

Oggi «pica» è un termine diagnostico usato per descrivere una forma specifica di disturbo dell'alimentazione caratterizzata, per la durata di almeno un mese, dall'ingestione di sostanze non commestibili o non nutritive. Naturalmente, questa diagnosi è inappropriata per bambini molto piccoli ed esclude l'ingestione correlata alla tendenza dei neonati a mettere in bocca e succhiare qualsiasi oggetto. Si può quindi parlare di pica dai 2 anni in poi. Questo disturbo, spesso diagnosticato per la prima volta nell'infanzia o nell'adolescenza, può essere anche individuato in età adulta. La Pica si associa principalmente al ritardo mentale e al disturbo pervasivo dello sviluppo, ma è legato anche ad altri disturbi come la schizofrenia o l'autismo.

È caratterizzata dall'ingestione giornaliera e compulsiva di cibo o di sostanze non commestibili, singolarmente o in combinazioni, per più di un mese. Tale comportamento, secondo quanto riferito dal paziente o dal medico curante, è spesso riconducibile a mancanza di ferro. Nei soggetti che hanno carenza di ferro ci sono tutta una serie di sintomi attribuibili al deficit di questo elemento, quali fatica, stanchezza, respiro affannoso, palpitazioni, ronzii auricolari, svenimenti e poi dimenticanze, lentezza del pensiero, difficoltà a svolgere compiti mentali eseguiti normalmente in precedenza. A livello cutaneo si notano fessurazioni all'angolo della bocca, infiammazioni della lingua, della mucosa orale, deglutizione dolorosa, assottigliamento dei capelli e delle unghie, contrazioni involontarie dei muscoli, parestesie e sindrome delle gambe senza riposo. Un sintomo spesso associato alla Pica è la pagofagia, ovvero l'attrazione per il ghiaccio, con la tendenza a masticarlo. Le caratteristiche di tale disturbo variano a seconda della razza, della cultura e della collocazione geografica. È stato osservato che la Pica è più diffusa fra le classi basse, fra donne (soprattutto incinte) e bambini.[24]

[24] Neale A.V. et al. (2000), «Pica: Common but Commonly Missed», in *J. Am. Board Fam. Pract.*, September-October, 13(5): 353-358.

Disturbo da ruminazione

È un disturbo dell'alimentazione che si presenta nell'infanzia e nella prima adolescenza. I soggetti che ne sono affetti rigurgitano ripetutamente cibo appena ingoiato o parzialmente digerito, che viene quindi o rimasticato e ingoiato nuovamente, o espulso. Molti sono d'accordo sul fatto che sia possibile fare la diagnosi soltanto osservando il fenomeno.

Il disturbo da ruminazione presenta alcune differenze cliniche nei pazienti più adulti. È stato notato che gli adolescenti e gli adulti, al contrario dei bambini, meno frequentemente rimasticano il materiale rigurgitato e riferiscono di decidere coscientemente se ingoiare o sputare il cibo a seconda delle situazioni sociali in cui si trovano. Spesso si lamentano di nausea o bruciore di stomaco.

Al di là della quota di soggetti affetti da disturbo di ruminazione presenti nei disturbi pervasivi dello sviluppo o nel ritardo mentale (questi soggetti spesso utilizzano l'autostimolazione per causare il rigurgito), un terzo dei rimanenti pazienti sono affetti da depressione, ansia o disturbo ossessivo compulsivo.

Disturbi selettivi dell'alimentazione e altri problemi alimentari atipici

Descriveremo adesso una serie di problemi dell'alimentazione che si riscontrano nella media e nella tarda adolescenza, ma che non rientrano per la diagnosi all'interno dei disturbi della condotta alimentare. Il termine «disturbi atipici dell'alimentazione» è inadeguato per i problemi che sono descritti. I disturbi dell'alimentazione indicano una condizione clinica ben definita dai criteri diagnostici, come i disturbi associati al peso e alla preoccupazione per la propria figura. Molti casi tipici di anoressia nervosa riscontrati nei bambini o nella prima adolescenza dovrebbero invece essere classificati come atipici perché si presentano in un momento dello sviluppo e questo li rende differenti dalle forme classiche. Allo stesso modo, il termine «disturbo della nutrizione» è inadeguato perché nutrizione si riferisce ai disturbi che partono nell'infanzia o nella prima adolescenza, solitamente prima dei 6 anni. Non è sempre chiara la distinzione tra nutrizione e alimentazione.

La conoscenza del comportamento alimentare nei ragazzi è ostacolata da una limitata comprensione dei comportamenti alimentari normali e dalla mancanza di un numero sufficientemente ampio di casi clinici da studiare. Per esempio, di recente si è arrivati a stabilire la durata tipica del tempo necessario a definire un pasto nel neonato e nei bambini, per cui solo ora abbiamo l'idea chiara di quando un bambino mangi troppo lentamente.[25] Un altro esempio, presente nel 20 per cento dei casi, è costituito dai bimbi capricciosi o schizzinosi. Questi possono essere considerati normali fino a un certo particolare stadio dello sviluppo, ma in un piccolo numero di bambini, in particolare maschi, il comportamento persiste fino all'adolescenza. In alcuni casi il comportamento procede al di fuori dei normali limiti di sviluppo, in altri, invece, il bambino continua il suo percorso di sviluppo, ma non necessariamente si ammala.

Così come accade con molte patologie del comportamento e dell'emotività nel bambino, i modelli categoriali[26] non sono di aiuto, ma un approccio dimensionale ai problemi è molto più esplicativo poiché, mentre i disturbi alimentari modesti sono comuni, quelli gravi sono rari. La conseguenza è che in questo momento non è possibile fare affidamento su sistemi classificativi condivisi da tutti gli studiosi o derivati dalle osservazioni cliniche che si effettuano nei lavori scientifici. Mancano pertanto dei criteri certi per formare categorie diagnostiche.

Una delle tappe dello sviluppo nell'infanzia e nella prima adolescenza è la gestione del passaggio dalla nutrizione all'alimentazione. In questo caso, i fattori legati ai genitori sono importanti, in particolare la preoccupazione trasmessa ai bambini da parte di quelle madri che hanno una rigida alimentazione e una tendenza al restare

[25] Christoffel K.K. et al. (1996), «Infant and Toddler Feeding Patterns and Problems: Normative Data and a New Direction», in Pediatric Practice Research Group, *Journal of Developmental and Behavioural Pediatrics*, 17, 149-153.

[26] I modelli categoriali sono quelli che rispondono alle categorie diagnostiche. I modelli dimensionali sono quelli che considerano la malattia secondo il concetto di spettro. Ad esempio, secondo il modello categoriale la diagnosi di depressione può essere fatta solo sulla base di determinati criteri, che devono essere tutti soddisfatti per poter formulare la diagnosi. Lo spettro dell'umore comprende, oltre tutti i sintomi della depressione, i sintomi minori o sottosoglia o atipici, permettendo di dare un inquadramento diagnostico perfino per i disturbi rari, atipici, con una sintomatologia incompleta.

magre.[27] Esiste l'evidenza che le mamme affette da un disturbo della condotta alimentare utilizzano il cibo come ricompensa o come manifestazione d'affetto con maggiore frequenza rispetto alle altre madri.

Queste donne sono preoccupate dal peso dei figli, in modo particolare se sono femmine, e non riescono a mostrare atteggiamenti positivi verso il cibo e verso l'orario del pasto, condizionando così, in modo positivo o negativo, il rapporto del bambino con l'alimentazione. Anche la depressione o l'ansia materna possono condizionare l'alimentazione del bambino, rendendolo schizzinoso.

In uno studio che trattava di problemi dell'alimentazione gravi,[28] i genitori riuscivano ad avere un quadro della portata del disturbo in maniera molto più dettagliata di quanto riuscissero a fare i medici.

Quando l'alimentazione «capricciosa» del bambino persiste nell'infanzia e nell'adolescenza viene chiamata da alcuni autori «alimentazione selettiva» (*selective eating*), da altri alimentazione «pignola» o «schizzinosa» (*picky or choosy eating)*, da altri ancora «disturbo perseverativo della nutrizione» (*perseverative feeding disorder*). Al di là delle diverse maniere di descrivere questi bambini, ci sono due caratteristiche essenziali: un regime alimentare formato da una limitatissima quantità di tipi di cibo (al massimo 10 alimenti) e un'estrema riluttanza a provare nuove pietanze. I cibi preferiti sono spesso *finger food* (cibi che si mangiano con le mani) a base di carboidrati, come biscotti, cracker, tarallini, patatine. In alcuni casi, il bambino può non aver sviluppato un'adeguata capacità di masticazione o aver imparato a usare correttamente forchetta e coltello. Questo tipo di modello del comportamento alimentare determina spesso l'esclusione del bambino dal momento sociale legato all'alimentazione. Così, mentre i genitori sono seduti a tavola con degli amici e mangiano pasta, carne e contorni di insalate e verdure, il bambino è davanti alla televisione a guardare i cartoni animati e a mangiare cracker e pizzette. In situazioni del genere, il rapporto genitore-bambino è spesso distorto da conflitti e resistenze.

[27] Agras W.S. et al. (1999), «Risk Factors for the Emergence of Childhood Eating Disturbances: a Five-Year Prospective Study», in *International Journal of Eating Disorder*, 25: 375-387.

[28] Bryant-Waugh R., Nicholls D. (2009), «Eating Disorders of Infancy and Childhood: Definition, Symptomatology, Epidemiology, and Comorbidity», in *Child Adolesc. Psychiatr. Clin. N. Am.,* January, 18(1): 17-30.

Altri studiosi hanno usato il termine di «paura del nuovo cibo» (*food neophobia*). Tali atteggiamenti sono abbastanza frequenti nei bimbi, ma, generalmente, c'è una fase in cui li abbandonano del tutto, e solo per una minoranza i comportamenti non migliorano con l'arrivo della maturità. Questo modo di fare, più frequente nei maschi che nelle femmine, è un tratto che è stato giudicato come coerente con altri aspetti della personalità del bambino.[29] Nell'adulto è correlato con sintomi ansiosi, mentre nel minore è accompagnato a timidezza, labilità emotiva e riluttanza a sperimentare cibi non famigliari. In ogni caso sembra che l'ansia sia una componente molto frequente in questi soggetti e tale condotta fa insorgere delle preoccupazioni riguardo le possibilità di inserimento sociale del piccolo. Spesso, nelle famiglie dove ci sono mangiatori così selettivi (*selective eaters*), il momento del pasto è un campo di battaglia.

Con il tempo il bambino con un'alimentazione selettiva diventa un adulto che tende a evitare i nuovi cibi e li affronta sempre con ansia. È possibile che soffra di nausea ancora prima di iniziare a mangiare, o abbia paura di vomitare o di soffocare. Si sa abbastanza poco del tipo di evoluzione che questo comportamento alimentare avrà poi nei giovani o negli adulti, ma solo una minoranza di questi bambini soffrirà di un problema dello sviluppo e dell'aumento del peso. Di certo, l'unico tipo di problema della nutrizione precoce collegato a futuri disturbi della condotta alimentare, in particolare all'anoressia nervosa, è quello di cui è affetto il bambino schizzinoso. Tra anoressici e «schizzinosi» esiste una similitudine in termini di rigidità, sintomi ansiosi, modelli alimentari e paura di trovarsi in situazioni nuove e rischiose.

È frequente trovare bambini con l'alimentazione selettiva quando si opera una ricerca in gruppi di bambini che hanno sintomi dello spettro autistico. Molti autistici hanno in comune con i bambini dall'alimentazione selettiva un'aumentata sensibilità olfattiva, un senso del disgusto molto sviluppato e difficoltà a giocare in modo caotico, preferendo i giochi con regole precise.

[29] Loewen E.R., Pliner P. (1997), «Temperament and Food Neophobia in Children and their Mothers», in *Appetite*, 28, 239-254.

Disturbo da evitamento emotivo del cibo (Food Avoidance Emotional Disorder – FAED)

È uno dei disturbi descritti meglio ed è caratterizzato da un'inadeguata introduzione di cibo in generale. Questo termine, coniato quindici anni fa da Higgs e dai suoi colleghi, designa «un disturbo dell'emotività in cui l'evitamento del cibo è una delle principali caratteristiche. Una storia di evitamento, o difficoltà o di capricci o di restrizioni alimentari che dura da almeno un mese». L'evitamento del cibo si basa sull'emotività ma non ha nessuna specifica motivazione, come ad esempio il desiderio di non ingrassare o di evitare di vomitare. Di solito ne soffrono bambini che vengono descritti come preoccupati, depressi, o con pensieri ossessivi che interferiscono con il loro appetito e la loro alimentazione. Alcuni autori lo descrivono come un disturbo comportamentale fortemente associato a condotte ansiose, che include l'evitamento scolastico per la paura di andare a scuola, di avere a che fare con i compagni e le maestre, essere sottoposti allo stress delle valutazioni. Il termine FAED è anche usato per descrivere il comportamento del bambino che mette in atto strategie di evitamento, pur non soffrendo di alcun disturbo della condotta alimentare e non essendo interessato al controllo del peso o preoccupato per la propria figura. Gli ultimi due sintomi sono quellli più propriamente caratteristici dei disturbi della condotta alimentare tipici: anoressia e bulimia nervosa.

Clinicamente questo gruppo sembra essere eterogeneo e include pazienti in cui i disturbi da somatizzazione sono una caratteristica importante della malattia. L'evitamento del cibo è uno dei sintomi con cui il disturbo a volte esordisce. Altre volte, la patologia mostra comportamenti simili ai disturbi dell'alimentazione tipici, ma comunque nessuna attenzione viene rivolta al peso o alla forma del corpo. Rispetto all'anoressia o alla bulimia nervosa, il disturbo da evitamento emotivo del cibo (FAED) è presente soprattutto nell'infanzia o nella prima adolescenza. Sono esclusi dalla diagnosi di FAED i bambini che hanno un peso cronicamente basso e che hanno un'alimentazione restrittiva o presentano delle difficoltà a crescere bene, e quelli in cui la varietà di cibi assunti è limitata, ma il peso non è generalmente compromesso, ovvero i bambini con l'alimentazione selettiva. Molti di questi bimbi hanno una storia di malattie fisiche o di sintomi inspiegabili. Dal punto di vista epidemiologico, in un gruppo di 126 bambini dagli 8 ai 14 anni, tutti con il disturbo della condotta alimentare, il 29 per cento era affetta da FAED.

Questo disturbo prevede una marcata perdita del peso, ma chi ne soffre, a differenza dei pazienti con anoressia nervosa, ha la coscienza di essere sottopeso, vorrebbe essere più grasso e non capisce perché ha difficoltà a ingrassare. Un bambino con il FAED può dare un certo numero di motivazioni riferite alla sua incapacità di mangiare. «Ho paura di ammalarmi», «Non ho fame», «Non posso mangiare», «Mi farà male alla pancia» saranno le scuse più abitualmente utilizzate. Spesso questi bimbi presentano sintomi ansiosi di carattere ossessivo o di depressione, ma di frequente esiste come sintomo isolato solo l'evitamento per il cibo. L'ansia correlata all'alimentazione può essere altrettanto grave rispetto a quella presente nell'anoressia. I problemi di sviluppo riguardano prevalentemente la comunicazione emotiva e l'autostima. Questi bambini comunemente soffrono di sintomi inesplicabili e non è raro che i genitori attribuiscano la perdita del peso a disturbi fisici non diagnosticati.

Fobia del cibo e disturbo ossessivo compulsivo

Un altro disturbo della condotta alimentare nel bambino è l'avversione per determinati cibi o la tendenza a evitarli per la loro apparenza, odore, consistenza, gusto e/o temperatura. Molti bimbi sono estremamente sensibili all'aroma, al gusto e all'apparenza con cui gli alimenti si presentano o ad altre caratteristiche sensoriali. Spesso rifiutano – benché non ci siano che sottili differenze indistinguibili per la maggior parte delle persone – la sostituzione dei cibi preferiti con altri alimenti, e difficilmente si lasciano convincere ad assaggiare qualcosa di nuovo. In alcune situazioni questi bambini possono accettare di mangiare cibi solo di un particolare colore, ad esempio quelli bianchi o poco colorati (come latte, pane, biscotti fatti in casa, pasta scondita), o di una certa consistenza (come purè e passati); altri accettano solo una varietà di alimenti molto ristretta – che si presentano o sono confezionati in un certo modo – oppure si intestardiscono ad accettare solo una marca. Altri ancora si ostinano a mangiare solo cibi freddi o molto caldi. Ci sono poi bambini incapaci di tollerare l'aroma di cibi che non sono parte della loro dieta, e per questo si rifiutano di mangiare con la propria famiglia, i coetanei o chiunque altro.

Il fattore comune a tutte le condotte appena elencate è l'evitamento basato sulle caratteristiche sensoriali. A causa di questo specifico comportamento nutrizionale, questi bambini spesso presentano sonnolenza estrema (letargia) e difficoltà di concentrazione, ma anche problemi nella crescita e nell'incremento del peso. Ad esempio i bambini che accettano solo purè o consistenze molli possono avere come conseguenza un'immaturità delle strutture masticatorie non avendo mai imparato a utilizzarle, e ciò può influenzare negativamente anche il modo di parlare. Si tratta di bambini che sperimentano problemi sociali, sono fortemente a rischio di bullismo e, via via che diventano grandi, sono imbarazzati e cercano di nascondere la loro maniera di mangiare. I genitori spesso provano un senso di ansia e di frustrazione, e sono frequenti i casi di discordia fra mamme e papà circa l'atteggiamento da tenere nei confronti del piccolo oppure di contrasto tra il bambino e uno/entrambi i genitori.

Naturalmente, tutto ciò determina un'esasperazione della quotidianità del bimbo. I termini utilizzati per descrivere i bambini e i loro comportamenti alimentari sono diversi: «alimentazione selettiva» (spesso con specificità per la marca degli alimenti), «mangiatori perseveranti» (omogeneizzati e purè), *food neophobia* (quelli che provano avversione verso i nuovi cibi e sono incapaci di allargare il proprio repertorio dietetico) e *sensory food aversions* (quelli che rifiutano cibi nuovi con gusto, consistenza e aroma specifici). In associazione ai sintomi in questi bambini spesso si ritrovano dei comportamenti oppositivi come eccessiva lentezza nel mangiare, difficoltà a ingoiare, conati di vomito. Spesso si associano sintomi di ansia, o dello spettro ossessivo compulsivo e frequenti difficoltà sociali e scolastiche.

Le fobie che coinvolgono il cibo possono far parte di un disturbo d'ansia più generalizzato o si manifestano come sintomo isolato. La sovrapposizione con altri problemi dell'alimentazione è evidente, poiché l'evitamento per il cibo è una delle caratteristiche della maggior parte dei problemi che stiamo descrivendo. La natura della paura può variare a seconda dello stadio di sviluppo del bambino. Le paure più frequenti sono la paura di vomitare, di essere contaminato o avvelenato, di soffocare o di non riuscire a deglutire, nonché paura di avere un incremento del colesterolo.[30] In associazione, questi bambini soffrono di depressione, attacchi di panico, disturbo d'ansia sociale, ansia da separazione e compulsioni.

Le fobie del cibo sono frequentemente secondarie a eventi di vita e possono seguire un periodo di alimentazione normale durante uno stadio dello sviluppo. In alcuni casi è possibile identificare degli eventi scatenanti, per esempio eventi di soffocamento, o paura del colesterolo sviluppata dopo che il bambino ha visto suo padre avere un infarto cardiaco. Le caratteristiche comprendono modelli rigidi nell'alimentazione, una varietà di cibi ristretta, e in alcuni casi una quantità di cibo molto ridotta con la finalità di perdere peso. In alcuni bimbi la fobia del cibo può essere un sintomo di disturbi d'ansia come il disturbo ossessivo compulsivo. Anche nel caso di ossessioni correlate al cibo, le preoccupazioni inerenti il peso e l'aspetto non sono presenti. Per esempio, un bambino può sviluppare la paura ossessiva riguardo la qualità del cibo o la sua freschezza al punto da limitare l'approvvigionamento del cibo solo a fonti che considera sicure e che già conosce. Inoltre solo alcuni membri della famiglia sono autorizzati a preparare le loro pietanze. Non di rado questi pazienti possono andare incontro ad anoressia nervosa.

Disfagia funzionale

La disfagia funzionale è un termine usato per descrivere la difficoltà a deglutire associata alla paura di soffocare. Questo sintomo si trova clinicamente in pazienti con il FAED, l'alimentazione selettiva, il rifiuto del cibo e talvolta anche nell'anoressia nervosa. Può essere anche un sintomo isolato, a insorgenza acuta, che esplode spesso dopo un evento traumatico.

Solitamente porta a una perdita del peso nei bambini che ne sono affetti. Può anche essere riferito come una sensazione di corpo estraneo simile a quello di una nocciolina che non va ne su e ne giù (*globus hystericus*). In generale i bambini che ne soffrono hanno paura di mangiare, e in particolare di mangiare cibi solidi o granulosi; così non mettono neppure il cibo in bocca e non lo ingoiano per

[30] Lifshitz F. (1987), «Nutritional Dwarfing in Adolescents», in *Growth, Genetics and Hormones*, 3: 1-5.

paura che questo possa causargli soffocamento e vomito. I bambini e gli adolescenti affetti da questa patologia non sono preoccupati per il loro aspetto corporeo e non vogliono perdere peso, ma spesso hanno avuto un'esperienza traumatica riguardo i cibi che evitano oppure hanno fatto nella loro mente un'associazione illogica o distorta che li porta a sviluppare questo tipo di fobia. Alla base esiste molto di frequente una condizione d'ansia. In letteratura ci sono anche altre descrizioni correlate a specifiche paure come quella di vomitare, di essere avvelenati, di defecare, di andare in bagno.

Vomito psicogeno

Il vomito psicogeno è una categoria diagnostica distinta nella classificazione delle malattie ICD-10.[31]

I sintomi sono spesso correlati all'ansia, anche se non sempre è possibile reperire una sintomatologia ansiosa evidente. La valutazione clinica deve cercare di capire se il bambino ha sviluppato un'eccessiva sensibilità a innescare il vomito tramite una gestualità conosciuta, come può accadere in caso di reflusso gastro-esofageo o vomito associato ad altre malattie. Occasionalmente il vomito è di una tale gravità che riesce a impedire l'alimentazione.

Rifiuto del cibo

Il rifiuto del cibo è un comportamento isolato ed è un'esperienza che molti genitori incontrano a un certo punto dello sviluppo del loro bambino. Sono perciò costretti, per invogliare il bimbo a mangiare, a impegnarsi in giochi come «il treno sta entrando nella stazione» o «l'aeroplano dopo aver volato atterra» mimando con la forchetta l'ideale percorso ora del treno, ora dell'aeroplano, prima di far entrare il cibo nella bocca del piccolo.

Il rifiuto del cibo nei bambini più grandi è spesso associato con altri comportamenti provocatori come rallentare il pasto parlando

[31] La sigla ICD-10 indica la classificazione internazionale delle malattie e dei problemi correlati, proposta dall'Organizzazione Mondiale della Sanità (OMS). È attualmente giunta alla sua decima edizione e riporta la classificazione di oltre 2000 malattie.

e cercare di negoziare quale cibo deve essere mangiato per primo. Durante il pasto, poi, il bambino si alza spesso dalla tavola, rifiuta di mangiare gli alimenti che costituiscono il pranzo, e richiede immediatamente dopo la fine del pasto del cibo diverso.

La maggior parte dell'introito calorico di questi bambini è raggiunta attraverso le merende fatte tra un pasto e l'altro. Questi atteggiamenti sembrano riflettere un comportamento generalmente irruento. Di rado il rifiuto del cibo è grave ed è associato con altri comportamenti di rifiuto e di opposizione ai ritmi famigliari e alle dinamiche scolastiche. In questo caso, si parla di «sindrome pervasiva del rifiuto», un termine usato per descrivere un rifiuto profondo e pervasivo a mangiare, camminare, parlare o a prendersi cura di sé. È una condizione rara che è stata concettualizzata come una reazione post-traumatica da stress dopo una situazione manifesta o sospetta di abuso.

Conclusione

È sbagliato pensare che le condizioni che sono state qui descritte siano rare o di marginale importanza. In realtà, questi problemi spesso non vengono riconosciuti, e una volta insorti possono evolvere verso disturbi più gravi o, più raramente, scomparire dopo un breve periodo di tempo. Proprio nell'ipotesi che possano evolvere o trasformarsi in malattie più gravi è importante che vengano riconosciuti e gestiti. Oltre alla preparazione da parte dei medici di famiglia, è importante la sensibilizzazione da parte dei genitori affinché segnalino i comportamenti sospetti, aprendo così la possibilità a un riconoscimento dei disturbi e, lì dove sia necessario, a un loro trattamento.

Appendice
Cibo e psichiatria

Numerosi disturbi di tipo psichiatrico hanno fra i sintomi una distorsione del rapporto con il cibo. L'assunzione di alimenti può modificare umore ed emozioni riducendo l'irritabilità e favorendo sensazioni di calma e, più in generale, di benessere. Una parte del colloquio clinico con il paziente psichiatrico è indirizzata a indagare con attenzione il rapporto con il cibo e in particolare il tipo, la quantità e le modalità di assunzione degli alimenti scelti.

Nei *disturbi dell'umore* compaiono frequentemente alterazioni del senso di fame. Nelle forme classiche di depressione è possibile che durante l'episodio di malattia il paziente dimagrisca con velocità. La perdita del senso di fame (iporessia) è presente con frequenza nella sintomatologia depressiva accanto ad altre alterazioni della sfera neurovegetativa quali la riduzione del desiderio sessuale, le alterazioni del sonno e il rallentamento psicomotorio. A causa del rallentamento globale e della riduzione di tutti i comportamenti intenzionali, anche la ricerca attiva del cibo diminuisce. Inoltre, a causa della perdita della capacità di provare piacere, caratteristica tipica della condizione depressiva, si attenuano le sensazioni piacevoli legate all'alimentazione. La ricerca spontanea di cibo può cessare e, anche quando sollecitato ad alimentarsi, il paziente depresso riesce a ingerire solo scarse quantità di cibo lamentando nausea, sazietà precoce o difficoltà digestive. L'iporessia del paziente depresso non è selettiva, ma riguarda qualsiasi alimento. La depressione determina indifferenza per i sapori e gli odori solitamente graditi, ma anche per le modalità con cui i cibi vengono presentati.

Nei pazienti affetti da *depressione di tipo melanconico*, in cui l'umore depresso si associa all'ansia e sono frequenti insonnia, peggioramento mattutino dei sintomi e marcato rallentamento psicomotorio, la perdita di appetito può peggiorare fino all'estremo rifiuto di cibi e liquidi con grave rischio per la salute generale del paziente. In queste forme di depressione è stata descritta una iperattivazione del sistema dello stress che in ultima analisi porta a una riduzione dell'introito alimentare. Tale categoria di depressi presenta un aumento della produzione di citochine, delle particolari molecole proteiche che hanno proprietà anoressizzanti e stimolano sia il rilascio di leptina sia l'attivazione del sistema dello stress e del sistema nervoso simpatico, portando così a un'ulteriore inibizione dell'assunzione di cibo.

Esistono poi dei pazienti che soffrono di *depressione con caratteristiche atipiche*: mostrano letargia con un sostanziale aumento delle ore di sonno, eccessiva reattività agli stimoli ambientali, peggioramento serale dei sintomi e incremento dell'appetito che, a lungo andare, li porta a ingrassare. Nella depressione atipica, quindi, è comune rilevare un aumento dell'apporto calorico, soprattutto dell'introduzione di carboidrati, fino a un vero e proprio *craving* per cibi quali dolci e cioccolato.

Caratteristiche atipiche della depressione si riscontrano di frequente anche nel cosiddetto «disturbo affettivo stagionale» (conosciuto come SAD, acronimo di *Seasonal Affective Disorder*), in cui è presente l'alternarsi di episodi depressivi caratterizzati da aumento di appetito, peso corporeo e ore di sonno, con periodi di umore normale o di lieve eccitazione. L'alternarsi di episodi di polarità opposta segue un ritmo stagionale: nelle forme più classiche gli episodi depressivi compaiono in autunno, si protraggono per tutto l'inverno e si risolvono con l'aumento delle ore di luce in primavera-estate. In questi pazienti, per tale spiccata sensibilità alla luce ambientale, può essere efficace la *light therapy*, che consistente nell'esposizione per circa un'ora al giorno alla luce di speciali lampade in grado di emettere luce di una determinata lunghezza d'onda. I pazienti con depressione atipica presentano un'ipoattivazione del sistema dello stress che è compatibile con la ridotta attività dei sistemi di stress, e seguono così una dinamica del tutto speculare a ciò che accade nei soggetti affetti da depressione melanconica. Queste differenze si spiegano con alterazioni dell'attività della corteccia cerebrale prefrontale sinistra nei pazienti melanconici, e della corteccia cerebrale prefrontale destra nei pazienti con depressione atipica, entrambi documentabili mediante Risonanza Magnetica Funzionale (RMN).

Durante la *fase maniacale del disturbo bipolare* – caratterizzata da eccitazione, euforia, iperattività, accelerazione del pensiero, del linguaggio e dei movimenti, ridotto bisogno di sonno – i pazienti possono manifestare un'alterazione delle modalità di alimentazione. In alcuni casi, durante l'eccitamento maniacale, il soggetto cessa di nutrirsi in modo regolare dal punto di vista degli orari, delle modalità e delle quantità di cibo. La ridotta ricerca di alimenti può essere una conseguenza dell'esaltazione degli istinti vitali, che porta a trascurare le normali esigenze fisiologiche nei confronti del cibo e del sonno. In altri casi, l'esaltazione del tono dell'umore si associa a un aumento dell'appetito, che solitamente non conduce a un incremento ponderale, dato il notevole dispendio energetico che l'iperattività e l'eccitamento comportano.

La *schizofrenia* è il più grave tra i disturbi psicotici ed è caratterizzata da deliri, allucinazioni, disorganizzazione del pensiero e del linguaggio ma anche da ritiro sociale, chiusura emotiva, perdita della spinta ad agire, della motivazione, degli interessi, della progettualità, con impoverimento del contenuto ideico. I pazienti schizofrenici frequentemente manifestano gravi alterazioni del pattern alimentare. Già Bleuler, lo psichiatra che introdusse il termine «schizofrenia», osservando nel tempo questi pazienti, aveva descritto la presenza di marcate fluttuazioni del peso corporeo «dall'estremo marasma all'obesità più eccessiva e viceversa». Il rifiuto del cibo e il calo ponderale nei pazienti schizofrenici sono spesso secondari a deliri persecutori o di veneficio, per cui i pazienti si convincono strenuamente di essere perseguitati da una o più persone, conosciute o meno, e di correre il rischio di essere avvelenati o drogati attraverso gli alimenti, arrivando a mangiare solo cibi preparati personalmente o da confezioni sigillate che ispezionano meticolosamente prima di ingerire il cibo contenuto. Talora, invece, si osserva un notevole aumento dell'introito calorico, in parte innescato dal trattamento con farmaci antipsicotici, ma sicuramente connesso anche con il disturbo psichiatrico in sé. Sono frequenti in questi casi comportamenti alimentari bizzarri, che arrivano fino alla totale perdita di selettività per i cibi: il paziente riesce a mangiare contemporaneamente cibi dolci e salati, fa degli accostamenti bizzarri e talora ingerisce sostanze non commestibili.

Rapporti problematici con il cibo si ritrovano anche in pazienti che soffrono di *disturbi d'ansia*. Il disturbo d'ansia generalizzato – caratterizzato da ansia e preoccupazioni eccessive riguardo la maggior parte degli eventi e delle attività quotidiane, associato a irrequietezza, tensione e difficoltà di concentrazione, nonché a problemi di sonno – può portare a un aumento del desiderio di mangiare in continuazione per attenuare la quota ansiosa persistentemente elevata.

Nei pazienti con *disturbo ossessivo compulsivo*, quando i rituali compulsivi (di lavaggio, di controllo, ecc.) o il pensiero sono totalmente polarizzati sui temi ossessivi, possono ridurre sia la ricerca attiva di cibo sia il periodo di tempo che essi dedicano all'alimentazione. Alcune tematiche ossessive possono poi essere direttamente correlate al cibo e condurre a modificazioni qualitative e quantitative dell'apporto calorico. Infatti, quando l'ossessività si focalizza sul rapporto con gli alimenti, i pazienti iniziano a effettuare una forte selezione dei cibi con cui si nutrono. L'alimentazione inizia così a diventare molto selettiva: alcuni mangiano solo petti di pollo alla piastra e insalata, altri solo ortaggi e vegetali, altri ancora esclusivamente patatine e noccioline. Questi soggetti spesso presentano caratteristiche molto simili a quelle causate da altri disturbi della condotta alimentare, che talora diviene rigidamente conforme a un copione ritualizzato che si ripete giornalmente con precise regole da rispettare.

Chi soffre di *attacchi di panico* avverte spesso una costante paura di soffocare che non gli permette di deglutire e così si alimenta solo con cibi liquidi come minestre, zuppe, centrifugati e succhi di frutta. Si tratta di persone che, quando decidono di curarsi, chiedono al medico di prescrivere loro farmaci in gocce o sciroppi per la paura e l'incapacità di deglutire compresse. Ciò accade quando l'insorgenza degli attacchi di panico, specie se si è trattato della prima crisi riportata dal paziente durante il pasto, innesca una condotta di evitamento estesa a tutte le situazioni in cui il paziente si accosta al cibo. Talora la paura del pasto e dell'atto di ingerire il cibo per il timore di soffocare diventano tanto marcati da causare riduzione dell'apporto alimentare e calo di peso.

Esistono alterazioni del rapporto con il cibo anche nei *disturbi somatoformi*, quadri clinici caratterizzati da lamentele somatiche di vario genere in assenza di cause organiche dimostrabili. Nel disturbo di somatizzazione, per esempio, spesso i pazienti lamentano nausea e difficoltà digestive, che si inseriscono nell'ambito di una storia di numerosi ed eterogenei disturbi e fastidi a carico di organi e apparati multipli che si susseguono e si associano tra loro, con l'esordio che avviene nei giovani adulti. Spesso questi pazienti seguono regimi dietetici particolari e molto selettivi proprio per attenuare i fastidi gastrointestinali, riferendo di mangiare pochissimo, anche se in realtà l'apporto calorico risulta pressoché normale.

Nell'*ipocondria*, invece, i pazienti manifestano il timore e la convinzione di avere un grave disturbo fisico (tipicamente un tumore) o un'altra malattia inguaribile. Quando la paura riguarda una malattia a carico di stomaco o intestino, i pazienti riferiscono un'esasperata percezione di pienezza, gonfiore addominale o nausea che sono interpretati prontamente come la manifestazione del disturbo temuto. Non esistono alterazioni o disturbi fisici dimostrabili, ma nonostante ciò il paziente non appare sensibile alle rassicurazioni del medico e continua a mantenere un apporto calorico ridotto.

La *dismorfofobia* è un'altra condizione patologica classificata nell'ambito dei disturbi somatoformi, caratterizzata da preoccupazione eccesiva per un difetto fisico reale o presunto. Uno dei temi più frequenti nei pazienti di sesso maschile affetti da dismorfofobia è la convinzione di un insufficiente sviluppo della massa corporea e muscolare, spesso incentrata sulle dimensioni del torace o degli arti inferiori. Tale preoccupazione patologica si associa rapidamente al proposito di aumentare il peso corporeo attraverso un incremento dell'introduzione calorica. Il tentativo di potenziare la massa muscolare spesso conduce non solo a variazioni quantitative, ma anche qualitative dell'alimentazione: questi pazienti si dedicheranno incessantemente alla scelta di cibi a elevato contenuto proteico, alla pratica sfrenata di attività fisica (body-building) e talora all'uso di sostanze anabolizzanti pericolose per la salute.

Alcune patologie psichiatriche sono invece caratterizzate elettivamente da gravi alterazioni del rapporto con il cibo, come nel caso della Pica – in cui il paziente ingerisce sostanze non alimentari come insetti, gesso, capelli, legno, metalli, carta – o del disturbo da ruminazione – detto anche *merecismo*, caratterizzato dal ripetuto rigurgito e rimasticamento del cibo. Di entrambi i disturbi – insieme alle patologie più conosciute, quali anoressia e bulimia, e a quelle recentemente inquadrate dalla letteratura scientifica, come il Disturbo da Alimentazione Incontrollata (DAI in italiano, BED in inglese da *Binge Eating Disorder*), e l'Alimentazione Nottura o NES (dall'inglese *Night Eating Syndrome*) – ci siamo occupati nella seconda parte del libro (vedi pp. 213-214).

I soggetti affetti da BED, o Disturbo da Alimentazione Incontrollata, messi a confronto con la popolazione generale, hanno un più elevato tasso di diagnosi psichiatriche che coinvolgono stati emotivi negativi. Per esempio, gli adulti e adolescenti con bulimia nervosa e BED mostrano, rispetto agli individui senza disturbo della condotta alimentare, un incremento della prevalenza di diverse patologie, fra cui la depressione maggiore, il disturbo bipolare, il disturbo d'ansia, l'abuso da alcol o da sostanze.

Un tasso aumentato di depressione maggiore è anche presente negli obesi, ma l'associazione di BED con la depressione resta comunque una caratteristica appannaggio degli obesi. I soggetti con discontrollo alimentare BED hanno anche un elevato tasso di azione suicidaria, che comprova la gravità del disturbo dell'umore. Oltre la metà dei giovani bulimici e un terzo dei giovani con BED riportano al colloquio ideazione di suicidio e un terzo dei ragazzi bulimici effettua dei tentativi di suicidio.

La direzione della causalità tra BED e depressione maggiore, quale dunque sia la causa e quale l'effetto, non è chiaramente stabilita e può essere reciproca. L'associazione di disturbi alimentari e disturbi psichiatrici è associata a una modesta risposta ai trattamenti e a un incremento della frequenza delle abbuffate.

La prevalenza e la gravità di ansia e depressione nei pazienti che tendono a fare abbuffate suggerisce l'ipotesi che gli stati emotivi relativi possono scatenare ricadute. Infatti, umore depresso, bassa autostima e disturbi d'ansia sono associati con un comportamento di discontrollo alimentare sia negli uomini sia nelle donne. In queste fasi, i soggetti normopeso o sottopeso tendono a consumare meno cibo rispetto alle fasi di benessere. Al contrario, tale tendenza a ridurre l'introito alimentare durante i periodi di depressione e ansia non si osserva nei soggetti sovrappeso che di solito mangiano di più.

Un altro aspetto che comporta l'iperfagia dopo un periodo di stress o di emotività negativa è, come abbiamo già esaminato, la restrizione dietetica. Nelle adolescenti, i tentativi di controllare il peso (mediante la dieta, l'esercizio fisico, ma anche lassativi e vomito autoindotto) sono paradossalmente associati a un incremento del peso. Una possibile spiegazione di questa apparente contraddizione è che i soggetti sottoposti a restrizione dietetica, quando si trovano in situazioni stressanti, mangiano di più. Per esempio, l'anticipazione di uno stress sociale (come il compito di parlare in pubblico) aumenta l'assunzione di cibo in soggetti a dieta, e non ha nessun effetto in soggetti non a dieta.

L'iperfagia può essere scatenata in particolari gruppi di individui da risposte stressanti o negative. Per esempio, gli obesi o i pazienti che fanno abbuffate consumano più cioccolato dopo aver visto un film triste rispetto a un film che non evocava tristezza.

Anche un ricordo doloroso riguardante il proprio passato può aumentare la quantità di merendine consumate, specie in quei soggetti che soffrono di alimentazione emotiva. Contrariamente a ciò che accade ai soggetti a dieta, i soggetti non a dieta riducono il loro introito di cibo dopo aver visto un film che evoca malinconia.

Chiaramente l'effetto di questo tipo di introito alimentare, influenzato dal tono dell'umore, può riversarsi sull'equilibrio del peso.

Dopo una dieta fatta con successo, il peso viene riguadagnato se compaiono stress, depressione dell'umore e ansia. Mangiare in risposta a situazioni emotive negative conferma l'ipotesi che l'iperfagia è un tentativo di automedicazione con i *comfort food.*

Yale Food Addiction Scale

Gearhardt, Corbin, Brownell, 2009*

Questa intervista serve a raccogliere informazioni sulle vostre abitudini alimentari nell'ultimo anno. A volte esistono difficoltà a controllarsi nell'assunzione di determinati alimenti, quali:
- Dolci come il gelato, cioccolato, ciambelle, biscotti, torte, caramelle.
- Farinacei come pane bianco, panini, pasta e riso.
- Snack salati come patatine, salatini e cracker.
- Cibi grassi come bistecche, pancetta, hamburger, cheeseburger, pizza e patatine fritte.
- Bevande zuccherate come bevande gassate.

Quando le domande che seguono riguarderanno *determinati alimenti* la preghiamo di pensare a qualsiasi cibo simile a quelli elencati nei gruppi alimentari appena descritti o a qualsiasi altro cibo con cui ha avuto un problema lo scorso anno.

*Contact: ashley.gearhardt@yale.edu (trad. it. a cura di Armando Piccinni, 2012).

Negli Ultimi 12 mesi	**mai**	**1 volta al mese**	**2-4 volte al mese**	**2-3 volte la settimana**	**4 o più volte o giornal-mente**
1. Quando inizio a mangiare determinati alimenti, finisco per mangiare molto più del previsto.	0	1	2	3	4
2. Mi ritrovo a continuare a mangiare determinati alimenti, anche se non ho più fame.	0	1	2	3	4
3. Mangio fino a sentirmi male fisicamente.	0	1	2	3	4
4. Non mangiare determinati alimenti o dover ridurre determinati alimenti è qualcosa che mi preoccupa.	0	1	2	3	4
5. Ho trascorso molto tempo sentendomi lento o affaticato per aver mangiato troppo.	0	1	2	3	4
6. Mi ritrovo nel corso della giornata a mangiare sempre determinati alimenti.	0	1	2	3	4
7. Quando non ho la disponibilità di alcuni alimenti, faccio di tutto per ottenerli. Per esempio, sono capace di andare fino al negozio per acquistarli, anche se ho altre alternative disponibili a casa.	0	1	2	3	4
8. Ci sono stati momenti in cui ho consumato determinati alimenti così di frequente o in quantità talmente grandi che passavo il mio tempo a mangiare al posto di lavorare, trascorrere il tempo con la mia famiglia o con gli amici, o essere impegnato in altre attività importanti o ricreative che mi piacciono.	0	1	2	3	4
9. Ci sono stati momenti in cui ho consumato determinati alimenti così di frequente o in quantità talmente elevate che passavo il mio tempo afflitto da sentimenti negativi per aver ecceduto con il cibo, invece di lavorare, passare il tempo con la mia famiglia o con gli amici, o intraprendere altre attività importanti o attività ricreative che mi piacciono.	0	1	2	3	4
10. Talvolta ho evitato situazioni professionali o sociali in cui determinati alimenti erano disponibili, per la paura che avrei potuto esagerare nel mangiare.	0	1	2	3	4

Negli ultimi 12 mesi	mai	1 volta al mese	2-4 volte al mese	2-3 volte la settimana	4 o più volte o giornal-mente
11. Talvolta ho evitato situazioni professionali o sociali perché non potevo consumare determinati alimenti in quelle situazioni.	0	1	2	3	4
12. Ho avuto sintomi di astinenza come agitazione, ansia, o altri sintomi fisici quando ho ridotto o smesso di mangiare determinati alimenti. (Si prega di non includere i sintomi di astinenza causati dalla riduzione di bevande contenenti caffeina, come bibite gassate, caffè, tè, bevande energizzanti, ecc.).	0	1	2	3	4
13. Ho consumato alcuni alimenti per evitare di soffrire di sentimenti di ansia, di agitazione, o di altri sintomi fisici che tendevano ad insorgere. (Si prega di non includere il consumo di bevande contenenti caffeina, come bibite gassate, caffè, tè, bevande energizzanti, ecc.).	0	1	2	3	4
14. Ho scoperto che ho un forte desiderio o la spinta a consumare determinati alimenti quando li riduco o smetto di mangiarli.	0	1	2	3	4
15. Il mio comportamento rispetto al cibo e all'alimentazione causa disagio significativo.	0	1	2	3	4
16. A causa del cibo e del mangiare ho problemi significativi rispetto alla mia efficienza (routine quotidiana, lavoro/scuola, attività sociali, attività famigliari, problemi di salute).	0	1	2	3	4
17. Il mio comportamento alimentare mi ha causato notevoli problemi psicologici come depressione, ansia, disgusto di me stesso o sensi di colpa.	0	1	2	3	4
18. Il mio comportamento alimentare mi ha causato notevoli problemi fisici o ha fatto peggiorare dei problemi di natura fisica.	0	1	2	3	4
19. Ho continuato a consumare gli stessi tipi di cibo o la stessa quantità di cibo anche se ho avuto problemi emotivi e/o fisici.	0	1	2	3	4
20. Con il passare del tempo, ho scoperto che ho bisogno di mangiare sempre di più per raggiungere le sensazioni che desidero, come la riduzione delle emozioni negative o l'incremento del piacere.	0	1	2	3	4
21. Ho scoperto che mangiare la stessa quantità di cibo non riduce più le mie emozioni negative o aumenta le sensazioni piacevoli come una volta.	0	1	2	3	4
22. Voglio ridurre o smettere di mangiare determinati alimenti.	0	1	2	3	4
23. Ho cercato di ridurre o di sospendere determinati alimenti.	0	1	2	3	4
24. Sono stato capace di ridurre o sospendere determinati alimenti.	0	1	2	3	4
25. Quante volte nel corso dello scorso anno ho cercato di ridurre o sospendere completamente determinati alimenti?	0	1	2	3	4

Bibliografia essenziale

Absetz P. et al. (2012), «Effects of a Healthy Food Supply Intervention in a Military Setting: Positive Changes in Cereal, Fat and Sugar Containing Foods», in *Int. J. Behav. Nutr. Phys. Act.*, Jul 31; 9(1): 91.

Adan R.A. (2012), «Towards an Animal Model of Food Addiction», in *Obes. Facts*, Apr 19; 5(2): 180-195.

Aukema H.M. et al. (2012), «Pulse Consumption in Canadian Adults Influences Nutrient Intakes», in *Br. J. Nutr.*, Aug; 108(S1): S27-S36.

Ayala G.X. et al. (2012), «Parent Support and Parent-Mediated Behaviors are Associated with Children's Sugary Beverage Consumption», in *J. Acad. Nutr. Diet.*, Apr; 112(4): 541-7.

Bacanu S.A. et al. (2004), «Personality in Men with Eating Disorders», in *J. Psychosom. Res.*, Sep; 57(3): 273-8.

Bacanu S.A. et al. (2004), «Genetic Analysis of Bulimia Nervosa: Methods and Sample Description», in *Int. J. Eat. Disord.*, May; 35(4): 556-70.

Bach P. et al. (2012), «Association of Leptin with Food Cue-Induced Activation in Human Reward Pathways», in *Arch. Gen. Psychiatry*, May; 69(5): 529-37.

Balaskó M. et al. (2012), «Anorexic Effect of Peripheral Cholecystokinin (CCK) Varies with Age and Body Composition (Short Communication)», in *Acta Physiol. Hung.*, Jun; 99(2): 166-72.

Bellodi L. et al. (2006), «Investigation of the Serotonin Transporter Regulatory Region Polymorphism in Bulimia Nervosa: Relationships to Harm Avoid», in *Psychosom, Med.*, Jan-Feb; 68(1): 99-103.

Berrettini W.H. et al. (2005), «Symptom Fluctuation in Eating Disorders: Correlates of Diagnostic Crossover», in *Am. J. Psychiatry*, Apr; 162(4): 732-40.

Bondi E. et al. (2008), «Shared Psychopathology in Obese Subjects with and without Binge-Eating Disorder», in *Int. J. Eat. Disord., Nov*; 41(7): 643-9.

Bondi E. et al. (2009), «Caffeine Consumption among Eating Disorder Patients: Epidemiology, Motivations, and Potential of Abuse», in *Eat. Weight Disord.*, Dec; 14(4): e212-8.

Burgalassi A. et al. (2005), «Relationship Between Bipolar Illness and Binge-Eating Disorders», in *Psychiatry Res.*, Jun 15; 135(2): 165-70.

Burgalassi A. et al. (2011), «Orthorexia Nervosa in the General Population: a Preliminary Screening using a Self-Administered Questionnaire (ORTO-15)», in Eat. Weight Disord., Jun; 16(2): e127-30.

Bordiú E. et al. (2012), «Evaluation of Health-Related Quality of Life according to Carbohydrate Metabolism Status: A Spanish Population-Based Study (Di@bet.es Study)», in *Int. J. Endocrinol.*, 2012: 872305.

Burger K.S., Stice E. (2012), «Frequent Ice Cream Consumption is Associated with

Reduced Striatal Response to Receipt of an Ice Cream-Based Milkshake», in *Am. J. Clin. Nutr.*, Apr; 95(4): 810-7.

Cao L. et al. (2012), «DSM-IV-Defined Anorexia Nervosa Versus Subthreshold Anorexia Nervosa (EDNOS-AN)», in *Eur. Eat. Disord. Rev.*, Jul 30.

Cassano G.B., Pancheri P. (1999), *Trattato Italiano di Psichiatria*, Masson Editore.

Castrogiovanni S. et al. (2009), «Binge Eating, Weight Gain and Psychosocial Adjustment in Patients with Bipolar Disorder», in *Psychiatry Res.*, Aug 30; 169(1): 88-90.

Castrogiovanni S. et al. (2005), «The Relationship between Binge Eating Disorder and Non-Purging Bulimia Nervosa», in *Eat. Weight Disord.*, Mar; 10(1): 8-12.

Channon S. et al. (2012), «An Experimental Exploration of Social Problem Solving and its Associated Processes in Anorexia Nervosa», in *Psychiatry Res.*, Jul 16.

Chou C.P. (2011), «High Calorie, Low Nutrient Food/Beverage Intake and Video Gaming in Children as Potential Signals for Addictive Behavior», in *Int. J. Environ. Res. Public Health*, Dec; 8(12): 4406-24.

Crow S.J. et al. (2012), «Eating Disorder not otherwise Specified Presentation in the US Population», in *Int. J. Eat. Disord.*, Jul; 45(5): 711-8.

Curtis H. et al. (2012), «Work and Social Adjustment in Patients with Anorexia Nervosa», in *Compr. Psychiatry*, Apr 24.

Dalla Ragione L., Mencarelli S. (2012), *L'inganno dello specchio: immagine corporea e disturbi del comportamento alimentare in adolescenza*, Franco Angeli Editore.

Danielsen M. et al. (2012), «A Pilot Study of a New Assessment of Physical Activity in Eating Disorder Patients», in *Eat. Weight Disord.*, Mar; 17(1): e70-7.

Degortes D. et al. (2012), «Clinical and Temperamental Correlates of Body Image Disturbance in Eating Disorders», in *Eur. Eat. Disord. Rev.*, Jul 17.

Dickie J. (2007), *Con gusto: storia degli italiani a tavola*, Laterza.

Do S.G. et al. (2012), «Dietary Aloe QDM Complex Reduces Obesity-Induced Insulin Resistance and Adipogenesis in Obese Mice Fed a High-Fat Diet», in *Immune Netw.,* Jun; 12(3): 96-103.

Drewett R. (2007), *The Nutricional Psychology of Childhood*, Cambridge University Press.

Eckel J. et al. (2012), «Adaptive Immunity in Obesity and Insulin Resistance», in *Nat. Rev. Endocrinol.*, Jul 31.

Egeland G.M. et al. (2012), «The Prevalence of Food Insecurity is High and the Diet Quality Poor in Inuit Communities», in *J. Nutr.*, Mar; 142(3): 541-7.

Farooqi I.S. et al. (2012), «Obesity and the Brain: how Convincing is the Addiction Model?», in *Nat. Rev. Neurosci.*, Mar 14; 13(4): 279-86.

Fliers E. et al. (2012), «Circadian Rhythms in White Adipose Tissue», in *Prog. Brain Res.*, 199: 183-201.

Frank G.K. et al. (2012), «Anorexia Nervosa and Obesity are Associated with Opposite Brain Reward Response», in *Neuropsychopharmacology*, Aug; 37(9): 2031-46. doi: 10.1038/npp.2012.51.

Fulkerson J. et al. (2012), «Shared Meals among Young Adults are Associated with Better Diet Quality and Predicted by Family Meal Patterns During Adolescence», in *Public Health Nutr.*, Aug 3: 1-11.

Garzaro M. et al. (2012), «Palatability, Digestibility and Emotional Pattern in 60 Healthy Volunteers after Ingestion of an Iced Dessert Presented in four Different Flavours: a Subjective Evaluation», in *J. Biol. Regul. Homeost. Agents*, Apr-Jun; 26(2): 237-43.

Gigantesco A. et al. (the SEME Collaborative Group) (2012), «The Italian SEME Surveillance System of Severe Mental Disorders Presenting to Community Mental

Health Services», in *Clin. Pract. Epidemiol. Ment. Health*, 8: 7-11.
Glick I.D. et al. (2012), «Managing Psychiatric Issues in Elite Athletes», in *J. Clin. Psychiatry.*, May; 73(5): 640-4.
Guiducci L. et al. (2012), «Brain PET Imaging in Obesity and Food Addiction: Current Evidence and Hypothesis», in *Obes Facts*, Apr 19; 5(2): 155-164.
Haleem D.J. (2012), «Serotonin Neurotransmission in Anorexia Nervosa», in *Behav. Pharmacol.*, Sep; 23(5-6): 478-95.
Halmi K. (2003), *Eating Disorder*, Wiley eds.
Halvorsen I. et al. (2012), «Nine-Year Follow-up of Girls with Anorexia Nervosa and their Siblings: Retrospective Perceptions of Parental Bonding and the Influence of Illness on their Everyday Life», in *Eur. Eat. Disord. Rev.*, Jul 12.
Hanson K.G. et al. (2012), «The Influence of Media Characters on Children's Food Choices», in *J. Health Commun.*, Apr, 4.
Hay P. et al. (2012), «Self-Reported History of Anorexia Nervosa and Current Quality of Life: Findings from a Community-Based Study», in *Qual. Life Res.*, Mar 23.
Higgs S., Robinson E. (2012), «Food Choices in the Presence of 'Healthy' and 'Unhealthy' Eating Partners», in *Br. J. Nutr.*, May 30: 1-7.
Holley A. (2009), *Il cervello goloso*, Bollati Boringhieri Editore.
Hsu L.K. (2012), «From Disordered Eating to Addiction: the 'Food Drug' in Bulimia Nervosa», in *J. Clin. Psychopharmacol.*, Jun; 32(3): 376-89.
Kanarek R. et al. (2006), *Nutricion and Behavior: a Multidiscliplinary Approach*, CABI Publishing.
Kaye W.H. et al. (2012), «High-Fat Taste Challenge Reveals Altered Striatal Response in Women Recovered from Bulimia Nervosa: A Pilot Study», in *World J. Biol. Psychiatry,* Apr 30.
Kontis D., Theochari E. (2012), «Dopamine in Anorexia Nervosa: a Systematic Review», in *Behav. Pharmacol.*, Sep; 23(5-6): 496-515.
Logue A.W. (2004), The Psychology of Eating and Drinking, 3rd ed., Brunner-Routledge eds.
López-Guimerà G. et al. (2012), «Integrated Prevention of Obesity and Eating Disorders: Barriers, Developments and Opportunities», in *Public Health Nutr.*, Mar 28: 1-15.
Meule A. (2012), «Food Addiction and Body-Mass-Index: A Non-Linear Relationship», in *Med. Hypotheses*, Jul 30.
Montanari M. (2010), *Il cibo come cultura*, quarta ed., Laterza.
Ogden J. (2010), *The Psychology of Eating: from Healthy to Disordered Behavior*, 2nd ed.,Wiley-Blackwell.
Pacini M. (2010), *Dipendenza da cibo*, Caravaggio Editore.
Pretlow R.A. (2011), «Addiction to Highly Pleasurable Food as a Cause of the Childhood Obesity Epidemic: a Qualitative Internet Study», in *Eat. Disord.*, Jul; 19(4): 295-307.
Rutter M., Uher R. (2012), «Classification of Feeding and Eating Disorders: Review of Evidence and Proposals for ICD-11», in *World Psychiatry*, Jun;11(2): 80-92.
Sander Gilman L. (2011), *La strana storia dell'obesità*, Bologna, Il Mulino.
Standage T. (2010), *Una storia commestibile dell'umanità*, Codice Edizioni.
Sunny Sea Gold (2011), *Food: the good girl's drug; how to sto using food to control your feelings*, New York, Berklley Book.
Wenk G.L. (2010), *Your Brain on Food: how Chemical Control your Thoughts and Feelings*, Oxford University Press.
Zizza C.A., Xu B. (2012), «Snacking is Associated with Overall Diet Quality among Adults», in *J. Acad. Nutr. Diet.*, Feb; 112(2): 291-6.

Indice

Ringraziamenti

Ringrazio la mia famiglia: mia moglie Vincenza che con pazienza mi ha sostenuto durante l'impegno che questo libro ha costituito, mio figlio Federico che mi ha sempre incoraggiato, e mia figlia Flavia senza il cui contributo questo volume non avrebbe mai visto la luce.

Un ringraziamento speciale va alla Prof.ssa Liliana Dell'Osso, cui mi lega un rapporto, oltre che di stima, di profonda amicizia; al Dr. Antonello Veltri che ha contribuito alla stesura del capitolo Cibo e Psichiatria.

Grazie anche a Kylee Doust che ha creduto fin dall'inizio al progetto, e alla Casa Editrice Giunti.

Un ringraziamento particolare a tutti i pazienti che in questi anni mi hanno consultato. Spero di essere riuscito ad alleviare parte della loro sofferenza.

Hugo Lagercrantz

Il cervello del bambino

Come si forma la mente

Un'affascinante esplorazione delle varie fasi della formazione del cervello, dall'embrione ai primi mesi di vita postnatale, ci aiuta a comprendere quali siano le migliori condizioni per lo sviluppo del cervello del bambino.

Fabrizio Mastrofini, Giuseppe Crea

Preti sul lettino

Quali problemi hanno oggi i preti italiani? Sono sovraccarichi di lavoro e poco ascoltati dalle autorità. La fede e il far parte di una grande istituzione li aiutano a sentirsi meno soli, ma ciò non li mette al riparo dallo stress o dai comportamenti disfunzionali.

Bruce Bégout

Luoghi senza identità

Il motel come metafora del nomadismo e della precarietà delle relazioni umane

Icona della cultura americana, il motel riassume una trama di significati che lo rendono un luogo anonimo e propizio per il nomadismo, per il riposo a buon mercato, per l'evasione da ogni vincolo sociale.

Michel Pastoureau

Animali celebri

Mito e realtà

Biblici, mitologici, reali, letterari o personaggi dei fumetti, gli animali più celebri del nostro immaginario sono indagati e raccontati con i loro molteplici significati all'interno della storia e delle tradizioni occidentali.

Amy Baker

Figli divisi

Storie di manipolazione emotiva dei genitori nei confronti dei figli

Un'opera fondamentale sulla sindrome di alienazione genitoriale. Un testo ricco di testimonianze e di consigli pratici, con molti spunti di riflessione utili ai terapeuti ma anche al grande pubblico dei lettori.

Cathy A. Malchiodi

Arteterapia

L'arte che cura

L'attività artistica è anche una forma di terapia e un formidabile strumento di espressione e di autocoscienza per persone di ogni età. Arteterapia: il felice connubio tra psicologia e arte.

Carlo Petrini

Terra Madre

Come non farci mangiare dal cibo

In questo mondo di valori capovolti, è il cibo che ci mangia: un cibo omologato, seriale, globale e poco naturale. Carlo Petrini propone con Terra Madre un'alleanza tra tutti coloro che nel mondo riconoscono il grande valore politico, economico e culturale del cibo.

Louis Crocq, Sophie Huberson, Benoît Vraie

Gestire le grandi crisi: sanitarie, ecologiche, politiche e aziendali

In questo manuale pratico sulla gestione delle crisi tre esperti sistematizzano criteri e modalità di intervento necessari ad affrontare l'imprevisto che coinvolge e destabilizza le nostre società e richiede interventi tempestivi.

Henri-Pierre Jeudy
Fare memoria
Come conservare il nostro patrimonio culturale

Perché salvaguardiamo il nostro patrimonio culturale? Perché le società si contemplano in uno specchio del loro passato? Questo libro indaga le ragioni per cui non vogliamo dimenticare, perché vogliamo sempre vivere in continuo contatto con il passato.

a cura di Claude Javeau e Sébastien Scher
Tradimenti
Dal delitto politico all'adulterio sul web

Antropologi, sociologi, storici, linguisti e filosofi gettano una luce nuova su un fenomeno che ha contrassegnato la storia dell'umanità, dai tempi antichi fino alle più attuali forme di infedeltà praticate su Internet. Fenomeno individuale e collettivo, il tradimento ha molte sfaccettature e perfino i suoi lati creativi.

Jean-Claude Kaufmann
Donne sole e principi azzurri
Modelli, incontri e contraddizioni della vita amorosa

Sempre meno donne, oggi, pensano che la via alla felicità si identifichi con il bisogno emotivo e sociale di trovare un partner. Anche se, nel fantasticare l'incontro amoroso con l'uomo, l'universo femminile continua a imbattersi nell'indistruttibile figura del Principe azzurro.

Remedios Zafra
Sempre connessi
Spazi virtuali e costruzione dell'io

L'io iperconnesso con il web. Dallo spazio iperprotetto delle nostre stanze siamo sempre in relazione con la società-Rete.

Gianni Fochi
La chimica fa bene

Fin da quando l'uomo ha imparato a controllare e usare quell'insieme di reazioni chimiche che chiamiamo fuoco, nell'avanzata della tecnologia la chimica s'è trovata praticamente un po' dappertutto. E per molti aspetti ciò succede ancora. Subirla senza comprenderla è la condizione peggiore che possa toccarvi.

Mauro Maldonato
L'arcipelago della coscienza
Sulla consapevolezza di noi e del mondo

Questo libro indaga il misterioso e familiare arcipelago della coscienza e mostra come la razionalità sia il risultato di un lungo processo evolutivo e non una caratteristica innata della nostra specie.

Barbara Bracco
La patria ferita
I corpi dei soldati italiani e la Grande guerra

I soldati italiani invalidi come emblema del sacrificio e della martellante opera di rigenerazione fisica, morale e culturale dell'Italia della «vittoria mutilata» e poi fascista.